이웃집
CEO
THE CEO
NEXT DOOR

이웃집 CEO

엘레나 보텔로 · 김 파월 · 탈 라즈 지음 | 안기순 옮김

'보통 사람'을
세계 일류 리더로
성장시키는
4가지 행동

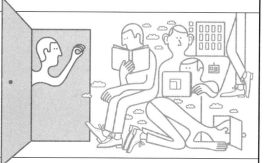

THE CEO
NEXT DOOR

소소의책

불가능한 것은 없다는 사실을 보여주기 위해
매물레크, 바바발야, 리올리아, 무로크카에게
이 책을 바칩니다.

내 최고 팬에게, 모든 것에 감사하며
AJN에게 이 책을 바칩니다.

이 책의 저자들은 1만 7,000건의 평가와 현장에서 검증된 경험에서 수집한 방대한 자료를 근거로 중역으로서 당신이 지닌 재능을 식별하고 발전시킬 수 있는 설득력 있고 간결한 지침을 제공한다.

_랜달 스티븐슨(AT&T의 회장이자 CEO)

저자들은 비즈니스 세계의 중요한 요새인 중역 사무실을 성공적으로 차지한 개인에 관한 빅 데이터와 자료 분석법을 도입했다. 비즈니스 세계를 움직이는 리더들을 파악한 저자들의 통찰은 기업과 리더는 물론 앞서나가기를 열망하는 모든 사람에게 판도를 뒤집을 희망을 제시한다.

_텔리스 테세이라(하버드 대학교 경영대학원 부교수)

이 책은 이미 최고의 자리에 앉은 사람뿐 아니라 CEO가 되고 싶다는 열망을 품은 사람들에게 일급 지침을 제시한다. 저자들이 제공하는 매력적인 연구와 생생한 사례는 실용적인 리더십 지침이자 어떤 상황에도 적용할 수 있는 경력 성공의 지침이다.

_아트 콜린스(메드트로닉의 전직 회장이자 CEO)

저자들은 통념적인 지혜에 도전하면서 경력 성공을 주제로 내가 여러 해 동안 보아온 책들 중에서 가장 유용하고 훌륭한 내용을 썼다! 이 책은 리더들이 스스로 탐내온 자리에 선택받는 방법, 리더들의 실질적인 성패를 둘러싸고 무대 뒤에서 벌어지는 보기 드문 장면을 펼쳐 보인다. (……) 현실을 있는 그대로 생생하게 드러내고 깊이 연구한 결과물이다. CEO가 되고 싶은 열망을 품고 있든, 이제 막 경력을 쌓기 시작했든 간에 이 책은 당신의 성공 가능성을 높여주고 실패해서 비틀거리지 않도록 보호해줄 것이다.

_재클린 리시스(스퀘어 캐피털 CEO)

경제적 지위, 교육, 가정, 성별, 인종, 피부색, 출생 국가, 성적 지향을 포함해 CEO가 배출되는 배경은 다양하다. 대다수의 CEO는 임무를 적절하게 수행하고, 일부는 특별히 뛰어난 성과를 거두고, 소수는 철저하게 실패한다. 누구든 CEO라는 종착지에 도달하는 여정에서 독특한 사연을 갖고 있다. 그렇다면 최고의 성과를 거두는 사람과 평범한 성과를 거두는 사람, 성과를 거두지 못해 뒤처지는 사람을 가르는 특징은 무엇일까? 엘레나 보텔로와 킴 파월이 완성한 의미 있는 작업은 슈퍼스타 CEO와 평범한 CEO의 습관과 특징을 탁월하게 파헤친다. 실제 상황과 인물을 자주 인용하므로 책에 대한 신뢰도가 커진다. 이 책은 어떤 리더의 자리에 있더라도 결단력과 추진력을 갖추면 누구나 기술을 습득할 수 있다는 낙관적인 결론을 내린다. 변화를 불러일으키고 싶어 하는 사람들의 필독서다.

_라지 굽타(델파이 오토모티브·아밴터의 회장)

이 책은 오랫동안 일화와 추측의 지배를 받아온 주제에 필수적인 연구와 자료를 제공한다. CEO가 되고 싶은 열망을 품었든, 단순히 직장에서 잠재력을 온전히 발휘하고 싶든, 이사회 이사나 최고인사책임자여서 차세대 리더를 발굴하고 선택하려는 의욕에 넘치든 이 책에서 얻은 통찰을 행동으로 옮기면 당신의 성공 확률은 상당히 높아질 것이다.

_케빈 콕스(아메리칸 익스프레스의 최고인사책임자)

이 책은 리더십에 머니볼Moneyball 접근법을 사용해 CEO의 네 가지 행동을 밝히고 정상에 올라가서도 자리를 지킬 수 있는 길을 보여준다. CEO가 되고 싶다는 열망을 품은 리더, CEO, 이사회 이사, 미래의 리더를 키워내는 일을 맡은 사람이라면 반드시 읽어야 한다.

_짐 도널드(스타벅스·익스텐디드 스테이 호텔의 전 CEO)

다양한 규모의 기업을 경영하는 방법을 소개한, 명쾌하고 실용적인 지침서다. 자격, 집안, 외모, 경험, 자원 등에 치우치지 않는 결정을 내리고, 변화에 적응하고, 공감을 보여주고, 정보를 수집하는 방법을 제시한다. 성별이든 배경이든 정상에 오르기 위해 필요한 요건 뒤에 숨은 근거 없는 속설을 깨고 효과적인 방법을 제시한다. 우리의 눈을 뜨게 해주고 당장 현장에 적용할 수 있다.

_스튜어트 다이아몬드(와튼 경영대학원 교수, 베스트셀러 『어떻게 원하는 것을 얻는가』의 저자)

정말 귀중한 책이다. 다채로운 이야기와 인터뷰를 소개하고 핵심을 전달하기 위해 충실하고 심층적인 자료를 제시하므로 비즈니스 리더라면 반드시 읽어야 한다.

이 책은 고위 중역이 되고 그 자리에서 성공하려는 열망을 품은 사람이라면 꼭 읽어야 한다. 분석적인 통찰로 누구나 발달시킬 수 있는 효과적인 리더의 특징을 말해준다.

CEO가 되려면 배경이 좋거나 운이 따라야 하는 것이 아니라 과단성, 영향력, 신뢰성, 주도적 적응을 바탕으로 열심히 일하고 성과를 거둬야 한다. 이러한 속성은 미래나 현재의 CEO가 활동할 수 있는 무대를 제공한다. 나는 이 책의 모든 페이지를 흥미롭게 읽었다. 조직을 잘 이끌고 싶은 마음이 크다면 반드시 읽어야 한다.

이 책은 모든 CEO, CEO가 되고 싶어 하는 사람, 이사회 이사가 읽고 공부해야 한다. 비즈니스 세계와 비영리 세계에서 다양한 규모의 조직을 이끄는 사람들에게 실용적인 경험의 보고를 제공한다.

| 차례 |

제1부

강해져라

CEO 게놈 행동을 터득하라

제2부

정상에 올라라

꿈에 그리던 직업을 쟁취하라

제3부

결과를 산출하라

역할에 따르는 도전을 통과하라

강해져라

CEO 게놈 행동을 터득하라

1	2	3
강해져라	정상에 올라라	결과를 산출하라

- 과단성
- 영향력
- 신뢰성
- 적응성

제1장

CEO 게놈의 비밀

"얘야, 네 안에는 내내 힘이 있었단다."

_라이먼 프랭크 바움, 『오즈의 마법사』

'너는 절대 CEO(최고경영책임자)가 되지 못할 것이다.'

어릴 때부터 우리 대부분의 머릿속에 박혀 있는 생각이다. 당신은 엄청나게 출중한 능력을 발휘하고, 누구보다 열심히 일하며, 무슨 일이든 똑 부러지게 해내고 있을지 모른다. 하지만 그 일에 적격으로 보이지 않으면, 이력서에 적힌 직장 경력이나 배경이 적합하지 않으면 정상에 오를 가능성은 희박하다는 말을 듣는다. 그래서 우리 같은 '보통 사람'은 CEO가 될 수 없다고 지레 짐작한다.

세계는 어느 때보다 빠르게 변하고 있지만, 리더십을 이야기하는 자리에 가보면 스티브 잡스처럼 비범한 예지능력을 갖춘 지도자나 잭 웰치처럼 공격적인 경영인에 관한 이야기가 여전히 대세이다. 이렇듯 CEO의 상징적인 모습은 강력하고 귀족적이고 대담하다. 흠잡을 데 없이 완벽한 이력서를 갖추고 카리스마 넘치며 외향적이다. 초인적인 자신감으로 똘똘 뭉쳐 제트기를 타고 다보스부터 디트로이트까지 세계를 누비며 사업 결정을 내린다. 탁월한 전략가로서 소신껏 자기 길을 걸으며 현실을 형성해간다. 보통 사람들은 이러한 이야기를 수십 년 동안 듣고 사실로 받아들여왔다.

그러니 스스로 CEO 재목이 아니라고 판단해버리는 것도 무리는 아니다! 자신이 이렇게 판에 박힌 CEO 유형에 조금도 가깝지 않다는 사실을 잘 알기 때문이다.

그런데 돈 슬레이거Don Slager를 예로 들어보자. 2005년 우리와 처음 만났을 당시 슬레이거도 자신을 CEO 재목이라 생각하지 않았다. 그는 우리 팀과 나란히 회의실로 걸어 들어가면서 큼지막하고 노동자처럼 투박한 손을 내밀었다. 미식축구 공격수만 한 덩치에 키는 180센티미터를 훌쩍 넘어 만만치 않아 보였다. 하지만 막상 악수할 때는 주춤하는 기색을 보였다. 그러면서 자신이 CEO 직책을 맡기에 적합한지 확신할 수 없다는 속내를 드러냈다. 최고운영책임자COO의 역할은 즐기며 수행했지만 CEO에 적합하다고는 생각하지 않았다. 자신이 합당한 후보자인지 의문을 제기하면서 CEO 후보자로 진지하게 거론되리라 생각하지 않았다.

슬레이거는 사람들이 통상적으로 생각하는 CEO가 아니다. 그는 일리노이 주 시카고와 랜싱에 위치한 게리 워크스 제강공장과 가까운 지역의 블루칼라 사회에서 성장했다. 성장기에 주위에는 용접공, 트럭운전사, 제강공장 근로자 등이 있었고 대학 졸업자도 없었다. 물론 CEO도 없었다. 건축업자가 되겠다는 열망을 품고 직업고등학교에 입학했지만 졸업하자마자 건설 현장의 일용직 노동자가 되었다. 처음에는 쓰레기 수거 트럭을 몰았다. 거의 6년 동안 그는 새벽 2시 45분에 출근해 새벽 3시부터 트럭을 몰았고 다른 운전사와 교대할 때까지 10~12시간 동안 고달프고 단조로운 일을 버텨냈다. 매주 주말에 임금을 받고 다시 일과를 시작할 준비를 했다.

하지만 우리에게 낯선 사실이 있다. 실제로 슬레이거는 CEO다. 게다가 훌륭한 CEO다. 포춘지가 선정한 미국 500대 기업에 속하면서 폐기물 서비스 산업 분야에서 연간 90억 달러 이상의 매출을 기록하는 리퍼블릭 서비스는 슬레이거의 지휘 아래 주식 자본 수익률이 2012~2016년 S&P 500의 평균 수익률을 넘어섰고 2015년에는 여덟 배를 기록했다. 슬레이거가 CEO로 취임한 뒤 리퍼블릭 서비스의 시가총액은 115억 달러에서 2017년 중반 220억 달러로 거의 두 배나 증가했다. 미국의 직장 평가 사이트인 글래스도어는 리퍼블릭 서비스 직원들이 자발적으로 제공한 익명의 리뷰를 토대로 슬레이거를 '직원이 뽑은 CEO'로 선정하고 2017년 최고 CEO 명단에 올렸다.[1] 슬레이거는 리더십을 배우러 하버드 경영대학원에 다니지 않았다. 심지어 대학도 졸업하지 않았다. 블루칼라 노동자로 시작해 6년 동안 폐기물 트럭을 몰고 디모인, 아이오와, 시카고를 돌아다녔던 것이 그가 리더로 성공하는 데에 굳건한 기반이 되었다. 그가 폐기물 서비스 산업의 정상에 오를 수 있었던 것은 이력이 아니라 리더다운 행동과 선택 덕분이었다. '매일 모습을 드러내라'를 좌우명으로 삼았던 슬레이거의 아버지는 아들이 우수한 성적을 유지하고 맡은 일을 완수하기만 하면 무슨 일이든 시도해볼 수 있는 자유를 주었고, 이것은 성공적인 CEO의 주요 특징인 엄격한 신뢰성을 키우는 씨앗이 되었다. 항상 110퍼센트로 전력 질주한다는 평판을 듣는 슬레이거를 주목하기 시작하면서 강력한 멘토들은 더욱 높은 목표를 추구하라고 밀어붙였다. 슬레이거는 쓰레기통을 다 비우고 장시간 근무를 마쳤을 때 살아갈 보람을 느꼈고, 자신이 일하는 회사가 구조조정을 거치며 많은 근로자가 그만두거나 해고되는 암울한 시기에 리더로 부상하는 힘을 얻었다. 더욱 중요한 것은, 자신의 뿌리 덕택에 그는 좀 더 '전형적인' 백인 임원이었다면 일선 직원들이 거부했을 방식으로 사업을 발전시킬 수 있었다는 사실이다.

리퍼블릭 서비스에서 CEO로 승진했을 당시 그는 자사의 거의 모든 직책을 거쳤고 최고운영책임자로 일하면서 매우 다른 성향의 CEO 네 명과 함께 일했다. 2005년에 그 자리를 제의받았을 때만 해도 그는 CEO가 되고 싶은지, 자신에게 CEO에 걸맞은 자질이 있는지 확신하지 못했다. CEO의 역할에는 월스트리트에 영합해야 하는 것처럼 자신이 좋아하지 않는 점들이 있었기 때문이다. 하지만 결국 단순한 이유 한 가지로 직책을 수락했다. 리퍼블릭 서비스를 '미국이 선호하는 일류 기업'으로 성장시키겠다는 비전을 달성하기 위해서, 전략을 수립하고 목표에 맞게 팀과 문화를 구축하는 등 CEO에게만 허락된 일을 추진하고 싶었기 때문이다.

이렇게 해서 대학 졸업장이 없는 평범한 쓰레기 수거인은 직원과 경쟁 기업에 매우 열정적이고 유능하면서 존경의 대상이 되는 리더로 인정받는 CEO가 되었다. 쓰레기 수거 트럭을 몰다가 급기야 전망 좋은 고급 사무실을 차지할 때까지 슬레이거가 걸어온 길은 특이한 사례로 들릴 수 있지만 결코 드물지 않다. 슬레이거처럼 CEO 자리에 오를 수 있을 것 같지 않은 배경 출신이 셀 수 없이 많기 때문이다. 애트나의 마크 베르톨리니, 리어의 매트 시몬치니 같은 CEO도 그렇다. 그들은 특출한 성공을 거둔 보통 사람이다. '이웃집 CEO'인 것이다. 우리는 CEO 300명 이상을 코칭하고 조사하고 그들에게 자문하면서 이러한 사실을 확인할 수 있었다.

　　우리는 경영컨설팅 기업인 지에이치스마트에서 리더십 고문으로 일한다. 그래서 경영이사회, 퇴임하는 CEO, 투자자에게 객관적인 자문을 제공해 적합한 CEO 후보자를 선택하도록 돕고, 역할을 수행할 수 있도록 새로운 CEO를 준비시키고, 잠재력을 최대한 발휘할 수 있도록 코칭한다. 무엇보다 고객을 돕기 위해 엄밀한 분석 방법을 사용해 미래의 사업 성공은 어떤 모습일지, 그러려면 리더에게 어떤 자질이 필요한지 정의한다. 또 후보자를 평가해 채용하고 나서 그 사람이 어떻게 임무를 수행할지 예측한다. 다섯 시간 동안 광범위한 인터뷰를 실시해 후보자의 기술, 업적, 실수, 동기, 사고방식 등을 조사한다. 정확하게 정의한 순서로 질문을 던져서 영리한 중역의 교묘한 말솜씨를 꿰뚫고 본질을 파악하려 노력한다. CEO 후보자들의 최대 승리, 뼈아픈 실패, 도전, 후회에 얽힌 솔직한 진실을 듣는다.

　　또 정밀하게 자료를 수집하고 분석하는 기술을 사용해 '리더를 선택하기 위한 머니볼moneyball(명성보다 통계나 확률을 사용해 인재를 영입하는 방식 - 옮긴이)' 전략을 제공함으로써 상당히 많은 고객이 직감에 의존해 채용을 결정했다가 고통을 겪는 실패를 피하도록 돕는다. 고객이 자체 분석한 결과에 따르면 통념적인 인터뷰 과정이 실패할 확률은 50퍼센트인 반면 우리가 사용한 접근 방법은 90퍼센트 이상 정확하다.[2] 1995년 이후 우리 팀은 2,000명이 넘는 CEO와 CEO 후보자를 포함해 고위 중역 1만 7,000명 이상을 평가하고 자문해주었다. 우리는 이사진이나 고급인력 중개 회사와 달리 특정 결과를 산출하는 데 힘을 쏟지 않고 온전히 객관적인 관점에서 CEO를 분석한다. 슬레이거에게 그랬듯 리더의 역량을 분석한 결과 CEO나 리더의 역할을 맡기에 적합하다는 결론을 내리면 후보자의 개인 이력과 상관없이 추천한다.

돈 슬레이거처럼 매우 뛰어나지만 특이하게 보이는 CEO를 목격하면 통념에 의문을 품기 시작한다. 이러한 CEO들이 리더에 대한 기존의 고정관념을 받아들였다면 첫 승진조차도 달성하려고 시도하지 않았을 수 있다. 오늘날 성공한 모습을 보고 있으면 12년 전 슬레이거 자신조차 정상에 오를 자질이 있는지 의심했다고는 조금도 짐작하지 못할 것이다.

"당신들이 나를 평가하여 내가 아메리칸드림의 걸어 다니고 말하는 상징이며 CEO로 일할 잠재력을 갖췄다고 말해주었습니다. CEO에 관한 전문가인 당신들이 그러한 피드백을 들려준 덕택에 나는 관점을 전환할 수 있었고, 자신감을 얻으면서 결점을 보완하기 시작했어요. 그 일을 맡아 내가 무엇을 할 수 있는지 알아보기로 결심했죠. 그 후에 일어난 일이야 모두 잘 아실 테고요."

이러한 CEO들이 겉보기에 가능할 법하지 않은 성공을 거둔 이야기를 들으며 영감을 얻은 우리는 이 책의 토대를 이룬 의문을 떠올렸다.

'될 법하지 않은 인물이 CEO가 된 것은 단순히 운 좋은 예외일까? 아니면 성공한 CEO의 모습과 필요 요건에 관한 전통적인 지혜가 완전히 잘못되었을까?'

우리는 고객과 함께 일하면서 연간 1,120억 달러짜리 문제를 해결하겠다는 목표를 세웠다. PwC('Pricewaterhouse Coopers'의 약자로, 영국 런던에 본사를 둔 다국적 회계컨설팅 기업이다 - 옮긴이)가 연구한 결과에 따르면 부적합한 CEO를 채용하거나 유지하기 위해 주주들이 시장가치의 상실 형태로 치러야 하는 대가가 연간 1,120억 달러에 이르기 때문이다.[3] 2017년 5월과 6월만 따져보더라도 GE, US스틸, 포드, 제이크루의 CEO들이 주주의 압력을 받고 퇴진했으며 〈뉴욕 타임스〉는 미국에서 호화로운 최고위 경영자의 시대는 끝났다고 보도했다.[4] 이 책을 쓴 목적은 이보다 훨씬 큰 문제를 해결하기 위해서다. 논쟁의 여지가 있기는 하지만 비즈니스 세계에서 가장 중요한 사람이라고 할 수 있는 CEO에 대하여 널리 퍼진 고정관념은 어떤 지위에 있는 리더에게든 잘못된 역할 모델과 성공 지침을 제시한다. 더욱 바람직하지 못한 현상으로는 돈 슬레이거처럼 재능을 갖춘 인재 수백만 명의 발목을 잡아 고위직 리더가 되겠다는 열망을 품지 못하게 방해한다. 그들은 '내 모습은 전형적인 CEO와 전혀 다른데 굳이 그 자리에 오르겠다고 시도할 필요가 있을까?'라고 묻는다. 이것은 정말 비극이다.

이러한 현상이 나타나는 원인을 꼽아보면 대중의 사고가 대중매체에 꾸준히 등장하는 기업과 리더로 제한되는 경향 때문이기도 하다. 일반적으로 포춘지 선정 500대 기업에 초점을 맞춰 CEO를 정의하는 것은 매우 편협하고 얄팍하다. 바깥에서 보기에 완벽한 공식 이력을 제외하고 이러한 리더들에 대해 아는 것이 거의 없기 때문이다. 우리는 온갖 크기의 기업으로 이루어진 방대한 세계를 제대로 보지 못하는 경향이 있다. 포춘지 선정 500대 기업 너머로 시야를 넓히면 직원을 다섯 명 이상 보유한 기업이 미국만 따지더라도 200만 개 이상이다.[5] 그렇다면 CEO만 200만 명이 넘는다는 뜻이다. 하지만 언론은 이렇듯 광범위하고 풍부한 리더십 경험을 자주 언급하지 않는다. 중소기업은 미국 경제를 움직이는 중요한 동력으로, 미국 비농업 GDP의 거의 절반을 차지한다.[6] 기업 범위를 모든 크기의 기업으로 확대하고, 면밀한 분석 방법을 적용해 CEO와 그들이 정상에 도달하는 과정을 이해하고 나면 '평균적인' CEO의 범위는 고급 사무실을 차지하는 확률과 마찬가지로 급격하게 달라진다. 포춘지 선정 500대 기업의 CEO가 될 확률은 24만 분의 1이지만 기업의 범위를 확대하면 확률은 50분의 1로 커진다.[7]

우리는 성공적인 CEO의 진정한 모습에 관한 사실과 허구를 분리하겠다는 사명감을 갖고 예리한 질문 몇 가지를 던지기 시작했다. 확률이 50명 중 한 명이든 24만 명 중 한 명이든 CEO가 되려면 어떻게 해야 할까? 돈 슬레이거와 같은 인물은 어떻게 불리한 여건을 극복하고 정상에 오를 수 있었을까? 어떻게 탁월한 능력을 펼쳤을까? 어떻게 두각을 나타냈을까? 그들에게 어떤 교훈을 배울 수 있을까? 정상에 오른 사람과 중간에 좌절한 사람은 어떤 점이 다를까?

이러한 질문에 대답할 수 있다면 우리는 리더십에 관해 훨씬 더 정확하게 말할 수 있을 테고, 그리하여 그 누구라도 잠재력을 최대한 발휘하고 필요한 임무를 추진할 준비를 갖춘 재능 있는 사람이라면 CEO 사무실의 문을 활짝 열어줄 수 있으리라 생각했다. 그리고 더 나아가 CEO 자리에 도달하는 지도를 제공할 수 있을 것이라고 생각했다.

위대한 CEO의 자질

앞서 던진 질문에 대한 대답을 찾기 위해 리더십 평가 문항 1만 7,000개를 포함한 지에이치스마트의 데이터베이스를 선택했다. 평가 인터뷰는 실시하는 데 일반적으로 약 다섯 시간이 걸리고, 전통적인 인터뷰나 심리 측정 평가로 수집할 수 있는 양보다 상당히 많은 정보를 밝혀낸다. 〈월스트리트 저널〉은 이러한 정보가 리더십 자료에 독특한 폭과 깊이를 더해주는 '탐나는' 정보라고 보도했다.[8] 이 자료를 수집하기 위해 선도적인 학자, 연구자와 교류하는 동시에 첨단 분석 기술을 사용했다. 역사상 처음으로 『이웃집 CEOThe CEO Next Door』는 세계에서 가장 포괄적인

수 있으리라 느끼기 시작했다.

- **CEO는 독선적인 슈퍼히어로다.** 우리는 자신에게 '독립성'이 뛰어나다고 말하는 CEO가 거두는 성과는 다른 CEO의 절반이라는 사실을 밝히고 싶었다. 나머지 후보자와 비교할 때 CEO 자리에 오를 가능성이 가장 낮은 후보자들은 '우리'보다 '나'라는 단어를 훨씬 많이 사용했다. 많은 성공적인 CEO의 팀 지향성은 초기에 조직적인 운동 경기에 참여하고 다른 사람에게 멘토링을 했던 경험에 뿌리를 내리고 있다.

- **성공적인 CEO는 믿기 힘들 정도로 이례적인 카리스마와 자신감의 소유자다.** 할리우드 영화에서는 카리스마 넘치는 '우주의 지배자'가 비범한 통솔력을 휘두를지 모르지만, 실제 이사회 회의에서는 카리스마보다 결과의 영향력이 크다. 인터뷰 대상 CEO 중 3분의 1 이상은 실제로 자신을 '내성적'이라고 묘사했다. 표본에서 자신을 내성적이라고 밝힌 CEO는 그렇지 않은 사람보다 이사회의 실적 기대치를 살짝 초과하는 경향을 보였다. 기대치를 충족한 CEO를 살펴보면 내성적인 사람과 외향적인 사람 사이에 통계적으로 의미 있는 차이는 발견할 수 없었다. 자신감이 높으면 CEO로 선택될 가능성이 두 배 이상 커지지만 업무를 추진할 때는 딱히 유리하지 않다.

- **CEO가 되려면 나무랄 데 없는 이력을 갖춰야 한다.** 실상은 어떨까? CEO 후보자 중 45퍼센트는 도중에 직업을 잃거나 기업에 극도로 값비싼 손해를 입히는 중대한 실수를 한 번 이상 저질렀다. 그렇더라도 78퍼센트 이상은 결국 정상의 자리에 올랐다.[12] 성공적인 CEO의 비결은 실수를 하지 않는 것이 아니라 실수와 실패를 제대로 처리하는 데 있다. 실수를 실패라고 말하는 CEO 후보자가 CEO로서 강력한 성

과를 달성할 가능성은 그렇지 않은 후보자의 절반 이하이다.

- **여성 CEO는 남성 CEO와 다른 방식으로 성공한다.** 여성이 보이는 리더십 유형과 속성은 남성과 다를 수 있다. 하지만 통계를 볼 때 성별은 CEO로서 강력한 결과를 산출할 개연성에 전혀 영향을 미치지 않는다. 성공적인 CEO는 남녀를 불문하고 네 가지의 CEO 게놈 행동을 보이기 때문이다. 남녀 CEO는 중요한 문제에 관해 다른 점보다 비슷한 점이 많다. 애석하게도 한 가지 큰 차이는 있다. 조사한 연도에 따라 다르기는 하지만, 여성 CEO가 이끄는 대기업은 전체의 4~6퍼센트에 불과하다.[13]

- **위대한 CEO는 어떤 상황에서도 탁월한 능력을 발휘한다.** 위대한 CEO는 어떤 상황도 다룰 수 있다는 잘못된 인식이 사회에 존재한다. 우리가 실제로 발견한 사실에 따르면 위대한 CEO는 자신이 성공할 수 있는 상황과 역할을 매우 신중하게 식별한다. 특히 CEO 직위가 걸려 있는 경우에는 잘못된 임무를 거절할 수 있도록 자신을 훈련시킨다. 허우적거리는 기업을 회생시키는 능력이 뛰어난 CEO라도 고성장 상황에서는 고전할 수 있고 반대의 경우도 마찬가지다.

- **CEO 자리에 오르려면 모든 조건을 충족해야 한다.** 누구든 개발해야 할 영역은 있게 마련이고, CEO도 예외는 아니다. 최고의 성과를 달성하는 CEO라도 자리에 올랐을 때 향상시켜야 할 주요 발달 영역이 3~6가지에 달한다. 빨리 성공하는 CEO는 자신의 기술과 경험을 보완해줄 수 있는 적합한 팀을 보유하고 있다.

- **CEO는 다른 사람보다 열심히 일한다.** 물론 CEO가 매우 열심히 일하는 것은 사실이지만 다른 수많은 종류의 직업에 종사하는 사람들도 열심히 일하는 것은 마찬가지다. 분석 결과를 보면 리더가 열심히 일

하는 정도와 CEO 자리에 오를 확률 사이에는 예측 가능한 관련성이 없다. 게다가 우리 표본에 들어 있는 저성과 CEO 중 97퍼센트는 근면성 항목에서 높은 점수를 기록했다.

- **CEO는 똑똑할수록 좋다.** 평균 이상의 지능은 최고위 경영진의 잠재력을 가리키는 중요한 지표다.[14] 하지만 일단 최고위 경영진의 자리에 오를 시점이 되면 표준화된 검사로 측정하는 지능이 더 높다고 CEO로 채용될 가능성이 높아지는 것도 아니고, CEO의 역할을 더 잘 수행하는 것도 아니다. 실제로 '단도직입적으로 핵심을 말하고' 명쾌하면서 간단한 어휘를 사용하는 후보자가 복잡하고 지적인 어휘를 사용하는 후보자보다 채용될 가능성이 높다.

- **경험이 무엇보다 으뜸이다.** 우리가 연구를 통해 발견한 놀라운 사실을 보면, 처음으로 CEO가 된 사람이 기대치를 충족하거나 초과할 가능성이 이전에 CEO를 지낸 적이 있는 사람보다 통계상으로 결코 작지 않았다.

우리는 캐플런 교수, SAS, 시카고 대학교·컬럼비아 대학교·케임브리지 대학교·뉴욕 대학교·캘리포니아 대학교 버클리 캠퍼스 소속 연구자 14명 이상, 지에이치스마트의 도움을 받아 CEO 게놈을 해독했다. 그러나 그것만으로는 충분치 않았다. 우리 작업의 목표를 최대한 달성하려면 CEO의 면모를 서술하는 수준을 넘어서야 했다. 누구에게나 이익을 안길 뿐 아니라 확실하게 믿을 수 있고 반복할 수 있는 실천 사항을 담은 지침서를 만들어야 했다. 그래서 2년을 더 투입해 발견 사항을 점검하고, 고객과 더욱 깊이 의논하고, 수천 쪽에 달하는 논문·글·연구 결과·책·통합 연구로 얻은 통찰을 검토하고 고객과 우리의 관점을 교차 비교했다. 자료 표본에 있는 CEO 몇 명을 다시 인터뷰하고 100건의 인터뷰를 새로 진행했다. 또 CEO를 코칭할 때 사용해온 기술과 방법을 문서로 기록했다. 9,000명이 넘는 여러 단계의 고위직 종사자는 우리 웹사이트 'www.ceogenome.com'에서 CEO 게놈 행동에 관한 자가 평가에 참여했고 우리의 조언을 즉시 현장에 적용할 수 있음을 발견했다.

자료를 수집하고 실전 경험을 쌓으면서 우리는 정상에 오르려면 무엇이 필요한지, 정상에 오른 후에 누가 성공하는지를 밝히는 영향력 있는 책을 썼다고 믿는다. 더욱 중요하게는 개인의 열망이 무엇이건 간에 이 책이 열망의 정점에 도달하는 여정을 가속화하고 그 과정에서 고통스러운 실수가 발생하지 않도록 막아주기를 희망한다.

CEO 자리에 오르기를 간절히 원하는가? 이 책은 당신을 준비시키고 목표 달성 가능성을 높이는 방법을 알려준다.

경력의 종착지가 어디일지 아직 모르는가? 이 책은 일하는 분야에서 성공하는 비결과 잠재력을 온전히 발휘하는 방법을 이미 최정상에 도달한 사람의 사례를 통해 들려준다. 노련한 트레이너에게 운동하는 방법을 배워 이익을 누리듯 오늘날 성공한 CEO에게 배워 자신이 참가한 경기에서 승률을 높일 수 있다.

최근에 CEO 자리에 올랐는가? 축하한다! 그렇다면 안전벨트를 단단히 매라! 이제 새로운 CEO를 기다리는 고통스럽고 많은 희생이 따르는 함정을 파헤칠 것이다. 이 책은 CEO의 역할을 수행하는 과정에서 맞닥뜨릴 수 있는 예측 가능한 위기에서 당신을 보호해줄 조언을 제공하고, 성공을 가속화하도록 돕는다.

경험 많은 CEO이거나 이사진인가? 그렇다면 차세대 리더를 키우는 것이 당신이 세운 목표 중 하나일 수 있다. 이 책은 당신이 잘못 선택해 고통받지 않도록 예방해줄 통찰력은 물론 효과가 입증된 예방 단계를 제시한다.

우리는 20여 년 동안 CEO, 투자자, 이사회 등에 자문을 제공한 경험을 토대로 여러 분야의 전문가가 참여한 팀이 수천 시간을 쏟아 도출한 결과를 논리적 근거로 삼으면서 증거에 기초한 매우 강력한 조언을 제공하겠다는 목표를 세웠다. 그래서 강해지는 방법, 정상에 오르는 방법, 정상에 오르고 나서 결과를 산출하는 방법을 밝힐 것이다.

제1부 강해져라 : CEO 게놈 행동을 터득하라

CEO처럼 조직을 이끌게 하는 행동은 무엇일까? 최고 인재가 나머지 사람과 구별되는 점은 무엇일까? 정말 중요한 기술이나 행동은 무엇일까? 우리가 연구한 결과에 따르면 과단성, 영향력 확대를 위한 관계 형성, 엄격한 신뢰성, 주도적 적응 등 CEO 게놈 행동 네 가지는 통계적으로 성공과 관계있다. 그런데 이러한 행동이 타고나는 특성은 아니라는 사실이 중요하다. 이것은 훈련과 경험이 쌓여 형성된 행동이자 습관이어서 경력의 어느 시점에서도 발달시킬 수 있다. 이 책은 4개 장으로 나누어 각 행동을 설명하고 탐색할 뿐 아니라 당신이 참여하는 경기의 질을 향상시킬 목적으로 당신을 실용적인 도구로 무장시킬 것이다. 그리고 네 가지 중에서 어떤 행동이 성공 가능성과 고급 사무실을 차지할 가능성을 높일지 알려줄 것이다.

제2부 정상에 올라라 : 꿈에 그리던 직업을 쟁취하라

우리는 근본적인 성공 유형을 밝히기 위해 리더십 경력 수천 가지에 관한 자료를 수집했다. 이러한 성공 유형을 알면 누구라도 경력을 발전시킬 수 있다. 또 일부 CEO의 경우에는 정상에 더욱 빨리 올라서는 데 유용하게 작용한 경력 선택 사항과 경험을 조사했다. 끝으로 무대 뒤로 가서 이사회가 어떤 CEO를 채용할지 결정하는 방식을 보여주고, CEO로 선택받을 가능성을 높일 수 있는 방법을 살펴볼 것이다. 예를 들어 강한 억양을 사용하는 후보자가 CEO로 채용될 가능성은 그렇지 않은 후보자보다 열두 배 작다.[15] 이 책은 개인의 배경이 무엇이든 이러한 지뢰를 예측해 안전하게 피할 수 있도록 도울 것이다.

제3부 결과를 산출하라 : 역할에 따르는 도전을 통과하라

기업을 떠나는 CEO 중 4분의 1은 강제적으로 물러난다.[16] 정상에서 실수를 할 수 있는 여지는 거의 없다. 신임 CEO에게는 첫 2년이 성패를 좌우한다. 따라서 정상에 오르는 것만으로는 충분하지 않다. 이 책은 일단 정상에 오르고 나서 성공하는 방법과 그 과정에 놓인 위험을 피할 수 있는 방법을 제시할 것이다. 또 필연적으로 '정상에서 외로움'을 느끼는 순간 신뢰할 만한 지침이 되어줄 것이다. 처음 CEO 자리에 오른 사람에게 최대 난관은 대부분 이사회다. 하지만 노련한 CEO 중 75퍼센트는 자신이 처음 CEO가 되어 저지른 최대 실수는 이사회와 전혀 상관없었다고 말했다! 오히려 직원을 잘못 선택하거나 팀을 제대로 정비하는 작업을 너무 느리게 진행했기 때문이라고 했다.[17] 이 책은 그러한 실수는 물론 다른 실패를 피하고, 첫 2년을 무사히 보내고, 지위에 따르는 도전과 정신을 분산시키는 특전 사이에서 제대로 임무를 수행할 수 있는 방법을 제시할 것이다. 제3부에서 제공하는 많은 통찰을 갖추면 어떤 리더 역할이라도 잘 해낼 수 있을 것이다.

나도 CEO가 될 수 있을까?

우리는 가장 가능성이 없어 보이는 일부 CEO도 성공하도록 도왔다. 그중에는 160년 역사를 자랑하는 유명 아동병원에서 최초의 여성 CEO로 취임한 간호사도 있었다. 경력 초기에 부모의 퇴직연금을 몽땅 날려버린 매우 유명한 투자기업의 설립자도 있었다. 이탈리아에서 이민 온 제화공의 아들로 태어나 다국적 헬리콥터 기업과 주요 기술 기업을 경영한 사람도 있었다. 미국에서 매우 꾸준히 수익을 창출한 은행을 경영한 아역 배우이자 가수도 있었다. 돈 슬레이거도 있었다. 그러한 CEO의 명단을 열거하자면 너무 길다. 그들은 너나없이 때로 자신을 이방인이거나 약자라고 느꼈다. 자신도 놀랍게 어떤 시점에 다다르자 '나도 CEO가 될 수 있다'는 사실을 깨달았다. 그러한 개인이 모든 난관을 극복하고 앞장서서 책임을 떠맡은 덕택에 수많은 직원, 연금 수급자, 환자, 가정이 더 잘 살 수 있는 것이다.

이 책에서 얻은 통찰로 무장하면 유능한 동시에 아마 세상까지도 바꾸는 CEO가 될 수 있는 리더가 많다. 어느 직위에 궁극적으로 정착하든 자신의 경력 궤적을 향상시키는 동시에 경력 잠재성을 실현하기 위해 이미 정상에 오른 사람들의 교훈, 조언, 실행 등에서 도움을 받을 수 있는 리더는 더 많다. 이 책의 목표는 적임자에 대한 내부자 의견을 제공함으로써 다른 사람보다 두드러질 수 있도록 당신을 무장시키는 것이다.

사실 CEO가 되려면 탁월한 역량을 갖춰야 하지만 역량만으로는 부족하다. 자신이 CEO 자리에 오를 가능성을 보고 믿을 수 있어야 한다. 부모가 프로 운동선수인 사람이 그렇지 않은 사람보다 프로 운동선수로 성장할 가능성이 통계적으로 높은 것도 그 때문이다.

요점은 이렇다. 반드시 배경이 좋거나 운이 따라야만 CEO가 되는 건 아니다. CEO가 되려면 업무 수행이 뛰어나야 하고, 이 책에서 소개하는 기술을 구사하고, 면밀하게 주의를 기울이고 열심히 일해 숙달할 수 있는 행동을 보여야 한다. 따라서 이 책은 자신의 경력을 만들어가고 있는 당신을 돕기 위해 정상으로 향하는 길을 걸을 때 실제로 발생하는 성패에 얽힌 이야기를 소개한다.

매우 인상적인 CEO조차도 경력 초반에는 자신이 위대한 CEO가 되리라고 생각지 못했다. 경력 후반기까지도 고급 사무실을 차지하려는 추진력을 대부분 느끼지 못했다. 하지만 그러는 동안 어느 시점에 이르자 '나는 할 수 있어'라고 생각하는 순간이 찾아왔다. 그 순간은 진정한 CEO의 모습을 '밀착해서' 보았을 때 맞이한 경우가 많았다.

그 무엇보다도 『이웃집 CEO』를 '밀착해서' 보며, 당신의 꿈을 추구해나가는 과정에서 '나는 할 수 있어'라고 마음먹는 순간을 맞이하기를 바란다.

연구 접근 방법

우리는 이력서와 취업 인터뷰 등 인재를 채용할 때 참조하는 주요 요소가 본질적으로 무가치하다는 사실을 예전부터 알고 있었다. 그래서

1995년 이후 지에이치스마트는 고위 경영진 자리에 적임자를 선택할 수 있도록 투자자와 이사회를 도와왔다.

20세기 동안 비즈니스 세계는 인재를 선택하는 주요 기준으로 대부분 직관이나 직감에 의존하는 단연코 비과학적인 접근 방법을 사용했다.[18] 과거 수십 년에 걸쳐 신경과학이 인간의 선택에 영향을 미치는 편견과 불합리성을 규명해냄에 따라,[19] 리더들은 콘서트홀부터 야구장과 중역 회의실에 이르기까지 채용 과정의 엄밀성과 특수성을 향상시킬 방법을 찾고 있다.

고객이 채용 결정을 내리도록 도와달라고 요청하거나 CEO를 코칭해달라고 의뢰하면 우리는 제일 먼저 '득점표scorecard'를 만든다. 득점표는 그 역할에서의 성공을 규정한다. 그것은 CEO에게 주어진 사명, 그가 달성해야 하는 사업 성과, 그리고 그 역할에 요구되는 핵심적인 지도자로서의 역량 등을 포함한다. (예를 들어 사명은 자사를 업계 리더로 포지셔닝하는 것일 수 있다. 사업 성과는 신제품에서 발생하는 수익증가율을 연간 5퍼센트에서 15퍼센트로 늘리는 것일 수 있다.) CEO의 득점표는 주어진 시점에서 기업의 성과와 조직의 구체적인 필요에 근거하므로 기업마다 다르다. 득점표는 서로 동의한 시기에 산출한 금융적·전략적·문화적 결과, 운영상의 결과, 제품·서비스·직원에 대한 기대치를 정량적 용어로 구체화한다.

득점표는 우리가 중역들을 인터뷰하며 평가할 때 들여다보는 렌즈다. 우리는 후보자가 실적·기술·역량·궤적을 갖추었는지, 우선 과제를 달성하며 특정 회사를 성공으로 이끄는 동시에 경영진을 뒷받침하고 발달시킬 방법을 알아낼 기질을 소유했는지를 알아낸다.

석사과정 이상을 마치고 최소한 10년 넘게 전문 경험을 쌓은 지에이치스마트의 선임 컨설턴트들은 득점표를 만들고, 후보자마다 약 다섯 시간 동안 소위 '후 인터뷰Who Interview™'를 실시한다.[20] 우선 후보자들에게 지금껏 거친 모든 직업에서 어떤 임무를 맡았는지, 가장 자랑스럽게 생각하는 점은 무엇인지, 주요 실수는 무엇이었고 어떤 교훈을 배웠는지, 누구와 함께 일했는지, 직장을 떠난 이유가 무엇이었는지 묻는다. 긴밀한 개인 이력을 포착하기 위해 처음에는 단순한 질문을 던지다가 이력서에 적혀 있지 않은 사항으로 옮겨가면서 종국에는 개인 이력을 깊이 파고든다. 그러다 보면 당연히 스타라고 생각했던 후보자가 과거에 다섯 직장 중 세 곳에서 해고되었다는 사실도 결국 알아낼 것이다. 어떤 CEO 후보자는 잘못된 판단을 해서 50억 달러짜리 건축계획을 무산시킬 뻔했다. 어떤 최고재무책임자CFO는 수익이 미미한 부문을 매각하라고 CEO와 이사회를 설득해 회사를 구했다. 후보자들은 대부분 인터뷰 과정이 새로 우면서 진지한 생각을 끌어낸다고 인식하고, 결과적으로 자신에 관한 이야기를 전부 털어놓도록 격려를 받는다. 물론 손에 땀이 나도록 긴장해서 자리를 뜨는 후보자도 있다.

인터뷰를 마치고 나면 득점표와 대조하며 성공 개연성을 가리키는 자료 수백 건을 추려내고 분석한다. 아울러 '직원에게 책임을 맡기고 유능한 인재를 끌어들이는' 등 30가지 이상의 역량에 대해 점수를 매긴다. 끝으로 우리가 발견한 사항이 최대한 정확하다고 확신할 수 있도록 과거의 평가에서 적합한 자료를 찾아 참조하고 몇몇 동료와 의논해 수정한다. 그리고 많은 경우에는 채용된 후보자가 CEO 직무를 어떻게 수행하고 있는지에 관해 이사회가 보고한 자료를 검토하고 360도 피드백 자료와 요인을 뽑아 발견 사항을 보완한다.

이렇게 고위 경영진 후보자 1만 7,000명을 평가한 뒤에는 누가 어떤 이유로 채용되고 채용되지 않는지 파악한다. 후보자가 채용되고 나서 어떻게 일했는지도 파악한다. 그러면 현재 보이는 성공과 과거에, 즉 CEO의 경력에서 때로 훨씬 이전에 나타났던 자질을 연결할 수 있다. 우리는 매년 평균 250명의 CEO를 평가해 데이터베이스에 추가하고 있다. 따라서 어떤 다른 기업도 CEO가 무엇을 하는지, 어떻게 그 직위에 올랐는지, 매일 겪는 괴로움과 땀과 눈물을 어떻게 다루는지에 관해 우리만큼 알지 못한다고 자부한다.

제2장

과단성 : 정확성보다 속도다

*선수로 뛰는 동안 내가 넣지 못한 슛만도 9,000개가 넘는다.
패배한 경기도 300회에 가깝다.
경기의 승패를 결정하는 슛을 시도하는 책임을 맡았다가
실패한 경우만도 스물여섯 번이다.
이렇듯 나는 실패를 거듭했고, 그것이 내가 성공한 원동력이다.*

_마이클 조던

CEO를 둘러싼 상당히 많은 이야기와 전설에는 '중대한 결정'을 내리는 순간이 있다. 이것은 '기업의 사활'이 걸린 순간으로, CEO는 위태로운 상황의 한복판에서 선택을 해야 하는 입장에 선다. 이때 잘못 선택하면 회사는 무너지고 직원은 일자리를 잃으며 회사가 완전히 사라지기도 한다. 물론 CEO의 경력도 끝장난다. 따라서 CEO는 사실을 수집하고 각본을 돌려보며 신중히 생각한다. 동료, 이사진과 상의하고 자기 회의와 부대끼며 씨름한다. 마지막으로 경험과 본능을 총동원해 미래를 내다보고 반대 의견을 누른다. 그러고는 회사를 구하는 결정을 내리고 수익성이 훨씬 높은 미래를 향해 전진한다.

이러한 순간은 실제로 존재한다. 우리는 그러한 순간이 펼쳐지는 광경을 직접 목격하고 있다. 그러므로 컨설턴트로서 이렇듯 중대한 결정에 초점을 맞춰야 한다고 본능적으로 생각했다. CEO의 결정이 상당히 큰 영향을 미치므로 우리는 자문 업무의 초점을 대부분 CEO에게 맞춘다. CEO가 어떤 결정을 하느냐에 따라 수천 가구의 생계가 좌우될 수 있기 때문이다. 그만큼 영향력이 크기 때문에 CEO가 내리는 모든 결정의 질이 무엇보다 중요할 수 있다. 하지만 결과를 따져보면 CEO의 결정보다 훨씬 더 중요한 점이 있다.

고성과 CEO의 두드러진 행동 특징을 깊이 조사해보면 신중성, 엄밀한 분석, 양질의 의사 결정이 아니었다. 오히려 신념에 따라 신속하게 결정하는 능력인 '과단성'이었다. 우리가 수행한 연구에서 과단성 있는 CEO가 높은 성과를 달성할 가능성은 그렇지 않은 CEO보다 열두 배 크다.[1]

과단성 있는 CEO는 '이 문제를 다루는 건 내 책임이야'라는 보기 드문 책임의식을 느끼며 업무를 추진한다. 다른 사람들이 매번 옳은 결정을 내리고 싶어 하며 불안해할 수 있는 반면에, 과단성 있는 CEO는 불확실성의 바다를 항해하면서 잘못될 수 있다는 사실을 인식하더라도 결정을 내린다. 이처럼 결정할 때는 신념과 속도가 중요하다. 그들은 결정을 내리기 위해 9분간 숙고할지, 2주 동안 숙고할지, 아니면 전혀 주의를 기울일 필요가 없는지 판단한다. 그리고 무엇보다도 좋든 나쁘든 모든 결정에서 진지하게 교훈을 배운다.

우리가 몇 년 전에 평가했던 CEO 스티브 고먼Steve Gorman은 '방향을 제시하지 않는 것보다는 결과가 나쁠 가능성이 있더라도 결정하는 편이 낫다'고 언급했다. 스티브는 버스 회사인 그레이하운드 라인스를 이끌면서 신념에 따라 신속하게 결정하는 능력을 발휘해 회사를 살렸다.

그레이하운드는 스티브가 처음 CEO로 일하기 시작한 회사였다. 그가 CEO 직책을 수락한 까닭은 꿈이었다기보다 편리성을 따랐기 때문이다. 현명하지 못하게 직장을 옮기면서 노스캐롤라이나에 거주했지만 스티브도 가족도 댈러스로 돌아오고 싶었다. 스티브가 취임할 당시 그레이하운드는 가까스로 명맥을 유지하고 있었다. 운영비를 충당할 정도의 수입도 거두지 못할 뿐 아니라 몇 년간 수익을 꾸준히 창출하는 데 필요한 자본 투자를 받지 못했다. 모기업인 레이들로는 파산 상태에서 빠져나오는 중이었고, 채권자들은 그레이하운드에 투자하는 금액을 연간 1,000만 달러 미만으로 제한했다. 스티브는 칼날 위를 걷듯 위태로운 상황에서 회사를 경영했고, 자신도 그 사실을 알고 있었다. 자신이 목표를 달성하지 못하면 채권자들은 언제라도 회사 문을 닫을 태세였다. 특히나 바로 직전의 경력이 짧게 실패로 끝났으므로 이번 직장에서는 반드시 성공해야 했다. 이것은 모든 이해관계자에게도 절박한 관심사였다.

결코 도전을 회피하지 않았던 스티브는 사업에 관련된 사항을 꾸준히 습득하면서 회사가 나아갈 방향을 제시했다. 곧 드러난 그레이하운드의 최대 문제는 수익을 내지 못하는 노선이 너무 많다는 것이었다. 중역들이 자사 교통망을 정비할 다양한 방법을 제안했다. 일부 지역으로 가는 노선을 없애거나 장거리 노선의 요금을 인상하자는 아이디어가 나왔다.

중역팀이 많은 선택 사항을 생각해냈다가 철회하기를 반복하는 4개월 동안 스티브는 그들의 의견에 귀를 기울였다. 어떤 변화도 실행하기 쉽지 않은 상황이었고, 어떤 방법을 구사하더라도 실패할 이유는 많았다. 하지만 행동해야 할 때가 되었다. 수집한 자료들 중에는 야간에 미국과 캐나다를 찍은 위성지도가 있었으므로 높은 인구밀도를 반영하는 조명 집중 지역을 파악할 수 있었다. 이 지도를 보면서 스티브는 그레이하운드의 사업 방향을 결정했다.

'조명이 없는 지역에 노선을 만들면 안 된다.'

조명이 없으면 사람도 없기 때문이다. 스티브는 몇 개의 장거리 노선을 연결해 고수익 지역 교통망을 중심으로 서비스 노선을 재편성하는 방법을 떠올렸다. 이 방법이 통할까? 확신할 수 없었다. 다만 회사가 손실을 입고 있으며 자신에게 회생 책임을 맡겼다는 사실은 알았다. 수익성 있는 노선으로 교통망을 축소해야 했다.

회사의 미래와 자신의 경력이 걸려 있고 성공 가능성은 불확실한 상황에서 스티브는 신속하게 전력을 기울여 전진했다. 계획은 통했다. 스티브가 CEO로 취임했을 때 버스 운행 사업은 지난 2년간 1억 4,000만 달러의 적자를 기록했다. 그로부터 4년 후인 2007년에 스티브가 CEO 자리에서 물러날 때 그레이하운드는 3,000만 달러의 수익을 올려 2003년 가치 대비 네 배 이상 매출을 끌어올렸다.

스티브는 과단성 있게 업무를 추진했다. 자신의 결정이 옳다고 확신했기 때문이 아니다. 특히 필요에 따라 수정할 수 있는 노선 구조에 관해 결정할 때는 아무런 조치도 취하지 않는 것보다 '나빠질 가능성이 있더라도 결정하는 편이 낫다'고 판단했기 때문이다.

스티브 고먼 같은 CEO가 두드러지게 탁월한 점은 특정 목적지에 도달해야 할 때 지도가 전혀 없는 것보다는 잘못된 지도라도 있는 편이 낫다는 사실을 인식하고 굳게 믿는 것이다. 의료 장비와 기기를 판매하는 메드트로닉에서 CEO를 역임하고 보잉과 US뱅코프 등 일류 기업에서 이사로 활동하는 아트 콜린스Art Collins는 이렇게 설명했다.

"CEO의 임무는 경기에서 팀을 지휘하는 것과 같습니다. 나는 미식축구를 할 때 쿼터백으로 뛰었습니다. 언제나 옳은 지시를 내리는 건 아니지만 일단 지시를 내리면 모든 팀원이 그에 따라 움직이게 해야 합니다."

이때는 순수한 이성보다 행동이 성공을 좌우한다. 지능이 매우 높은

CEO라도 '과단성'을 발휘하지 못하고 허덕일 때가 많다.[2] 분석의 늪에 빠져 있느라 우선 과제를 명쾌하게 정하지 못하고 갈팡질팡한다. 그들이 제대로 일을 처리하려는, 일반적으로 성실한 욕구를 품은 탓에 팀과 주주가 대가를 치른다.

따라서 정상의 자리에 오르고 싶다면 결정을 내릴 때마다 땀을 뻘뻘 흘리며 애쓰지 마라. 스티브 고먼처럼 스스로 따를 지도를 선택하고 신념을 품으며 신속하게 계획을 밀어붙여라. 과단성 있게 행동하라. 과단성 근육을 강화하기 위해서는 세 가지에 초점을 맞춘다. 더욱 신속하게 결정한다, 결정하는 횟수를 줄인다, 매번 결정 능력을 향상시키도록 훈련한다.

더욱 신속하게 결정하라

과단성에서 낮은 점수를 받은 중역의 문제를 살펴보면 94퍼센트는 너무 빨리 결정해서가 아니라 너무 늦게 결정해서 낮은 점수를 받았다.[3] 심지어 그들은 옳은 결정을 해야 한다는 욕구에 짓눌려 어떤 결정도 내리지 못할 수 있다. 고성과 중역들은 신속하게 결정한다. 결정을 내릴 때 CEO가 특유하게 직면하는 도전거리는 결정의 지적인 면모가 아니라 규모와 속도인 경우가 많다. 빠른 속도로 결정하는 사람은 신속하게 행동할 때 두 가지 원칙을 반복 활용한다.

1. 복잡한 문제를 단순하게 만든다.

능률적인 CEO와 경력의 모든 단계에서 고성과를 내는 사람은 복잡한 문제를 단순하게 만드는 방법을 찾아 더욱 신속하게 움직인다. 자신이 속한 업계와 기업에 독특한 정신 모델을 개발해 불확실성을 신속하게 해소하고 새로 입수한 정보를 거르고 잡음을 차단한 후에 행동을 재빨리 개시한다. 이러한 정신 모델에 따라 행동하면 업무를 추진하는 가장 중요한 요인에 초점을 맞춰 결정을 내릴 수 있다.

더그 피터슨Doug Peterson은 맥그로 힐 파이낸셜의 CEO로 출근한 첫날 상당히 큰 규모의 기업 인수를 결정해야 했다. 중역들은 인수 계획을 거의 기정사실로 보고했다. 담당 팀은 침체된 부서를 구할 수 있는 유일한 방법이라고 믿으며 인수 계획을 적극 지지했다.

더그는 해당 기업에 처음 출근한데다 CEO도 처음 맡았으므로 스스로 모르는 것이 있다는 사실을 인식했다. 그러면서도 신속하게 결정해야 하는 사안임을 알고 있었다. 협상이 순조롭게 진행되어 입찰 단계로 넘어가는 찰나였으므로 지금은 회사가 인수에서 손을 뗄 수 있는 마지막 기회였다. 과거에 더그는 함께 일했던 CEO들의 경영 방식을 연구하면서 자신이 닮고 싶은 유형을 찾아냈다.

"성공적인 CEO는 정보의 80퍼센트만 갖추면 과감하게 결정했다는 사실을 깨달았습니다. 주저하며 기다리지 않았죠. 직감에 의존하지 않았고, 도박을 하지도 않았습니다. 많은 사람의 관점에 매우 신속하게 귀를 기울이고 나서 빨리 판단을 내렸습니다."

궁극적으로 더그는 다양한 관점을 단순화했다. GE의 전설적인 CEO 잭 웰치가 언급해 유명해진 '우리가 그 부문에서 1인자나 2인자가 될 수 있을까?'라는 매우 단순한 질문을 던져보기로 한 것이다.[4] 정보를 충분히 수집한 더그는 해당 질문에 대한 대답이 부정적이라는 결론을 내리고 협상에서 손을 떼기로 결정했다. 직원들은 충격을 받았고 분개하기까지 했지만 더그의 태도는 단호했다.

틀을 활용하면 복잡한 문제를 단순화할 수 있어서 신속하게 결정할 수 있다. 또 중요한 사항을 조직 전체에 명확하게 인식시키므로 CEO뿐 아니라 전체 직원이 더 나은 결정을 할 수 있다. 더욱이 CEO가 결정할 때 사용하는 방식을 직원이 본받을 것이다. CEO가 명쾌한 결정 원칙에 따라 신속하게 움직이면 직원도 그렇게 할 것이다. 뒤퐁의 전직 회장이자 CEO인 잭 크롤Jack Krol은 차를 몰고 자택으로 향하는 동안 우리에게 뒤퐁에서 화학자로 근무하기 시작해 1980년대에 뒤퐁 농산물에서 자신이 달성한 변화에 대한 이야기를 해주었다.

잭이 선임 부사장으로 취임할 당시 회사에 근무하는 사람들은 대부분 혁신에 주력했다. 잭은 이렇게 반응했다.

"좋아요, 이제 신제품이 출시되겠군요. 하지만 수익성과 주주 가치에 대해 생각하는 사람은 없네요."

그러면서 투자수익률에 초점을 맞춘 단순한 틀을 제시하자, 그때부터 투자수익률이 결정을 내릴 때 사용하는 새로운 기준으로 부상했다. 주어진 계획이나 혁신 계획이 투자수익률의 한계를 넘을 수 있을까? 잭은 책상에 올라오는 모든 계획에 대해 결정할 때 해당 등식을 사용했다.

"그 등식의 각 부분에 들어가는 요소들이 무엇인지 하나하나 분석할 필요가 있었습니다. 그리하여 사람들은 투자수익률에 기여하는 어느 부분에서 자신이 일하고 있는지 이해했지요."

선임 경영진은 이 등식을 '크롤 등식Krol Equation'이라 부르면서, 잭이 적용했던 틀을 사용해 자신들이 내릴 결정을 검토했다.

자기 기업에서, 직업에서, 팀에서 가치를 창출하는 요소를 이해하는 방식으로 복잡한 상황을 단순하게 만들 수 있다. 내셔널 비전의 CEO 리드 파스Reade Fahs는 자사 목적에 부합하는 단순한 의사 결정 틀을 만들려고 노력한다. 리드는 이렇게 설명했다.

"우리는 효과적인 공식을 만들고 반복해서 복제합니다. 적중하는 공식을 찾기는 힘들지만 일단 찾으면 고수해야 합니다."

영국에 있는 비전 익스프레스에서 근무했던 경력 초기에 리드는 소매 안경 사업의 수익성을 향상시키는 주요 수단이 있다고 판단하고, 중역팀은 반드시 그 수단을 사용해 결정해야 한다고 생각했다.

"그곳에 갔을 때 '맙소사, 이곳은 손볼 것이 많군'이란 생각이 들더군요. 다음 날 출근하고 나서 '여러분, 이 회사가 마지막으로 순조롭게 돌아갔던 때가 언제였습니까?'라고 물었어요. 우선 매장의 인센티브 구조와 앞창의 진열 등 바뀐 요소들을 가려냈습니다. 그러면서 집중할 수 있는 구체적인 영역 수천 개와 효과가 있는 요소로 명쾌한 모델을 수립하고 나서 갈고닦는 과정을 거치며 중요한 목록을 열두 개까지 걸러냈습니다."

그러고 나서 중역팀은 해당 부문에서 자신의 결정과 행동에 초점을 맞추면서 매장 리더를 훈련시키고, 매장에 들어올 때마다 해당 부문을 평가했다. '매장 앞창에는 제품이 정확하게 진열되어 있는가?', '보너스 프로그램은 제대로 실시되었는가?' 등등.

리드가 지휘한 지 2년도 지나지 않아 비전 익스프레스의 수익은 두 배로 늘어나고 매출은 15퍼센트 증가했다. 나중에 리드는 미국에 본사를 둔 내셔널 비전에 근무하면서 동일한 의사 결정 틀을 사용해 과거와 비슷한 수준으로 실적을 개선했다. 리드가 취임할 당시 시가총액이 500만 달러였던 내셔널 비전은 10년 후 11억 달러가 넘는 가격으로 KKR에 매각되었다. 리드는 60분기 연속으로 동일 매장의 영업 실적을 성장시키면서 미국 소매 산업에서 어느 기업도 따라올 수 없는 기록을 남겼다. 전문가들이 아마존과 구글 때문에 전통적인 소매 산업이 무너진다고 예측하는 상황에서[5] 복잡한 문제를 뚫고 가장 중요한 점에 집중하라는 리드의 조언은 선견지명으로 보인다.

2. 투표권을 행사하는 데 그치지 말고 목소리를 낸다.

상아탑 꼭대기와 같은 곳에 홀로 앉아 외부와 단절된 상태로 상황을 통제하는 CEO에게서 과단성을 찾아보기는 힘들 것이다. 실제로 CEO와 온갖 지위의 의사결정자들도 보통 사람과 마찬가지로 혼란한 세상을 살아간다. 시스템을 바꾸는 새로운 변수가 끊임없이 등장한다. 회사 안팎으로 이해관계가 얽히고설킨 사람들이 CEO의 일거수일투족을 알리고 여기에 영향을 미친다. 효과적인 의사결정자들은 자신이 밟는 결정 과정에 다른 사람을 적극적으로 개입시킨다. 그러는 이유는 두 가지다. 첫째, 다양한 의견을 수렴해 결정의 질을 높이기 위해서다. 둘째, 적합한 이해관계자를 참여시켜 합의를 이끌어내고 주인의식을 고취해 원활하게 결정할 수 있는 길을 닦기 위해서다. 따라서 때가 되었을 때 의사결정자들은 사슬에 묶인 죄수가 아니라 투사이고 자원자가 된다. 이 두 번째 이유에 관해서는 다음 장에서 살펴볼 것이다.

집요하게 부상하는 질문을 던져보자. '어떻게 CEO가 신속하게 행동하면서도 여전히 다른 사람을 의사 결정 과정에 참여시킬 수 있을까?' 과단성 있는 CEO는 참여를 유도할 때 '모든 사람에게는 투표권이 아니라 목소리가 있다'라는 주문을 사용한다. 일류 CEO는 의사 결정 과정의 일부로서 의견을 취합하려면 기술이 필요하다고 인식하지만 합의를 이루려고 마냥 기다리지는 않는다.

　　다케다 제약회사의 CEO 크리스토프 웨버Christophe Weber가 좋은 예다. 그는 글락소스미스클라인GSK 아시아태평양 본부에서 총괄 책임자로 활동할 때 새로운 전략적 방향을 시도할 수 있는 기회를 잡았다. 한 집단을 지켜보며 조직에 목소리가 부족하다는 사실을 목격하고 떠올린 아이디어였다. 각국에서 활동하는 잠재력이 큰 중간급 직원들이 목소리를 내지 않았던 것이다. 그들을 잠재력 있는 혁신가로 본 크리스토프의 직관은 적중했다. 그가 필리핀에 갔을 때 한 직원이 약제에 대한 새로운 접근 모델을 제시했다. 그 모델을 따르려면 본사가 판매량을 증가시키는 동시에 마케팅과 판매망의 범위를 확대하고 가격을 낮춰야 했다. 신속하게 분석하고 나서 계획이 효과를 거두리라 결론을 내렸지만 단독으로 실시할 수는 없었다. 새로운 모델을 적용하려면 견실한 합의를 거쳐 일련의 변화를 겪어야 했다. 크리스토프는 팀과 협력해 계획을 발전시키려 했지만 합의를 이끌어내지 못해 중단했다. 그는 이렇게 설명했다.

　　"합의를 하려고 시도하면 계획을 추진하는 속도가 너무 느려져서 최소 공통분모가 있는 해결책을 선택하는 방향으로 밀어붙여지는 경우가 자주 발생합니다. 그렇다고 우리가 협력할 수 없다는 뜻은 아닙니다. 직원들에게 목소리를 내고 다른 관점을 표현하게 하고, 그런 다음에 결정하고 의사소통하게 해야 합니다."

　　필라델피아 아동병원의 CEO 매들린 벨Madeline Bell은 명쾌하게 정의된 과정을 거치며 다양한 출처에서 정보와 의견을 수집한다. 주위 사람에게 상당히 광범위하게 의견을 듣는다. 이렇게 수집한 정보는 결정을 내릴 때 유용하지만 다른 목적으로도 자주 쓰였는데 모든 이해관계자를 조율하는 방식으로 결정 내용을 소통하도록 CEO를 돕는다. 이렇게 토론하면서 매들린은 이해관계자들이 반발하거나 주저하는 원인을 깨닫고 우려를 종식하기 위한 논리적 근거를 마련할 수 있기 때문이다. 그렇다면 참여를 유도하면서도 합의를 추구한다는 뜻일까? 전혀 그렇지 않다. 매들린이 내리는 결정을 모든 이해관계자가 좋아하는 건 아니다. 하지만 일단 결정한 후라면 매들린은 새로운 정보가 등장하지 않는 한 뒤돌아보지 않는다.

결정하는 횟수를 줄여라

결정할 때 사용하는 단순한 틀의 강력한 장점은 더 있다. 일단 조직에서 틀을 사용하면 현재 직원들이 내릴 수 있는 대다수 결정에서 CEO가 한 걸음 물러나 생각할 수 있다. 이것은 우리가 목격하는 많은 최고 CEO에게 해당한다. 그들은 어떤 사업을 추진하든 우선순위에 따라 능숙하게 분류한다. 문제와 결정 사항이 책상에 올라오면 어떤 문제를 숙고해야 하는지, 어떤 문제에 대해 결정을 내리고 추진해야 할지, 어떤 문제를 다른 사람에게 위임하고 넘겨야 할지 판단한다. 결정하는 횟수를 줄이는 것이다.

필라델피아 아동병원에서 벌어진 '겔 대 거품 논쟁'에서 매들린 벨이 취한 태도가 좋은 예다. 환자들을 감염에서 안전하게 보호하려면 병원 용기에 들어가는 비누가 겔 형태가 나은지, 아니면 거품 형태가 나은지를 둘러싸고 뜨거운 논쟁이 벌어졌다. 단순한 문제인 것 같지만 손 위생은 병원 내부의 감염 관리에서 매우 중요한 사항이다.[6] 매들린은 이렇게 설명했다.

"지뢰밭에 걸어 들어간 셈이었습니다. 내가 직원들의 감정을 진정시키기에 급급하면 조직을 마비시키고 의사 결정에 나쁜 선례를 남길 수 있겠다는 사실을 단박에 깨달았습니다.”

리더들은 겔 집단과 거품 집단으로 갈라져 싸웠다. 그러면서 매들린이 판단해주기를 원했다. 매들린은 리더들에게 자신의 뜻을 밝혔다.

“절대 안 됩니다. 해당 문제에 대해 서둘러 결정하는 것은 내 임무가 아닙니다.”

그 대신 질문에 대해 해답을 찾기 위해 명령 사슬을 올려다보지 말고 내려다보라고 제안했다.

“매일 가장 가까이서 업무를 수행하는 사람이 토론하고 결정해야 합니다. 내가 결정할 수 있는 사안이 아닙니다.”

겔이냐 거품이냐는 병원 감염률에 영향을 미칠 수 있는 중요한 문제이지만 조직에 속한 다른 사람들이 결정해야 하는 사항이었다. 매들린은 ‘조직에서 결정을 내릴 수 있는 정보와 경험을 가진 사람에게 결정권이 있을 때는 개입하지 마라’는 유용한 전술을 제시했다. 이것은 직위를 막론하고 모든 리더에게 통하는 전술이다.

CEO는 의사 결정의 부담을 줄이기 위해 기업에 손해를 끼칠 수 있는 결정을 차단하는 전술도 구사한다. 매일 압박에 시달리는 상황에서는 어떤 리더라도 잠시 뒤로 물러서서, 앞부분에서 언급한 명확한 틀을 생각해내기가 쉽지 않다. 역설적이게도, 리더들은 한 걸음 물러나 자신이 해야 할 일과 하지 않을 일을 분간하여 의사 결정을 하면서 무엇이 사업의 사활에 가장 중대한 문제인지를 가려내지 않았다는 바로 그 이유 때문에 일상적으로 반발에 부딪히며 곤경을 겪는 경우가 많다. CEO의 책상을 거쳐 가는 수많은 문제의 비중이 모두 같다면 결정의 비중도 마찬가지다. 이렇게 해서 CEO에게 과부하가 걸리는 것이다.

애로우 일렉트로닉스에서 CEO를 지냈고 하버드 대학교 경영대학원에서 강의하는 스티브 코프먼Steve Kaufman은 세 가지 질문을 사용해 결정의 우선순위를 정한다.

1. **이 결정을 지금 해야 할까? 아니면 돌이킬 수 없는 손해가 발생하지 않는 상태로 한 주나 한 달을 미룰 수 있을까?** 모든 결정을 당장 내려야 하는 건 아니다. 결정을 미룰 때 치러야 하는 대가는 무엇일까? 이 결정은 회사의 목표와 우선순위에서 얼마나 중요할까? 사업의 이면에 숨어 있는 힘의 작용을 이해하고 무엇이 중요한지 분명하게 파악하면 각 결정을 내리는 적합한 시점을 가늠할 수 있다.

2. **결정을 미루는 경우에는 결정하는 데 유용할 수 있는 통찰과 정보를 추가로 얻을 수 있을까?** 미루는 데 따르는 이익은 무엇일까? 정보를 추가로 획득해 중대한 결정을 바꿔야 할 가능성이 있다면 결정을 잠시 미룰 만한 가치가 있다. 하지만 3개월이나 6개월 안에 더 많은 정보를 얻을 것 같지 않은 경우에는 결정을 미루며 계속 분석하는 데 따르는 이익은 무엇일까?

3. **문제가 저절로 해결될 수 있을까?** 다수의 CEO는 자신이 개입해 결정했을 때보다 오히려 시간이 흐르면서 문제가 훨씬 더 바람직하게 해결된 경우가 수도 없이 많았다고 말했다. 하지만 이 점에 관해서는 조심스러운 태도를 취해야 한다고 언급하고 싶다.

인튜이트의 CEO 브래드 스미스Brad Smith는 이렇게 썼다.

'CEO 자리에 올랐을 때 내가 적응해야 했던 가장 중요한 일은 높아진 나의 지위에 익숙해지는 것이었다. 처음에는 이 개념을 파악하지 못해서 CEO로 활동한 첫해의 내 모습은 무슨 결정을 내려야 할지 모르고, 현장에서 업무를 수행하는 리더들이 제시해야 마땅할 권고 사항을 말하고 있는 것이었다.[7]

　브래드는 탁월한 CEO의 임무는 '무엇'을 할지 결정하는 것이며 '어떻게' 그 일을 할지에 대해서는 다른 사람에게 권한을 주는 것이라는 사실을 배웠다.

매번 개선하라

　'무엇이 되었든 그냥 결정해라'라고 말하는 건 무모하다. 결정을 잘못 내린 CEO는 대부분 자리를 보전하지 못하기 때문이다. 훌륭한 CEO는 신속하게 결정하고 그 결정을 고수하지만, 시간이 흐르면서 대부분의 사람보다 좋은 실적을 거둔다. 그렇다면 그들은 어떤 방법을 사용할까? 매번 나아지기 위해 노력한다. 과단성 있는 리더는 덧없는 완벽성을 추구하기 위해 결정을 미루지 않는다. 완벽성을 추구하려면 대가를 치러야 한다는 사실을 알고 있으므로 앞으로 나아가며 계속 결과를 향상시킨다. 262억 달러를 받고 링크드인(세계 최대의 비즈니스 인맥 관리 서비스 사이트 - 옮긴이)을 마이크로소프트에 매각한 사업가 리드 호프만Reid Hoffman은 스타트업의 경우에 실행 속도가 성공을 결정하는 사례가 많다는 사실을 인식하고, 실리콘밸리에서 반완벽주의 선언이라는 용어를 만들어냈다.

　'자신이 만들어낸 첫 제품에 대해 낭패감을 느끼지 않는다면 선적시기가 너무 늦은 것이다.'[8]

　우리는 수천 건에 걸쳐 CEO와 중역을 평가하고 인터뷰하면서 실수에 대해 물었다. 이때 미래 CEO들의 대답은 우리가 아이덱스 코퍼레이션의 CEO 앤디 실버네일Andy Silvernail을 초기에 인터뷰했을 때 발견한 유형에 대부분 속했다. 앤디는 자사 역사상 최대 규모의 인수를 성사시킨 직후인 2011년 사내에서 승진했다. 하지만 1년 후 그가 인수한 기업이 위기에 빠졌다. 최종 결산 목표액이 40퍼센트 낮아지면서 앤디는 자신이 초래한 위기를 떠맡아야 했다. 2억 달러 이상 감가상각을 해야 한다고 이사회에 보고해야 했다. 게다가 일부 손실을 흡수하기 위해 자신을 포함해 중역들에게 돌아가는 보상을 줄이면서도 회사에 잔류하라고 중역들을 설득해야 했다.

해당 인수는 전형적으로 나쁜 결정이었다. 이사회에서 앤디의 입지를 약화시켰을 뿐 아니라 많은 사람에게 고통을 안겼다. 6개월을 고통스럽게 보내고 나서 자신의 실수에 대해 말하는 앤디의 모습은 마치 자동차를 고치려고 정비사를 찾아가는 파란만장한 과정을 설명하는 것 같기도 했고, 다른 사람에게 일어난 재앙을 보고하는 것 같기도 했다. 그는 '실패'라는 단어를 단 한 번도 쓰지 않았다. 벌어진 상황을 차분하게 분석하고, 실수 자체가 아니라 실수의 '여파'로 발생한 문제를 상세히 설명했다. 참담했던 기업 인수 이후에 자신이 어떻게 반응했는지 털어놓았다. 주인의식을 발휘하고 사실들을 수집했다. 비판적인 입장에서 팀뿐 아니라 자신의 회계장부를 들여다보며 실수로 파생된 비용을 계산했다. 훨씬 중요하게는 시간과 거리를 두고 인수 결정을 돌아보고 그 후 내렸던 모든 결정으로 인해 겪은 경험에서 배운 교훈들을 목록으로 작성했다. 그 결과 앤디는 다음 4년 동안 업계 최고의 총 주주 수익률을 기록할 수 있었다.

우리가 여러 해 동안 만나온 앤디와 다른 CEO들은 자신이 내린 결정을 성장과 진화의 발판으로 삼는 법을 배웠다. 그들이 사용한 일련의 원칙을 정리하면 다음과 같다.

1. 뒤를 돌아본다. 실수를 실험 기회로 삼는다.

이러한 CEO들이 '실패'라는 단어를 쓰지 않는 것은 습관이 아니라 진정한 태도이다. 실수는 사람을 당황하고 두렵게 만드는 요소가 아니라 앞으로 향상할 수 있는 가능성을 제시하는 불가피한 경험이다. SAS 연구팀은 실패 개념에서 벗어날 때 누릴 수 있는 확실한 이점을 지적했다. 자신이 저지른 실수에 대해 말하면서 '실패'라는 단어를 쓴 후보자들이 CEO 자리에 올라 강력한 성과를 달성할 가능성은 그렇지 않은 후보자의 절반이었다.[9] 성공적인 CEO는 실수에 침착하게 대처하고, 전투를 치를 때 으레 입는 상처라고 긍정적으로 받아들인다. 흥미로운 점은 여기서 그치지 않는다. 자료에서 확인할 수 있듯, 이러한 CEO들은 경력 과정에서 저지른 실수가 CEO로서 미래의 성과를 방해하지 않고 오히려 자신을 준비시켜준다는 사실을 직감적으로 배웠다.

진 호프만Jean Hoffman은 애완동물용 복제약을 생산하는 퍼트니를 2016년 2억 달러에 매각했다. 그때 겪은 과정을 돌아보면서 진은 이렇게 말했다.

"모호한 상황에서 두려움 없이 결정하고 그 결정에서 교훈을 배우면서 매일 나아지는 것이 성공의 열쇠였습니다. 이때의 실수는 성공의 일부입니다. 사실 실수가 아닌 거죠."

성공적인 CEO는 좋든 나쁘든 자신이 과거에 내린 결정에서 교훈을 얻는 시스템을 구축한다. 우리가 인터뷰했던 한 CEO는 여태껏 저지른 실수와 그 실수에서 배운 교훈을 정리해 분류한 서류철을 들고 나타났다. 어떤 CEO들은 실수를 하고 나서 팀을 불러 모아 특정 기준을 중심으로 결과를 측정하고, 상황이 틀어졌을 때 배운 사항을 목록으로 만들었다고 대답했다. 그들은 경력 초반에 팀을 보유하기 전에도 학교, 경력 분기점, 심지어 사생활에 대해 결정할 때도 똑같이 엄격한 태도를 취했다.

실패에서 교훈을 배우는 훈련을 꾸준히 쌓은 리더들은 노벨 경제학상을 수상한 심리학자 대니얼 카너먼Daniel Kahneman이 『생각에 관한 생각』에서 서술한 의사 결정의 두 가지 방식을 더욱 개선했다. 카너먼이 지칭하는 '시스템 2' 사고는 신중하게 생각하고 합리적으로 서서히 결정을 내린다. '시스템 1' 사고는 사람들이 대부분 직관이라고 생각하는 사고로서 자신이 이미 알고 있는 정보를 근거로 신속하게 자주 무의식적으로 결정을 내린다.[10] 성공적인 CEO는 자신이 내린 결정을 사후에 엄격하게 분석하면서 어떤 결정이 좋은 결실을 맺고 어떤 결정이 나쁜 결과를 초래했는지 판단했다. 또 '시스템 2' 사고를 활용해 '시스템 1' 사고를 '훈련'시키고 '직감'을 향상시켰다. 직감은 경험으로 강화되면서 훨씬 더 신뢰성이 커졌다.

사과의 기술

물론 아직까지 비싼 대가를 치른 실수를 하지 않은 리더도 있다. 리더는 '상황이 틀어진 것이 직접적으로 자신이 저지른 잘못 때문이 아니더라도 늘 책임을 져야 한다'. 사과의 기술을 발휘하면 잃어버린 신뢰와 파괴된 평판을 되살리고 여느 때보다 강한 모습을 구축할 수 있다. 메드트로닉에서 CEO를 거치고 보잉과 US뱅코프를 포함해 몇몇 일류 기업에서 이사로 활동한 아트 콜린스는 전성기에 많은 실수를 목격했다. 아래에 열거한 내용은 사과하는 기술에 관한 콜린스의 조언으로 위대한 CEO가 되고 싶거나, 아니면 그저 좋은 동료이자 친구가 되고 싶을 때도 즉시 적용할 수 있다.

1. **직접 책임진다.** 자신이 대표하는 기관의 대변인으로 행동하지 말고 직접 책임을 진다.

2. **집중한다.** 잘못된 행위, 실수, 그리고 그로 인해 영향을 받은 부문을 구체적으로 명시함으로써 그러한 상황의 파문을 이해하고 있음을 명확히 한다.

3. **진정성을 보인다.** 솔직하게 실수를 뉘우치고 실수 때문에 발생한 손해를 배상하겠다는 뜻을 단어와 말투로 전달한다.

4. **변명하지 않는다.** 책임을 전가하지도, 피해를 축소하지도, 나쁜 상황을 숨기지도 않는다.

5. **신속하게 행동한다.** 사과는 신속할수록 받아들여질 가능성이 높다.

6. **포괄적인 태도를 취한다.** 모든 사실을 펼쳐놓고, 밝혀진 단점을 모두 인정하고, 앞으로 결정해야 하는 사항을 분명하게 표현한다.

7. **재발하지 않도록 한다.** 잘못 돌아간 상황을 바로잡을 수 있는 행동 계획을 세우고, 같은 문제가 재발하지 않도록 확실하게 조치한다.

2. 내면을 본다. 과단성을 추구하도록 정신을 훈련한다.

리더가 자신의 결정에 대해 정서적 거리를 유지하면서 생각하면 실수에서 교훈을 배우는 데 유용하다. 그런데 과단성 근육을 강화하고 사용하는 데 필요한 정서적 거리를 어떻게 만들 수 있을까? 너무나 많은 리더가 자신이 평온한지, 지쳤는지, 카페인을 과다 섭취했는지 등 자신의 신체 상태가 정서 상태에 어느 정도로 영향을 미치고, 따라서 결정을 내리는 능력에 어느 정도로 영향을 주는지 인식하지 못한다. 능률적인 리더는 자신이 신체적으로나 정서적으로 스트레스를 받거나 피곤할 때 의사 결정을 하는 경우 자연스럽게 편견에 빠지는 경향이 있다는 사실을 인정한다. 그들은 자신의 자연적인 기본 경향을 알고 있으며, 가장 힘든 순간에도 습관·사람·과정을 가동해 그 경향을 뒷받침한다. 매우 능률적인 의사결정자라도 정신적이고 정서적인 자원이 고갈되면 반생산적인 극단으로 치우칠 수 있다. 그러면 박식한 체하면서 분석적 태도를 보이거나, 사소한 문제에 낚여 엄청난 곤경에 빠져 들어가거나, 반대 관점을 충분히 탐색하지 않고 성급하게 결정하고 싶은 충동을 느낄 수 있다. 제2차 세계대전에서 활약한 미 육군 장군 조지 패튼George S. Patton은 '피로는 우리 모두를 겁쟁이로 만든다'라는 말을 남겼다.[11] 자신의 신체적 상태와 정서적 상태를 돌보지 않고 직장에 모습을 드러내는 리더는 마치 발에 맞지 않는 신발을 신고 경기에 출전하는 운동선수와 같다.

대학위원회 의장 데이비드 콜먼David Coleman은 조직을 재조사해야 하는 어려운 시기에 직면했다. 대학 입학 사정에 사용하는 기본적인 평가 도구가 부유한 학생에게 두루 유리하다는 증거가 속속 등장하면서 SAT를 재설계해야 했기 때문이다. 처음 CEO 자리에 오르고 나서 가장 크게 깨달은 사항을 언급하면서 데이비드는 충분한 휴식이 과단성을 발휘시켜주는 열쇠라고 말했다.

"최상의 모습을 유지하기 위해 정말 충분히 휴식해야 했습니다. 피곤하고 기력이 바닥날수록 사소한 감정에 휩싸이기 쉬웠어요. 신체의 건강과 균형을 유지하자 흔들림이 없고 강해질 수 있었죠."

3. 미래를 내다본다.

일부 리더는 의사 결정 능력을 향상시키기 위해 다른 기준틀, 즉 타임머신을 사용한다. 보고 싶은 미래를 앞질러 생각하고 그곳에 도달하려면 어떤 유형의 결정을 내려야 하는지 추론하는 것이다. 우리가 만난 사람들 중에서 과단성이 가장 뛰어난 의사결정자는 포춘지 선정 500대 기업의 CEO가 아니었다. 1956년 조프리 발레단이 창설되고 나서 3대 예술감독으로 취임한 애슐리 휘터Ashley Wheater였다. 설립자 로버트 조프리Robert Joffrey는 추측컨대 최초의 미국 댄스 공연단인 혁신적인 발레 기업을 세웠다. 1988년 설립자가 사망하면서 조프리 발레단은 특유의 강한 개성을 많이 잃었다. 애슐리는 조프리 발레단의 과거 영광에 취해 현재와 미래의 필요를 보지 못하는 어리석음을 범하지 않았다. 조프리 발레단을 미국 최고 댄스 기업의 반열에 다시 올려놓자는 목표를 세웠다. 애슐리가 예술감독으로 취임할 당시 발레단은 자금 조달 면에서도, 작업의 질에서도 그의 표현대로 '위태로운 상태'였다. 발레단은 이미 '창작' 활동을 중단했다. 관객이 줄어들었고 재정은 빡빡했다. 애슐리는 조프리 발레단이 초기 비전을 소중하게 생각하고 확대해가야 한다고 판단했다. 과거에 발레단은 늘 위험을 감수하면서 새로운 인재를 발굴했다. 시대정신을 찬양하고 미국만큼이나 다양한 댄스 기업을 만들었다. 이제 발레단은 포용을 지지하고 예술을 통해 모든 삶을 고양시키자고 주장할 필요가 있었다. 이것은 엘리트주의도 아니고 접근할 수 없는 사치도 아니었다. 애슐리는 조프리 발레단이라는 브랜드를 복귀시키고 고전발레를 엘리트주의적 예술 형태로 치부하는 낙인을 타파했다. 그러면서 "우리는 루이비통이 아닙니다. 발레는 누구나 즐길 수 있어야 해요"라고 강조했다.

애슐리는 상황을 역전시키기 위해 조직에도 언론에도 인기가 없는 선택을 해야 했다. 하지만 결코 뒤로 물러서지 않았다. 오늘날 그는 과단성 있는 두 가지 행동으로 좋은 평가를 받는다. 첫째, 매번 명쾌한 정신으로 결정했다. 둘째, 비판을 받아 마음이 어지러울 때마다 사람들은 미래가 아니라 현재만 생각한다는 사실을 자신에게 상기시켰다. 그러면서 때가 되면 이익이 분명하게 나타나리라 믿었다. 최근에 그는 이렇게 말했다.

"처음 2년 동안 내게 불같이 분노했던 사람들이 이제는 우리의 행보를 이해합니다. 시간만 한 해결사가 없습니다."(물론 옳은 결정을 했을 때 특히 그렇다.)

미래지향적 관점을 유지하면서 힘들더라도 계속 전진하는 애슐리의 태도는 칩 히스Chip Heath와 댄 히스Dan Heath가 『자신 있게 결정하라』에서 설명한 '10/10/10 기법'을 적용한 실례이다.

'어떤 결정에 대해 10분 후에, 10개월 후에, 10년 후에 어떻게 느낄지 상상하라.'[12]

눈앞에 닥친 긴급한 결정에서 한 발짝 물러나 거리를 두면 좀 더 합리적으로 문제에 접근할 수 있다.

4. 주위를 둘러본다. 반대 관점을 구한다.

앞에서 소개한 필라델피아 아동병원의 '겔 대 거품 논쟁'에는 이러한 진실도 담겨 있다.

'CEO는 자신이 내릴 결정에 대해 권한을 위임하거나 의견을 구할 때 언제나 다른 사람들의 의견을 구해야 한다.'

CEO가 내려야 하는 수많은 결정, 아니 대부분의 결정은 CEO 자신이 소유한 전문 지식의 범위를 벗어난다. 최고의 CEO들은 자신이 접근할 사람을 면밀하게 계획해 선택한다. 모든 의견이 같지 않다는 사실을 일찌감치 알아차렸기 때문이다. 고문이나 부서 책임자는 그 문제를 어떤 관점으로 생각할까? 어떤 개인적 편견이 관점에 영향을 미칠까? 그들에게는 의제가 있을까? 그들은 과거의 접근 방법을 넘어서서 생각할 수 있을까?

리더가 결정에 필요한 경험을 했더라도 리더의 개입 자체가 자연스럽게 편견을 만들어낸다. 듀크 대학교 심리학과 및 행동경제학과 교수인 댄 애리얼리Dan Ariely는 창조자의 편견을 보여주는 흥미진진한 실험을 했다.[13] 애리얼리는 참가자들에게 종이를 나눠 주고 종이접기 방법을 알려주었다. 이렇게 완성한 종이접기 작품을 두 집단, 즉 창조자 집단과 관찰자 집단에 판매용으로 내놓았다. 참가자들은 완성된 작품을 보게 할 때만 불러들였다. 예상했던 대로 창조자는 관찰자보다 다섯 배 이상의 가격을 치르고 싶어 했다. 우리가 인식하든 인식하지 못하든 결정에 자기 지문이 묻으면 본질적으로 편견을 품게 마련이다.

현명한 의사결정자는 출처를 주의 깊게 선별하면서 자기 편견을 배제하기 위해 도움을 요청한다. 우리는 '과단성' 역량에서 높은 점수를 받은 사람들에게서 몇 가지 공통 전략을 찾아냈다. CEO는 소위 '복합 외부인 관점Multiple Outsider Perspectives'에 자주 의존한다. 이 책의 공동 저자인 킴Kim은 애틀랜타에 있는 우드러프 아트센터의 사장이자 CEO인 더그 시프면Doug Shipman과 긴밀하게 일해왔다. 더그는 나중에 옳다고 밝혀지는 반직관적 결정을 내려 판세를 뒤집는다는 평판을 듣고 있다. 그는 회사 외부뿐 아니라 업계 외부에도 자신에게 '진실을 말해주는 사람'이 있다고 킴에게 말했다.

그러면서 더그는 '복합 외부인 관점'을 활용하자 직원의 의견을 듣는 것과 다른 세 가지 유용한 방식으로 조언을 얻을 수 있었다고 설명했다. 첫째, 조언 제공자가 외부인이므로 더그는 당면한 문제를 단순하고 명쾌한 어휘로 신속하게 제시해야 했다. 때로는 그러한 과정만 밟더라도 자신의 논리에서 새로운 해답이나 결점이 드러났다. 둘째, 외부인이기는 하지만 당면한 문제에 대해 정보나 관점을 보유하고 있어서 통찰을 제공할 때가 많았다. 셋째, 외부인은 더그를 개인적으로 알기 때문에 '부드러운' 조언을 해줄 수 있는 훌륭한 출처였다. 그들은 대부분 동료들이 더그에게 절대 엄두도 내지 못하는 질문을 던질 것이다.

"이 방향이 당신이 추구하는 가치에 부합합니까?"

지에이치스마트의 회장이자 설립자인 제프 스마트는 회사 중역이 문제에 지나치게 다가가 있는 상황에서 다양한 의견과 관점을 확실히 수렴하기 위해 사용할 수 있는 3D-ing 과정을 소개했다. 세 가지 'D'는 토의Discuss, 논쟁Debate, 결정Decide이다. 채용 결정을 해야 하는 상황에서 어떤 이유에서든 쉽고 즉각적인 합의가 이루어진다고 가정해보자. 하지만 이것은 집단 사고의 예일 수 있으므로 3D-ing 과정을 밟아보자. 우선 채용팀이 모여 토의한다Discuss. 정보와 사례를 제시하고, 정보를 온전히 이해하기 위해 누구나 질문할 수 있다. 그다음에는 논쟁한다Debate. 채용 후보자를 지지하는 사람을 정해 회의 참석자 전원을 대상으로 후보자 채용에 찬성하는 발언을 하게 한다. 또 다른 사람에게 반대 입장에 서는 역할을 맡기고, 반대 의견을 제시하며 해당 후보자를 채용하지 말아야 하는 이유를 열거하게 한다. 세 번째로 위원회는 양쪽 주장을 듣고 나서 결정을 내린다Decide.

3D-ing 과정은 관리자들이 새로운 관점을 얻는 데 유용하다. 게다가 중요한 부차적 효과도 얻을 수 있다. 일단 각 단계를 완수하면 헌신도가 증가한다. 중역진이 결코 결정을 번복하지 않으므로, 이미 결정된 문제에 의문을 제기하는 사태를 막을 수 있기 때문이다. 팀은 결정하고 가차 없이 과단성 있게 앞으로 나아간다.

결정을 내리면 문제를 절반만 푼 것이다. 이제 결정에 따라 행동하도록 조직을 움직여야 한다. 그러지 않으면 전혀 결정하지 않은 것과 같다. 그렇다면 결정된 사항을 실행하도록 사람들을 참여시키기 위해 어떻게 명료성·가속도·동기를 만들어낼까? 벤처투자사 앤드리슨 호로위츠는 CEO를 평가할 때 주로 'CEO는 자신이 옳다고 알고 있는 사항을 회사가 추진하도록 만들 수 있을까?'[14]라는 질문을 던진다. 이것은 CEO뿐 아니라 모든 리더가 인식해야 하는 중요한 질문이다.

CEO와 리더마다 타인을 행동하게 밀어붙이는 독특한 방식이 있다. 그들은 단지 '어떤 행동'을 해야 하는지뿐 아니라 그 행동을 '왜' 해야 하는지를 노련하게 전달한다. 노련한 CEO 빌 아멜리오Bill Amelio는 행동하도록 팀에 동기를 부여하는 것으로 타의 추종을 불허한다. 그 비결을 묻는 질문에 빌은 이렇게 대답했다.

"리더는 현실이 무엇인지, 어떻게 내일이 오늘보다 나아질 수 있는지 매우 명쾌하게 그릴 수 있어야 합니다. 리더가 설득력 있는 방식으로 그림을 그린다면 많은 직원이 아주 신속하게 뒤따를 것입니다."

과단성은 결과를 활발히 산출하는 방식으로, 다른 사람과의 관계를 형성하는 능력과 단단하게 연결되어 있다. 리더가 그렇게 할 수 있는 최선의 방법은 다음 장에서 소개하는 사항에 집중하는 것이다.

요점

1. 더욱 신속하게 결정한다.

2. 결정하는 횟수를 줄인다.

3. 뒤를 돌아본다. 과거에 내린 결정에서 교훈을 배운다.

4. 내면을 본다. 명쾌하게 결정할 수 있도록 육체도 정신도 준비한다.

5. 미래를 내다본다. 당면한 결정에서 거리를 둔다. '미래'라는 렌즈를 현재의 결정에 의식적으로 적용한다.

6. 주위를 둘러본다. 편견을 걸러내려고 노력하면서 정보를 다양하고 건실하게 유지한다.

7. 상황이 잘못 돌아갈 때는 온전히 주인의식을 갖고 실수를 파헤쳐 교훈을 배운다.

제3장

영향력 확대를 위한 관계 형성
: 이해관계자를 움직여
결과를 끌어내라

오케스트라가 없으면 지휘자는 있으나 마나다.

_구스타보 두다멜(로스앤젤레스 필하모닉의 음악감독)

최상의 상태에서 리더는 새롭고 더 나은 현실을 창조할 힘을 발휘한다. 하지만 이렇게 새로운 현실을 창조할 수 있는 유일한 방법은 주위 사람들을 끌어들여 무언가 다른 일, 때로는 불가능해 보였던 일을 하게 하는 것이다. CEO의 경우 특히 그러하다.

'CEO는 힘과 권한을 갖고 있지만 성공하려면 다른 사람의 행동에 거의 전적으로 의존한다. 따라서 독립성이 아니라 상호 의존성을 갖춰야 게임에서 이긴다.'

우리가 내린 평가를 분석한 SAS는 통계를 제시하며 '매우 독립적인 CEO 세 명 중 두 명은 예상보다 성과를 거두지 못하는 경향이 있다'라고 밝혔다.[1]

CEO는 언제나 관계와 영향을 능숙하게 다뤄야 했다. 오늘날 CEO가 직면한 도전은 특히 험난하고 위험성도 그 어느 때보다 높다. CEO가 상대하는 이해관계자의 범위는 매우 넓고 이해관계는 계속 바뀌면서 빈번하게 엇갈린다. 고객은 필요와 취향을 바람보다 빨리 바꿀 수 있다. 밀레니얼 세대 직원은 전례 없는 수준으로 자율성과 투명성을 요구하면서 자주 긍정적 강화를 강조한다. 주주는 장기간에 걸쳐 기업의 실적이 꾸준히 성장하기를 바라면서도 수익과 배당금은 희생하고 싶어 하지 않는다. 언론은 대형 사연에 굶주려 있고, 은퇴자는 혜택에 관해 결정권을 갖고 싶어 한다. 이 밖에도 CEO가 직면한 도전을 열거하면 끝이 없다. CEO는 아침 6시에 아시아 투자자에게 전화를 거는 것으로 하루 일정을 시작하고, 그날 늦게 캔자스 주에 있는 농장을 소유한 고객을 방문하는 것으로 하루 일정을 마칠지 모른다. 요즘은 어떤 CEO라도 트윗 한 줄이나 난처한 소식 한 건이면 대중적으로 망신을 당하듯 실수를 용납받을 여지가 거의 없다.

이렇게 사람들과 자주 상충되는 의제의 아찔한 틈바구니를 헤치며 앞으로 나아가려면 마라톤 주자의 지구력과 미인대회 '우정상' 수상자의 호감 정도는 갖춰야 한다고 생각할 것이다. 지구력은 틀림없이 자산이지만 호감은 좀 더 미묘하다. 지에이치스마트가 고위직 중역 2,600명을 평가한 자료를 스티브 캐플런과 모튼 소렌센이 분석한 결과를 보면 '호감을 주는' 중역은 채용될 가능성이 더 높았다. 하지만 CEO가 거둔 성과를 따져볼 때 호감만으로는 차선의 결과를 끌어낼 뿐이다. 결과를 창출하기 위해 다른 사람을 끌어들인 CEO가 성공할 확률은 단순히 대인관계 기술이 뛰어나거나 호감을 주는 CEO보다 75퍼센트 높았다.[2]

다른 한편으로 케임브리지 대학교의 수체타 나드카니Sucheta Nadkarni 교수와 공동 연구자들은 경영관리 전문 산업에 속한 인도 기업 195개를 대상으로 CEO의 인물 평가와 사업 성과를 분석했다. 나드카니는 CEO

의 '우호성agreeableness'(구어체로 '호감을 주는'이나 '사람 좋은'을 뜻하는 심리학 용어다)과 사업 성과가 종형 곡선을 그린다는 사실을 밝혀냈다.[3] 다른 사람과 좋은 관계를 형성하는 능력을 소유한 CEO는 특정 지점까지 더욱 높은 사업 성과를 기록한다. 하지만 종형 곡선의 꼭대기에 도달해 '최적 지점'을 통과하고 나서 상황을 망칠까봐 두려워 어려운 결정을 내리지 못하고 주저한다면 지나치게 사람이 좋거나 지나치게 호감을 주는 것이 역효과를 불러들일 수 있다.

캐플런과 나드카니가 수행한 연구는 우리가 목격해온 다음 사항을 분석적 관점에서 강조했다.

'성공적인 CEO는 호감을 주기 위해서가 아니라 영향력을 확대하기 위해서 다른 사람과 관계를 형성한다.'

그들은 예리한 통찰력을 발휘해 이해관계자의 우선순위를 파악하는 일과 사업 성과를 달성하기 위해 가차 없이 집중하는 일에 균형을 유지하려고 노력한다. 다른 사람의 필요를 이용하려는 유혹에 빠지지 않고 깊이 이해한다. 냉정한 결정이 다른 사람에게 불편한 감정이나, 심지어 고통을 유발할 수 있다는 점을 인식하지만 궁극적으로 자신과 다른 사람의 필요를 사업의 요구에 종속시킨다. 이와 대조적으로 호감을 주려고 관계를 형성하는 CEO는 다른 사람에게 호감을 받으려는 욕구에 따라 움직이고, 다른 사람에게 불편을 끼칠까봐 걱정한다. 나드카니의 분석과 우리의 경험에 따르면 두 가지 극단적인 성향, 즉 '지나치게 우호적인' 성향과 '충분히 우호적이지 않은' 성향 모두 실망스러운 결과를 낳고 CEO가 해고되는 요인으로 작용할 수 있다. 그렇다면 성공적인 CEO는 어떻게 종형 곡선의 꼭대기에 있는 '최적 지점'에 도달할까?

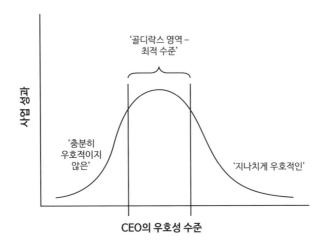

우호성을 가리키는 종형 곡선

'골디락스 영역 –
최적 수준'

사업 실적

'충분히
우호적이지
않은'

'지나치게 우호적인'

CEO의 우호성 수준

'지나치게 우호적'이면 해고될 수 있다

'게리Gary'는 합의를 이끌어내는 리더라고 자부하는 CEO다. 직원들에게 깊은 관심을 보이고 만족을 안겨주고 싶어 한다. 2년 전 게리를 채용할 당시 이사회는 그가 추구하는 가치와 신뢰할 수 있는 품행에 깊은 인상을 받았다. 하지만 '좋은 사람'이 되고 싶은 게리의 욕구 탓에 아무런 전략적 초점 없이 우선 과제의 목록이 계속 늘어났다. 마케팅 리더가 새로운 고객군을 타깃으로 삼자고 제안하면, 게리는 핵심 고객을 타깃으로 삼자던 과거의 결정을 뒤집고 동의했다. 부동산 담당 이사가 유럽에 있는 시설을 새로 임차하자고 제안하면, 게리는 유럽이 우선 시장이 아닌데도 그러자고 수락했다. 게리가 모든 사람을 만족시키려고 하면서 팀은 중대한 기능장애에 빠졌다. 우선순위와 계획이 충돌하면서 리더들 사이에 갈등이 생겼다. 갈등을 회피하자 은밀한 정치가 등장하고 평범함이 용인되었다. 팀이 분열하자 경쟁사들이 수익을 잠식하기 시작했고, 회사의 계획 달성은 뒤처졌다. 이내 이사회는 CEO를 경질하기로 결정했다.

지나치게 우호적인 성향을 띠는 것은 리더를 파멸시키는 요인이 될 수 있다. 우선순위를 관리하고, 적합한 인재를 고르고, 적절한 관계를 형성하는 등 주요 성과 촉진 요소를 모조리 해치기 때문이다.

우호적인 리더는 거절하는 데 곤란을 느껴 우선 과제를 꾸준히 늘리고 바꾸므로 자주 느린 차선의 결과를 초래한다. 누군가가 우려를 나타내면 결정을 번복해 팀을 마비시킨다. '패배자'를 만들어내지 않으려고 조심하다 보니 '승자'를 키워내지 못한다.

'우호적인' CEO는 평균 이하의 성과를 거두는 직원을 조직에 잔류하도록 허용함으로써 사기와 결과를 크게 끌어내린다. 조직이 인재를 키운다고 입으로만 말하면서 어려운 인사 결정을 내리지 않기 때문에 고성과 직원들을 좌절시킨다.

갈등 회피는 '우호적인' CEO의 특징이다. 그들은 협력하는 것을 알력이 없다는 뜻으로 잘못 해석한다. 팀 회의 시간에는 진짜 문제를 깊이 있게 토의하지 않고 우호적인 몸짓만 보인다. 이러한 부드러운 접촉은 솔직한 태도의 부족으로 해석되어 시간이 흐르면서 조직은 집단 사고에 중독되고 신용과 신뢰를 잃을 수 있다.

영향력을 확대하기 위해 관계를 형성하는 CEO는 위대한 오케스트라 지휘자와 비슷하다.

'지휘자는 오케스트라에서 음악을 직접 만들어내지 않는 유일한 단원이어서 CEO와 마찬가지로 결과를 산출하기 위해 다른 사람에게 전적으로 의존한다.'

위대한 오케스트라 지휘자와 위대한 리더의 유사성을 더욱 잘 이해하기 위해 애틀랜타 심포니 오케스트라를 이끄는 저명한 지휘자이자 음악감독 로버트 스파노Robert Spano에게로 눈을 돌려보자. 예술적인 기량에 덧붙여 스파노는 미국 오케스트라에서 특이하게도 음악가와 관객 사이에 따뜻한 분위기의 조성, 독특한 의사소통 능력, 일체감 형성, 포용력으로 인정받고 있다. 스파노는 이렇게 말했다.

"지휘자의 목표는 음악적 비전을 세우고, 오케스트라 단원을 이끌어 비전을 추구하게 하고, 집단이 비전을 달성할 수 있도록 분위기를 조성하는 것입니다. 위대한 지휘자는 단원이 무엇을 생각하는지, 관심사가 무엇인지, 연주할 의욕을 불러일으키거나 누르는 요인이 무엇인지 파악하기 위해 귀를 기울입니다. 오로지 음악적 비전을 달성하기 위해 이 모든 기능을 수행합니다."

심지어 지휘자와 관객의 관계에서도 배울 점이 있다. 지휘자는 자신이 구현하는 예술을 궁극적으로 심판한다고 할 수 있는 관객을 등지고 서 있으므로 그들의 즉각적인 반응에 주의가 산만해지지 않고, 악보를 통해 구현하려는 비전을 달성하는 데만 집중한다. 주식공개회사는 분기별 실적 전망치를 월스트리트 분석가에게 제공할 필요가 없다고, 다시 말해 시장의 단기 반응에 영합하려는 유혹을 피하라고 워런 버핏Warren Buffett이 주장한 것도 같은 이유이다.[4]

'위대한 지휘자도, 위대한 리더도 외부에 영합하지 않고 행동한다.'

비즈니스 정보 제공 기업인 CEB의 전직 CEO 톰 모나한Tom Monahan
은 다양하고 종종 이해가 상충하는 이해관계자들 사이에서 영리하게 '업
무를 수행'해야 할 필요성을 예리하게 인식하고 있다.

"CEO로서 나는 고객, 직원, 이사회, 주주를 포함한 모든 이해관계
자의 필요를 파악하고 이를 충족시키기 위해 사업을 진전시켜 그들 모두
'건설적으로 불만족스러운 상태'를 유지하도록 노력합니다. CEO가 모
든 이해관계자 집단을 온전히 만족시키려 하다가는 회사를 단기간에 파
산 상태로 몰아넣기 십상입니다. 극단적인 경우에 각 집단의 필요는 회
사에 압박을 가하는 요인이 됩니다. 고객은 모든 제품이나 서비스를 더
욱 좋고 값싸게 누리고 싶어 합니다. 이상적으로 말하면 직원은 더 적게
일하면서 임금은 더 많이 받고 싶어 합니다. 주주는 최대 이익과 성장을
바라는 동시에 계속 누리고 싶어 합니다. 따라서 CEO는 원하는 것을 전
부 얻지 못하면서도 계속 회사를 지원할 수 있는 건설적인 불만족 수준
에 모든 이해관계자를 묶어둬야 합니다. 그래야 모두의 필요를 충족시키
면서 사업을 성장시키고 혁신시킬 수 있습니다."

근본적으로 톰은 고객에게 등을 보이며 기업을 이끌어야 한다고 생
각한다.

세계적으로 유명한 오케스트라 지휘자들을 살펴보면 스타일·개
성·철학이 다채롭다. 하지만 이렇게 다양한 지휘자들이라도 공통된 몸
짓과 접근 방법을 구사한다. 이와 비슷하게 영향력을 확대하기 위해 관
계를 형성하는 CEO에게도 공통된 원칙이 있다.

- '의도를 가지고 조직을 이끈다.' 이러한 CEO들은 자신의 비전, 목표,

특정 상황의 맥락에 대한 예리한 인식을 사업 전반과 자신이 관여하는 모든 상호작용을 위한 상업적 의도에 용해시켜 활용한다.

- '이해관계자를 이해한다.' 그들은 의도를 현실로 바꾸는 데 영향을 미치는 많은 이해관계자의 독특한 정서적·경제적·신체적 필요를 파악하기 위해 주파수를 맞춘다.
- 이해관계자들을 참여시켜 의도를 뒷받침할 수 있도록 '일정한 순서와 방법을 정한다'.

제3장에서는 이처럼 CEO들이 직무를 수행하면서 영향력을 확대하기 위해 관계를 형성하는 방법을 중점적으로 다룬다. 직장에서 어떤 지위에 있든 상관없이 영향력을 확대하기 위해 관계를 형성하는 데 유용하다고 입증된 매우 중요한 방법을 제시할 것이다.

의도를 가지고 조직을 이끌어라

고급 사무실을 차지하는 많은 사람은 쉽사리 전략을 짠다. 그런데 이보다 훨씬 더 어려운 일은 이렇게 세운 전략을 날마다 다른 방식으로 서로 다른 청중을 대상으로 끊임없이 해석하는 것이다. 그래야 모든 상호작용에 참여하는 사람 전체가 스스로 무엇을 해야 하는지, 어째서 그 일이 그토록 중요한지 분명히 이해할 수 있기 때문이다. 좋은 CEO는 분명한 비전을 품지만, 위대한 CEO는 비전 뒤에 있는 말단 직원부터 최대 고객에 이르기까지 모든 사람을 참여시키고, 개인이 맡은 역할의 아주 사소한 부분도 성공을 이끌어내는 데 매우 중요한 이유와 방식을 설명할 수 있다. 그렇게 할 수 있는 비결은 무엇일까? 의도를 품고 모든 상호작용을 이끌기 때문이다. 그러려면 리더는 첫째, 의도를 자신에게 명쾌하게 표현해야 한다. 둘째, 매일 자신의 행동을 의도와 일관성 있게 일치시켜야 한다. 셋째, 청중과 맥락을 깊이 이해하고 나서 이를 바탕으로 각 상호작용에서 자신의 의도에 따라 행동해야 한다.

'할 일' 목록을 들고 나타나서 임무를 나눠 주는 행동 자체에는 직원을 감동시킬 만한 요소가 전혀 없다. 직원들은 CEO가 자신들을 어디로, 어째서 이끌고 가는지 알고 싶어 한다. 특히 자신들이 익숙하게 해온 일과 다르거나 힘든 임무를 수행하라고 지시를 받을 때 그렇다. 이유를 이해한 직원들은 CEO의 원래 의도를 수행하기 위해 필요하다면 원래 계획에서 벗어나 즉흥적으로 행동할 수 있다. 그들은 CEO가 매일 보이는 행동과, 심지어 자지레한 습관이 의도와 일치할 때 비로소 CEO의 의도를 신뢰하고 협력할 것이다.

리더가 지금까지 명쾌하게 의도를 나타내지 않았다면 새삼 의도를 전달하기는 매우 힘들다. 우리가 최근 코칭한 투자기업의 CEO(이 책에서는 '닉Nick'이라 부르겠다)는 고통스러운 경험을 한 후에야 부하직원에게 위임하는 직무를 늘려야 한다는 사실을 깨달았다. 탁월한 발명가인 닉은 상업적 통찰, 분석 기량, 협상 본능으로 높은 평가를 받았다. 그리고 기업을 세우고 나서 줄곧 중요한 회의마다 오케스트라에서 제1바이올린 연주자의 역할에 해당하는 '주도적인 역할'을 자연스럽게 맡았다.

19세기까지 오케스트라를 이끄는 사람은 제1바이올린 연주자였다.[5] 다른 단원들은 모두 제1바이올린 연주자의 신호를 받았다. 이 방식은 처음에는 통했지만 오래가지 않았다. 오케스트라의 규모가 커지면서 앞줄에서 뒷줄까지 신호를 전달하는 데 시간이 너무 오래 걸렸기 때문이다.

급기야 바이올린 연주와 팀파니 연주 사이에 생긴 간격이 두드러지기 시작했다. 그러면서 전문 지휘자의 시대가 열린 것이다.

닉은 마냥 시간을 갖고 변화를 시도할 수 없었다. 좀 더 신속하게 움직이고 싶었다. 닉이 소유한 기업은 매우 성공적으로 사업을 수행해서 성장 속도가 아주 빨랐으므로 닉은 이제 연주자가 아니라 지휘자 역할을 맡아야 했다. 그렇게 말하기는 쉬워도 행동하기는 어려운 법이다. 닉은 이렇게 털어놓았다.

"정말 기운이 빠집니다. 지금까지도 혼자서 투자 회의를 이끌어가는 기분이 들어요. 어느 누구도 나서지 않습니다. 회사에는 똑똑한 직원들이 있지만 그들도 내게 지나치게 의존합니다."

우리는 "다른 사람이 회의를 주도하길 바란다면서 어째서 여전히 회의에 참석하시나요?"라고 물었다. 원래 곧장 반응을 보였던 닉은 이번에는 대답하기 전에 잠시 생각에 잠겼다. 이처럼 의도를 묻는 단순한 질문에 대해 생각해본 적이 없었던 것이다.

"직원들의 의견을 듣고 그들이 회사 자본을 잘 관리할 수 있도록 코칭할 생각으로 참석하고 있습니다. 주로 메모를 하거나 가끔 질문을 하는 정도에 그치려 했는데 직원들은 회의를 주도하는 책임을 계속 내게 지웁니다."

우리는 이렇게 강조했다.

"당신이 회의에 참석하는 이유를 분명하게 밝히지 않으면 직원들은 알 수 없습니다. 그들은 상사인 당신이 토론을 이끌어나가는 방식에 익숙합니다. 그러니 자연스럽게 주도권을 넘기는 것이죠. 당신의 의도를 분명하게 전달해야 합니다."

닉은 의도를 표현하기 시작할 때 잠시 뜸을 들이는 방식을 사용해 회의를 효과적으로 진행했다. 자신이 회의에 참석하는 이유를 분명하게 결정하자 직원들에게 수월하게 전달할 수 있었다. 상사의 의도를 이해한 팀이 대담하게 앞장섰다. 닉과 그의 팀이 오랜 습관을 하루아침에 바꾸지는 못했지만 의도를 명쾌하게 주고받은 것을 계기로 실망스러운 교착 상태에서 벗어나 점차 긍정적인 변화를 일으키기 시작했다.

의도를 명쾌하게 밝히는 것이 첫 도전이었다면, 아무리 작은 의도라도 리더가 모든 행동·결정·상호작용에서 전력을 기울여 의도를 실천하는 것은 훨씬 커다란 시험이다. 지휘자와 리더의 말보다는 행동이 더욱 큰 영향을 미치기 때문이다. 지휘자의 몸짓이 리허설에서 표현했던 음악적 비전과 일치하지 않으면 불협화음과 혼란이 뒤따르게 마련이다.

리더는 보통 두 가지 의도, 즉 열망적 의도aspirational intent와 업무적 의도transactional intent에 따라 임무를 수행한다. 열망적 의도는 다음과 같은 질문에 대답하면서 생긴다.

'가장 중요한 사항은 무엇일까? 이 회사가 성공을 거두면 다른 회사는 어떻게 말할까?'

업무적 의도는 특정 상황에 내재한 목표이다. 예를 들어 닉의 열망적 의도는 회사가 지속적으로 성공할 수 있도록 다음 세대 투자자들을 키우는 것이었다. 하지만 투자위원회 회의에 참석한 닉은 개별 협상에 대해 적합한 투자 결정을 내리는 방향으로 회의를 몰아가려는 오래되고 습관적인 업무적 의도에 얽매였다. 그의 업무적 의도는 더욱 광범위한 열망적 의도와 부조화를 이루면서 좌절과 비효율성을 낳았다. 주위에는 두 의도의 조화가 어긋나면서 손실이 크고 때로 비극적인 결과를 초래하는 사례가 발생한다.

2017년 4월 9일 일요일 초저녁, 데이비드 다오David Dao 박사는 켄터키 주 루이빌에 있는 집에 가려고 시카고 오헤어 국제공항에서 유나이티드 항공기 3411편에 탑승했다. 예약 인원이 초과되는 바람에 출발 시각이 두 시간 지연되었다. 불편하기는 하지만 가끔씩 벌어지는 상황이었다. 그런데 그 후에 발생한 사건이 전 세계에 일급 뉴스거리가 되었다. 〈뉴욕 타임스〉는 이렇게 보도했다.

'휴대전화로 포착한 충격적인 장면은…… 초과로 예약을 받은 탓에 여행객이 일반적으로 겪는 것 이상의 악몽이 발생했다. 비행기에서 내리라는 항공사의 요구를 거절한 신원 미상의 남성(다오)은 자신을 좌석에서 끌어내어 두 팔을 잡고 몸을 질질 끌어 통로를 통과하는 공항 보안요원들에게 저항하며 소리를 질렀다. 끌려가는 과정에서 남자가 쓴 안경이 얼굴로 흘러내렸고 셔츠는 가슴팍까지 올라갔다.'

이 켄터키 주 의사는 뇌진탕을 일으켰고, 코뼈가 부러지고 치아 두 개가 부러졌다. 유나이티드 항공사 주주들은 목요일 아침까지 주가가 4~6퍼센트 떨어지면서 14억 달러에 이르는 손해를 입었다.[6] CEO인 오스카 뮤노즈Oscar Munoz의 평판은 땅에 떨어졌고 회장으로 승진할 기회는 날아갔다. 그는 하원 운수위원회 앞에서 '우리는 가치보다 정책을 우선한다'고 증언했다.[7] CEO가 공개적으로 사과한 후에 유나이티드 항공사는 다오와 합의했다.

이것은 안타깝게도 업무적 의도가 열망적 의도와 달라서 고통을 유발한 사건이었다. 유나이티드 항공사 승무원은 루이빌로 가는 비행기를 출발시키지 못하면 비행기가 늦어져 더욱 큰 비용을 치러야 했으므로 그러한 사태를 막아야 한다는 업무적 압박을 받아 공항 보안요원을 호출했다. 공항 보안요원은 승무원이 보고한 갈등을 막아야 한다는 업무적 압박을 받아 행동했다. 뮤노즈(얄궂게도 몇 주 전 〈PR위크〉는 뮤노즈를 '올해의 의사소통자'로 선정했다)는 직원들을 지지하고 체면을 잃지 않아야 한다는 업무적 압박을 받았다. 하지만 아무도 회사 웹사이트에 다음과 같이 적혀 있는 '고객을 향한 약속'에서 밝힌 열망적 의도를 품지 않은 것이 문제였다.

'항공 산업에서 우리를 선두주자로 만들어주는 고객에게 수준 높은 서비스를 제공하기 위해 헌신한다. 그렇게 하려면 자부심을 느낄 수 있는 제품과 매일 직장에 오는 것을 좋아하는 직원을 갖춰야 한다. 우리는 모든 비행을 고객에게 긍정적인 경험으로 만드는 것을 목표로 삼는다.'

유나이티드에서 발생한 불행한 사태는 극단적인 사례이지만 업무적 의도와 열망적 의도가 조화를 이루지 못할 때 치러야 하는 대가는 예외 없이 비싸다. 대가는 즉각적으로 명백히 드러나지 않을 수 있지만 시간이 지나면서 리더의 능률성, 궁극적으로는 신뢰성을 훼손한다. 열망적 의도와 업무적 의도가 조화를 이루지 못하는 경우에 리더는 따를 가치가 거의 없는 자신만의 의제를 다른 사람을 희생시키며 추진하므로 조작적이라는 인상을 줄 수 있다. 반면에 업무적 의도와 열망적 의도를 조율할 수 있는 리더는 좀 더 바람직한 방식으로 다른 사람을 참여시킨다. 우리가 수집한 자료를 보더라도 매우 강력한 설득력을 발휘하는 사람은 타인을 존중하는 태도를 유지하면서 관계를 형성한다. 실제로 기량을 제대로 발휘하지 못하는 CEO보다 직원을 더욱 존중하는 태도로 대할 가능성이 크다.[8]

마지막으로 의도를 효과적인 행동으로 바꾸려면 직원과 상호 작용하기 전에 다음과 같이 자문하라.

'내게 중요한 목표는 무엇일까? (자신의 열망적 의도.) 이 상호작용은 그 목표에 어떻게 부합할까? 이 상호작용에서 어떤 결과가 중요한 목표를 달성하는 데 효과적으로 기여할까? 나는 특정 직원이나 팀이 어떻

게 생각하고 느끼고 행동하기를 원할까? (자신의 업무적 의도.) 그 결과를 산출하려면 무엇이 필요할까?'

최고의 CEO는 중요한 상호작용을 하기 전에 매번 위의 질문을 습관적으로 묻도록 자신을 훈련한다. 이 질문을 제대로 던지는 사람은 타인과 관계를 형성할 때 극적이고, 때로 예상치 못한 놀라운 효과를 거둔다.

최근에 우리는 새로 취임한 어느 CEO를 인원이 늘어난 리더십팀과 중요한 첫 회의를 잘 치르도록 준비시키는 임무를 맡았다. 그래서 그 CEO에게 질문을 던져서 개인적이고 기능적인 영역을 하나씩 탐색하도록 유도했다.

"당신과 회의를 하고 나서 각 팀원이 어떻게 생각하고 느끼고 행동하기를 원합니까?"

예를 들어 그 회사의 판매 부서는 각각의 제품이 아니라 솔루션을 판매하는 새로운 접근 방법을 도입하는 중이었다. 그런데 최근에 고객을 상대한 주요 거래가 몇 차례 실패했기 때문에 그 CEO는 판매 담당 리더가 다음과 같은 의도를 품어야 한다는 우리의 제안에 동의했다.

- **생각** : 최근에 거래를 성사시키지 못한 사례들은 단순히 정상적인 사업 추진 과정이 아니라 중대한 대규모 실패인 동시에 우려스러운 경향으로 보인다.
- **느낌** : 판매 할당량을 채우는 것이 자신들이 받는 보너스와 연결되어 있으므로 거래 실패에 책임을 지고, 거래에 새로운 접근 방법을 시도하려는 동기를 갖는다.
- **행동** : 과거에 경쟁사에 패배한 주요 원인이 각각의 제품에 집중했기 때문이었으므로, 서비스 분야 리더들을 적극적으로 이끌어 앞으로 대

형 거래를 추진할 때 고객에게 솔루션을 제공하게 한다.

이처럼 분명한 의도를 설정하고 나서 그 CEO는 목표를 달성하기 위해 자신의 메시지를 '콘셉트가 아니라 사람을 판매하라'로 다듬어냈다. 성공적인 CEO가 다른 CEO보다 일관성 있게 두드러지는 점은 노련한 설득이다. 그들은 자신의 의도를 명쾌하게 표현하고, 이해관계자들에게 계획적으로 영향을 미친다. 또 그러기 위해 이해관계자들에 대한 깊은 통찰을 개발한다.

이해관계자를 이해하라

CEO가 의도를 분명하게 밝히고 나서 자신의 결정에 따라 이해관계자들을 결집시키려면 먼저 그들을 파악해야 한다. 지휘자 비유를 다시 들어보면, 지휘자는 오보에 연주자에게도 바이올린 연주자에게도 똑같이 악보를 잘 해석해줄 수 있어야 한다.

닐 피스케Neil Fiske는 많은 이해관계자를 연결하는 데 뛰어나다. 2003~2007년 배스앤바디웍스에서 처음으로 CEO 자리에 오르고 나서 26개월에 걸친 마이너스 매장 성장률을 반전시켜 매장을 개설하지 않은 상태로 매출을 18억 달러에서 25억 달러로 끌어올렸다. 오스트레일리아 서핑 스포츠웨어 제조사 빌라봉은 닐을 CEO로 영입한 2013년 당시 적자액이 전년의 세 배인 8억 6,000만 달러라고 발표했다. 닐이 지휘권을 잡고 나서 시장에 역풍이 불고 많은 난관이 뒤따랐지만 빌라봉은 2001년 이후 처음으로 흑자를 기록했다.

닐이 장부에 기록되는 숫자에만 관심을 쏟는 해결사라고 생각할지 모르겠다. 하지만 그렇지 않았다. 닐이 추진한 혁신은 소비자, 상사, 직원을 포함한 타인의 필요에 귀를 기울이고 비전을 달성하기 위해 모든 요소를 한데 끌어 모으는 노련한 능력과 관계있었다.

닐은 자신이 성공할 수 있는 비결은 잘 경청하고 '해석'하기 때문이라고 설명했다. 킴은 이렇게 회상했다.

"닐을 코칭했을 당시 들었던 이야기가 기억납니다. 우리는 여성의류 전문 기업을 위해 포커스 그룹을 이끌고 있었어요. 한 회의실에 20대 중반인 여성 열두 명이 있었고, 옆방 회의실에는 반투명 거울 너머로 닐과 내가 마케팅 중역팀과 함께 앉아 있었죠. 그런 상황에서는 '이것은 아니라고 생각합니다. 나는 여기에 앉아 여성들이 자기 옷차림에 대해 어떻게 느끼는지 듣고 싶지 않습니다'라고 말하며 대화를 피하는 사람도 있을 수 있었겠죠. 하지만 닐은 포커스 그룹 여성들에게 무엇이 중요한지를 배우려고 온전히 집중했습니다. 고객의 의견에 귀를 기울이고 관찰력을 발휘해 고객의 기분을 좋게 만드는 요소를 파악하고 나서 관리자를 내세워 고객의 언어로 고객의 의견을 재현했습니다. 게다가 전적으로 유연하게 행동하면서 고객의 언어를 마케팅 중역팀과 말할 때 적합한 언어로 전환하고, 다시 포커스 그룹에 있는 여성들에게 질문했습니다."

닐은 여성들이 옷을 입고 스스로 섹시하다고 느끼는 기분이 무엇인지 몰랐을 뿐 아니라 알 수 없었다. 그래서 추측하지 않고 탐정이 되기로 했다. 여성들의 말과 행동 하나하나에 세심하게 주의를 기울였다. 질문을 던지고 나서 대답을 분석하고, 가능한 모든 각도에서 주제에 접근했다. 포커스 그룹에 있는 여성들의 머리와 가슴속에 들어가려고 노력할 때는 공감에 의존하거나 그들과 정서적으로 이어지려고 애쓰지 않았다.

대신에 그 여성들을 이해하기 위해 지적인 접근 방법을 사용해서 그들의 말에 귀를 기울이고 정보를 수집한 후에 그들에게 중요한 요소를 추출했다. 닐이 사용한 방법의 효과는 결과로 나타났다. 닐의 노력을 초석으로 해당 여성의류 전문 기업은 그 역사상 최대 규모인 10억 달러 가치의 기업으로 성장했다.

여성이 어떤 옷을 입을 때 어떠한 감정을 느끼는지 알고 싶어 하는 남성 리더이든, 어째서 주요 주주가 새로운 수익 인식 방법에 불만을 품는지 이해하고 싶은 CEO이든 한 계단씩 승진할 때마다 필요·추측·감정이 자신과 매우 다르고 점점 더 복잡한 유형의 많은 이해관계자에 직면하게 마련이다.

영향력을 확대하기 위해 관계를 형성하는 CEO들은 자신의 이해관계자가 누구이고 무엇을 원하는지 정확하게 이해하려고 집중한다. 다른 사람의 관점을 제대로 이해하려면 상상하지 말고 그들에게 질문하고 그 대답에 귀를 기울여야 한다. 시카고 대학교 경영대학원 교수 니콜라스 이플리Nicholas Epley는 이처럼 더욱 정확한 접근 방법을 '관점 취득perspective getting'이라 부른다.[9] 이플리의 주장에 따르면 스스로 다른 사람의 입장에 선다고 상상하려고 적극적으로 노력하더라도 그 상상이 정확하다고 절대 단정할 수 없다. 환자를 대하는 태도가 매우 훌륭한 의사를 만난 적이 있는 사람이라면 이러한 점을 직접 경험했을 것이다. 훌륭한 의사는 환자를 한 번 보고 나서 무엇이 잘못되었는지 말하지 않는다. 환자의 신체 상태뿐 아니라 아마도 기분이 어떠한지까지 부드럽게 물어볼 것이다. 침대 옆에 앉아 있는 의사를 보면서 환자는 '정말 좋은 의사야. 믿음이 가'라고 생각한다. 그러고는 긴장을 풀고 마음이 느긋해진 상태에서 의사에게 모두 털어놓는다. 이때 의사의 진단은 환자의 신뢰를 받을 뿐 아니라 더욱 정확할 가능성이 높다. 누구나 다양한 이해관계자와 관계를 형성할 수 있는 능력을 타고난 것은 아니다. 이플리가 지적하듯 우리는 다른 사람의 마음속에 어떤 현상이 일어나고 있는지, 다른 사람이 무엇을 생각하고 느끼고 원하는지 추론하는 능력을 과신하는 경향이 있다. 더 나아가 다른 사람의 감정을 느끼는 데 어려움을 겪는다. 그러나 다행스럽게도 관점 취득은 학습하고 훈련하여 적용할 수 있다.

우리가 코칭했던 CEO 데번Devon은 카리스마 있는 리더이지만 공감 능력이 부족하여 애를 먹고 있다고 털어놓았다. 하지만 지금은 관점 취득에 탁월한 능력을 발휘한다. 데번은 회의를 시작하기 전에 참석자에 대해 가능한 모든 사실을 알고 회의실에 들어가서는 참석자의 말에 주의 깊게 귀를 기울인다. 능동적인 경청과 유형 인식을 사용해 미묘한 단서를 포착한다. 최근에 잠재 고객을 상대하는 회의를 준비할 때는 이렇게 주장했다.

"내가 뭘 알아냈는지 아세요? 이 사람은 현명하게 행동하고 싶어 하고 위험을 기피한다는 사실이죠. 그와 계약을 맺는 공급업체가 되려면 그 행보의 위험도가 낮다고 인식하게 해야 합니다."

그래서 데번은 회의 시간에 아무렇지도 않은 듯 말을 툭 던졌다.

"이 분야를 주도하는 어떤 기업은 공급업체를 하나만 거래하지 않고 여러 업체와 협력 관계를 맺었습니다. 결국 이것은 현명한 전략으로 밝혀졌어요. 많은 경쟁 기업이 재고가 없어 고전할 때 이 기업은 시장점유율을 높였으니까요."

이때 고객은 아마도 여러 공급업체와 거래하는 것이 가장 신중한 전략일 수 있겠다고 깨달으면서 눈동자를 반짝였을 것이다. 데번은 공감 부족을 통찰과 분석으로 보완하여 고객을 이해하고 고객과 관계를 형성할 수 있었다.

내성적인 사람이 관점 취득에 재능을 보이는 경우가 많다. 그들은 말하는 것보다 듣는 성향이 선천적으로 강하고, 대인 상호작용을 신중하게 처리하고 준비한다.[10] 따라서 우리가 보유한 데이터베이스를 보더라도 스스로 내성적이라고 생각하는 사람은 외향적인 사람보다 성장 기대치를 초과 달성할 가능성이 약간 높다.[11] 프레드 핫산Fred Hassan은 성장 기대치를 상당히 초과한 내성적인 사람의 좋은 예다. 프레드는 파마시아, 글로벌 제약회사인 쉐링플라우(비슷한 위치에 있는 기업의 가치가 21퍼센트 떨어지는 동안 쉐링플라우의 기업 가치는 62퍼센트 성장했다), 바슈롬을 경영한 전설적인 CEO이자 거래 해결사다.

"초기에는 내게서 그러한 모습을 보지 못했을 수도 있습니다. 나는 자랄 때 수줍음을 많이 탔어요. 사람들은 대부분 나를 가리키며 '좋은 녀석이지만 사람들 틈에 끼어 있을 때는 그리 활달하지 않다'고 언급했을 것입니다. 일찍이 리더의 자질을 타고났다고 말할 수는 없지만 언제나 사람에게 진정으로 관심이 있었습니다. 사람들을 돕기 위해 내가 할 수 있는 일을 하고 싶었고, 그 과정에서 정말 즐거웠고 보람을 느꼈습니다. 내 의제에 파묻혀 있지 않았고 다른 사람들을 이해하는 데 훨씬 더 몰두했습니다."

관점 취득자는 이사든 고객이든 직원이든 사람들이 무엇을 생각하고 느끼는지 파악하기 위해 출처로 곧장 나아갈 필요를 인식한다. 인튜이트의 설립자 스코트 쿡Scott Cook은 관점 취득의 힘을 활용해 가치가 50억 달러를 초과하는 기업을 세웠다. 인튜이트 팀은 고객이 겪는 문제와 고충을 직접 이해하기 위해 고객이 일하는 모습을 정기적으로 하루 동안 관찰했다.

"2002년 나는 자사가 생산한 모든 신제품을 검사하면서 성공하거나 실패하는 이유를 파악하려 했습니다. 승리한 기업은 두 가지 특징이 있었습니다. 첫째, 고객에게 정말 중요하고 고통스러운 미해결 문제가 있었는가? 둘째, 우리는 어느 다른 기업보다 적절하게 그 문제를 해결했는가? 일반적으로 이 두 가지 질문에 그렇다고 대답한 기업은 성공했습니다. 기업이 존재하는 이유는 사람들의 삶을 향상시키는 것입니다. 두 가지 질문 중 한 가지 또는 두 가지 모두를 잘못 생각해 실수가 발생하는 것 같습니다. 그래서 고객의 미해결 문제를 더욱 잘 식별하기 위해 고객 경험에 자신을 몰입시키는 과정을 만들었습니다."

우리가 종종 관찰하는 내용에 따르면 중역들은 다른 사람의 관점을 취득하기보다는 정반대로 다른 사람에게 자신의 경험이나 감정을 투사하는 함정에 빠진다. 그러면 잘못된 가정과 기대를 낳아 다른 사람을 소외시키고 궁극적으로 당신을 리더로 따르려는 의지를 잠식시킨다.

스티브 코프먼은 1986년부터 2000년까지 CEO로 재임하면서 애로우 일렉트로닉스의 기업 가치를 5억 달러에서 120억 달러로 증가시켰다. 누가 보더라도 스티브는 성공한 CEO다. 하지만 CEO로 활동한 초기에는 영향력을 확대하기 위해 관계를 형성해야 한다는 교훈을 고통스러운 과정을 겪으며 배웠다. 유통업체인 애로우 일렉트로닉스에는 공급업체와 맺는 관계가 대단히 중요했고, 이 관계를 관리하는 임무를 맡은 거대 조직이 있었다. 스티브는 마케팅 활동과 구매 활동을 개별 조직으로 분리하기로 결정했다. 그러면서 자신이 이끄는 팀의 동기를 깊이 고려하지 않고 이렇게 추측했다.

'수리적 사고 능력을 가진 괴짜들은 재고 조사와 구매를 담당하고, 숫자를 좋아하지 않고 말솜씨가 좋은 직원들은 마케팅 프로그램을 진행

할 것이다. 정말 합리적인 계획이 아닌가! 모든 직원이 좋아할 것이다.'

스티브는 이 계획이 분명 뛰어난 접근 방법이라고 생각했다. 하지만 모든 직원이 이 계획을 좋아한 건 아니었다.

"공급업체에 구매자금을 지급하는 힘을 잃는 것이었으므로 대부분의 고위 중역은 계획에 따르지 않겠다고 거부했습니다. 그러면서 공급업체에 '코프먼이 미쳤다, 그는 산업을 이해하지 못한다, 이 계획은 끔찍하다'고 말하기 시작했습니다."

인텔과 텍사스 인스트루먼트 같은 주요 공급업체는 발 빠르게 스티브를 맹렬히 비난했다.

"당신은 대체 무슨 짓을 하고 있는 겁니까? 당신이 회사를 망치고 있어요! 이대로 가다가는 직원들이 회사를 떠날 겁니다! 이 사업이 어떻게 돌아가는지 전혀 모르는군요!"

스티브는 우리에게 "내 쪽 사람들도 계획에 단호하게 반대했습니다"라고 설명했다. 체면을 잃는 일이었지만 스티브는 계획을 철회해야 했다. 그러면서 이 일을 계기로 교훈을 얻었다. 행동하기 전에 반드시 이해관계자들의 머릿속에 들어가 생각하고 적합한 맥락을 철저하게 파악해야 한다는, 다시 말해 관점을 취득해야 한다는 교훈이었다. 스티브는 이렇게 회상했다.

"나는 조직에서 생각을 선도하는 리더의 지지를 얻어야 한다는 필요에 더욱 민감해졌습니다. 사업이 돌아가는 방식을 알고 있는 사람들을 설계 단계에 참여시켜야 한다는 사실을 배웠어요."

자신에게 합리적으로 보이는 계획일지라도 계획을 수행해야 하는 사람에게까지 합리적인 것은 아니었다.

목표를 달성하라고 팀을 부추기든, 신제품을 출시하든, 까다로운 이사진을 설득하든, 관점 취득은 계획의 성패에 영향을 미칠 수 있다. 일반적으로 우리가 만나는 모든 CEO 후보자는 어느 영역에서는 다른 사람과 능숙하게 관계를 형성하지만 모든 영역에서 그럴 수 있는 사람은 거의 없다. 어떤 후보자는 고객의 말은 열심히 경청하지만 이사진을 대할 때는 불안해할 수 있다. 직속 부하직원과 완벽하게 좋은 관계를 유지하면서도 동료와 일할 때는 삐걱거릴 수 있다. 경력의 모든 단계에서는 누구나 얽히고설킨 망의 일부이다. 각자 망 전체에서 연결을 발달시켜 혜택을 받는다. 그러므로 충분히 질문하고 대답을 면밀하게 경청해서 강력한 관점 취득 근육을 강화시켜야 한다.

관점을 취득하는 깜짝 놀랄 만한 도구

자신을 지지해주는 막강한 멘토를 찾는 것은 전형적인 '경력 관리' 지침의 기본이다. 하지만 SAS에 의뢰해 평가 자료를 분석한 결과 약한 CEO 후보자일수록 자신의 경력에 멘토가 중요하다고 말했다. 강력한 후보자일수록 자신이 멘토에게 조언을 받는 것보다 다른 사람에게 조언을 제공하는 것에 비중을 두었다.[12] 이러한 현상은 사회적 통념과 완전히 반대이지만 영향력을 확대하기 위해 관계를 형성하는 태도에 대해 우리가 알고 있는 모든 사항과 일치한다.

다른 사람에게 멘토가 되어주는 것은 관점을 취득하는 강력한 방법이다. 다른 사람의 필요를 이해하지 않고는 그를 돕기 힘들기 때문이다. 다른 사람을 이끄는 멘토는 남녀를 불문하고 팀과 인맥을 보유하고 임무를 완수할 수 있는 자원을 확보한 사람이다. 자신을 본받고 싶어 하는 사람이 있을 때 리더로 성장하기가 훨씬 쉽다. 그리고 기업 이사회는 CEO를 채용할 때 CEO의 인맥도 채용한다는 사실을 알고 있다.

짐 도널드Jim Donald는 스타벅스, 패스마크, 익스텐디드 스테이 호텔에서 CEO의 역할을 성공적으로 수행한 비결을 이렇게 정리했다.

"경력에서 높은 자리로 부상하는 비결은 임무를 정확하게 수행한 사람의 공을 인정하고, 최전선에서 관계를 형성하는 방식을 사용해 무엇보다 조직 안에 있는 모든 사람을 돌보는 것입니다. 이 점이 매우 중요해요. 위로 올라가려고 혼자 애쓰기보다는 밑에서 자신을 밀어 올려주는 지지 기반이 있을 때 더욱 높은 직위에 훨씬 쉽게 오를 수 있습니다."

일상적인 관계를 형성하라

오케스트라 지휘자가 맡은 업무의 상당 부분은 연주자들이 무대에 오르기 전에 예행연습을 하는 동안 이루어진다. 이와 비슷하게 리더가 조직 전체를 효과적으로 조율하려면 단순히 의도를 품거나 이해관계자의 동기와 필요를 이해하는 수준을 넘어서야 한다. 그러한 관계를 형성하고, 관계를 활용해 사업 결과를 진척시키는 방향으로 행동할 수 있도록 매일 실천하는 습관과 일상을 구축해야 한다. 사실상 떠오르는 스타와 CEO도 훌륭한 오케스트라를 만드는 것과 마찬가지로 의도적인 연습이 필요하다. 오케스트라는 다양한 연주자로 결성되어 있지만 일상적인 연습 방법을 정한 다음 매일 반복함으로써 그 복잡성을 드러내지 않고 쉽게 연주하는 것처럼 보이게 만든다. 영향력을 확대하기 위해 관계를 형성하는 방법을 습득해 오케스트라의 공연 수준으로 업무를 달성할 수 있는 세 가지 중요한 일상을 살펴보자.

1. 소통하고, 소통하고, 또 소통한다.

반복이 중요하다. 닐 피스케는 빌라봉에서 5년 동안 7단계의 실적 개선 전략을 수립하여 실천했다. 닐은 전략 수행 과정에서 자신들의 위치가 어디인지, 앞서 있는지 뒤처져 있는지 직원들에게 항상 인식시켰다.

"전화 회의를 하든 사내 회의를 하든 상관없이, 어떤 방식이나 형식으로든 그 원칙을 지켰습니다."

리더는 어떻게 메시지를 확실히 전달할 수 있을까? 닐은 자칭 7·7 규칙을 제안했다. 어떤 메시지라도 서로 다른 일곱 가지 방식으로 일곱 차례 반복하라는 것이다. 그 방식에는 공식 회람, 동영상, 블로그, 게시판 메모, 비공식 공개회의, 주차장까지 걸어갈 때 벌이는 토론, 정수기 근처에 모여 나누는 잡담 등이 있다. 리더는 직원을 밀어붙여서 서로 대화하게 해야 한다. 의사소통은 아무리 많이 해도 지나치지 않는다.

스티브 코프먼이 애로우 일렉트로닉스에서 깨닫고 크게 낙담했듯, 메시지는 꾸준히 밀어붙이지 않으면 결코 전원에게 일관성 있게 전달되지 않는다. 지역 사무실을 방문했을 때 스티브는 오전 내내 머물면서 사무실을 돌아다니고, 작업하는 직원에게 말을 걸고, 총괄 관리자와 함께 앉아 있었다. 그러다 오후가 되면 사무실에서 나와 세일즈맨들의 차에 동승했다. 스티브는 아마도 이렇게 물었을 것이다.

"자네, 텍사스 인스트루먼트와 실시하는 마케팅 프로그램을 어떻게 생각하나? 효과가 있는가 없는가?"

세일즈맨들 중에서 3분의 1은 '훌륭한 프로그램입니다. 효과가 있어요. 그 덕택에 제 판매 실적이 오르고 있습니다'라고 대답할 수 있다. 또 3분의 1은 '이곳에서는 통하지 않습니다. 시장이 다르기 때문에 프로그램을 조정했습니다'라고 대답할 수 있다. 스티브는 말했다.

"그건 괜찮습니다. 진짜 문제는 마지막 세 번째, '그것이 대체 무슨 프로그램이죠?'라고 말하는 사람들이 있을 수 있다는 겁니다."

2. 방음벽을 부순다.

우리가 코칭하는 대부분의 중역들은 사무실을 둘러싼 방음벽을 심하게 과소평가한다. 마음속으로 자신들은 '메리' 혹은 '랜디'로서 여전히 팀의 일원이다. 하지만 중역으로 승진하는 순간 다른 직원들에게는 상사가 된다. 그러므로 아무런 제한 없이 계속 의사소통하려면 특별히 노력해야 한다. 직원들이 편안하게 의견을 말하고 초기 경고신호이든, 향상할 기회이든, 심지어 커다란 승리를 이끄는 단초이든 중요한 정보를 공유할 수 있도록 CEO는 적극적으로 조치를 취해야 한다.

존 하디의 CEO 로버트 핸슨Robert Hanson은 경력 초반 리바이스에서 사장으로 재임하는 동안 이러한 전술을 구사해 리바이스 유럽의 쇠퇴를 반전시켰다. 당시 유럽 국가마다 총괄 관리자가 자신의 영역을 차지하고 있었다. 이러한 방식은 비싼 대가를 치러야 하는 비효율성을 낳았고, 리바이스 501 제품은 국가마다 상당히 달라서 '우상'과 같은 전통적 모습에 문제를 일으키고 있었다. 당시 젊고 경험이 없는 CEO인 로버트보다 나이가 훨씬 많았던 총괄 관리자들은 자신에게 주어진 자율권을 포기해야 하는 사태가 벌어질까봐 경계했다. 그렇다고 CEO의 사무실로 총괄 관리자들을 부르면 즉각적인 권력 행사로 보일 터였다. 그래서 로버트는 존중하는 마음을 보이면서 공감대를 형성하기 위해 총괄 관리자들을 찾아갔다. 예의를 갖춰 그들의 요구를 파악하면서 로버트는 그들을 변화의 길에 들어서도록 했다. 로버트가 퇴임할 당시 리바이스의 수익은 두 자릿수 감소에서 벗어나 다시 증가하기 시작했다.

3. 회사와 결혼하고 현장과 데이트한다.

카이젠Kaizen 방법론(위에서 내린 명령을 따르는 것이 아니라 작업자가 중심이 되어 현장 중심의 혁신을 이룩하는 방식이다 - 옮긴이)은 관리자에게 '작업이 진행되는 곳에 가라'고 말한다. 유능한 CEO는 자신의 사무실을 벗어나 작업이 실제로 수행되고 있는 현장에서 팀원들을 만난다. 그곳이 그들에게 가장 편안한 곳이기 때문이다. 익스텐디드 스테이 호텔, 스타벅스, 패스마크의 전직 CEO인 짐 도널드처럼 일부 최고 CEO는 근무시간 중 절반을 사무실 외부와 현장에서 보낸다. 다음 사실을 생각해보자. 짐 도널드는 1주일의 절반을 할애해 호텔 접수 담당자, 객실 청소 관리자, 투숙객을 만난다. 동에 번쩍 서에 번쩍 하면서 거물들을 만나는 CEO의 이미지와 상당히 거리가 멀다. 짐은 월마트의 설립자이자 과거에 자신의 상사였던 샘 월튼Sam Walton에게서 리더는 사무실 밖 현장에 속해 있고, 고객과 직원에게 배워 향상하려고 꾸준히 노력해야 한다고 일찌감치 배웠다.

회사를 경영할 때 짐은 이메일을 사용해 강력한 피드백 시스템을 만들었다. 익스텐디드 스테이 호텔에서는 매주 두 통씩 자필 편지를 써서 스캔한 뒤 지역 관리자 수백 명에게 이메일로 보냈다. 편지는 '내게 이메일을 보내십시오'라고 행동을 유도하는 문구로 끝을 맺었다. 짐은 매주 답장 세례를 받았고, 매주 모든 이메일에 응답을 보냈다. 회사의 자산관리자들은 CEO에게서 매일 음성메일을 받았다. 이렇게 CEO가 현장에 시간을 투입한 노력은 성과를 거두었다. 문제점이 중역들의 귀에 들어가기 전에 CEO의 귀에 들어오는 경우가 많았던 것이다.

'영향력 확대를 위한 관계 형성'을 가리키는 종형 곡선을 떠올려보자. 재능 있는 전문직 종사자들이 곡선의 양쪽 극단에 너무 치우쳐서 경력의 중간 시점에서 교착상태에 빠지는 광경을 자주 목격할 수 있다. 어떤 경우는 결과를 내려고 급히 서두르다가 산산조각이 난 유리 파편만 가득 남긴다. 또 어떤 경우는 다른 사람들이 어떻게 생각할지 너무나도 신경을 쓴 나머지 회사를 이끌어나가는 데 어려움을 겪는다. 두 경우 모두 접근 방법을 바꾸기가 매우 어렵고, 심지어 부자연스러울 수 있다. 짐은 우리에게 이렇게 말했다.

"멋지지 않아요. 섹시하지도 않고요. 리더는 멋진 정장을 갖춰 입는 것이 아니라 실제로 소매를 걷어붙이고 회사 유니폼을 입고 손에 기름때를 묻혀야 합니다."

영향력을 확대하기 위해 관계를 형성하려면 어떻게 해야 할까? 의도와 관점 취득을 면밀하게 적용하고, 조직과 직원의 분위기에 신중하게 주파수를 맞춰 광범위하고 일관성 있게 뻗어나가야 한다. 그것은 무엇이, 누구에게, 왜 중요한지를 적극적으로 탐색하고 평가하는 일이다.

궁극적으로 이렇게 관계 형성 근육을 키우다 보면 마치 본능처럼 느껴져서 특별한 전문 지식이 없더라도 마케팅 부서 인턴부터 엔지니어링 중역까지 모든 직원과 관계를 형성할 수 있다. CEO가 되려면 인간의 본성에 대해 끊임없이 배워야 한다. 무리에서 승진하는 사람은, 매우 단순하게 표현하자면 가장 몰두해서 학습하는 사람이다.

영향력을 확대하기 위해 관계 형성 능력을 시험하라

당신이 처음으로 회사를 경영하든 이미 경영 경력을 순탄하게 이어가고 있든 '우호성'의 덫에 걸려들었는지 평가하라. 아래 질문을 사용해 점수를 매기고, 신뢰할 수 있는 동료에게 피드백을 구한다. 세 가지 이상의 질문에 '예'라고 대답했다면 '우호성'의 덫에 걸렸을 가능성이 있다. 행동을 바꾸면 사업을 추진해 엄청난 수익을 거두리라는 사실을 깨달을 수 있을 것이다.

1. 당신의 팀이 느끼기에 조직에 우선 과제가 지나치게 많은가?

2. 당신이 이끄는 성과 검토 회의에서 직원들이 자신의 강점, 결함, 외부의 기대를 명쾌하게 표현하지 못하는가?

3. 회사의 미래상에 맞지 않을 가능성이 있는 충성스러운 팀원을 어떻게 다룰지 결정할 때 시간을 지체하는가?

4. 당신을 묘사하는 데 가장 많이 나오는 형용사 세 개 중에 '사람이 좋다'가 있는가?

5. 결정을 고려할 때 해당 결정이 관계에 어떤 영향을 미칠까 하는 생각을 가장 먼저 떠올리는가?

6. 팀이나 상사를 포함해 주위 사람들이 당신을 가리켜 갈등을 피하거나 최소화한다고 말하는가?

요점

1. 당신의 의도를 정의한다. 열망적 의도(자신에게 가장 중요한 큰 그림을 위한 목표)와 업무적 의도(모든 상호작용을 위한 목표)를 조율한다.

2. 관점 취득 방법을 사용해 다양한 이해관계자들을 파악한다.

3. 당신의 의도와 관련된 이해관계자들을 끌어들일 일상을 구축한다.

제4장

엄격한 신뢰성
: 일관성 있게 성과를 달성하라

반복적으로 하는 행동, 그것이 바로 우리 자신이다.
따라서 탁월함을 결정하는 것은 행동이 아니라 습관이다.

_아리스토텔레스

인간에게 매우 흔하다고 생각되는 속성 중 하나가 일반적으로 무시당한다. 실제로 CEO의 이력이나 비즈니스 관련 언론에서 이 속성을 칭찬하는 표현을 찾아볼 수 없다. 하지만 이 속성은 중역을 성공으로 이끄는 모든 행동 중에서도 유일하게 후보자의 채용 가능성은 물론 직무를 탁월하게 수행할 가능성을 높인다.

그렇다면 이 속성은 무엇일까? 자신감도 아니고 경험도 아니고, 심지어 과단성도 아니다. 채용과 성과를 결정짓는 핵심적인 요소는 바로 신뢰성Reliability이다. 다른 사람과 비교할 때 신뢰할 수 있다고 알려진 CEO가 높은 성과를 거둘 가능성은 열다섯 배이고 채용될 가능성은 두 배이다.[1]

신뢰성은 개념이 분명한 속성처럼 들리지만 자기 자신과 자신이 속한 조직에 지속적으로 전력을 기울여 업무를 수행하려고 리더들은 매일 분투하고 있다. 적절한 사례를 들어보자. 리더 9,000명 이상이 CEO 게놈 행동이라는 평가 시험을 치렀을 때 신뢰성 점수는 계속 최저였다. 그 이유는 무엇일까? 종종 대기업에서 승진을 거듭해온 리더들은 신뢰할 수 있는 시스템을 새로 구축할 필요 없이 기존 경영 시스템에 그대로 의존한다. 그래서 신뢰할 수 있는 시스템과 과정이 부족한 상황에 부딪히면 쩔쩔맨다. 중소기업에서 승진 사다리를 밟고 올라온 리더들은 시종일관 심각한 문제에 대처하면서 급한 불을 끄느라 분투하는 경우가 매우 흔하다. 그들은 자신이 많은 성과를 달성하고 있다고 느끼고, 또 사실 그렇기도 하지만 지속적으로 불과 싸우다 보면 다음 불을 예방하기 위한 과정에는 거의 관심을 쏟지 못한다. 그러다가 높은 기대, 엄청난 압박, 시간적인 제약 등을 받는 CEO 자리에 오르면 시간과 돈을 투자해 강력한 사업 경영 시스템을 구축하자고 주장하기가 매우 어렵다.

신뢰성은 어째서 그토록 막강한 영향력을 행사할까? 신뢰성을 갖춘 리더는 고객·이사진·직원에게서 리더가 임무를 완수하리라는 가정을 이끌어낸다. 이사회는 '믿고 의지할 수 있는 인물'을 좋아한다. 고위 중역들도 마찬가지다. 자료를 보더라도 신뢰성을 갖춘 CEO 후보자는 고성과 조직을 만들어낸다.[2]

빌 아멜리오를 예로 들어보자. 그는 CEO를 세 차례 지낸 노련한 인물로, 지금은 전자기술 유통업체인 애브넷에서 CEO로 활동하고 있다. 에너지가 넘치고 과단성 있는 빌은 언제나 앞을 향해 나아간다. 가만히 앉아 있지 못하는 활동 중독자이며, 무엇보다도 이기는 것을 좋아하고 지는 것을 끔찍이 싫어한다. 고등학교 재학 시절 레슬링팀에서 팔꿈치가 탈구되는 부상을 입었다가 회복하는 와중에도 레슬링 시즌을 완주했듯 자신에게 주어진 책임을 회피하는 경우는 거의 없다. 결국 빌은 경쟁이

치열한 펜실베이니아 주 결승전에서 6 대 4로 아깝게 패배해 2위를 차지했다.

빌은 CEO로 활동하면서도 어김없이 신뢰성을 발휘한다. 경영 방식을 살펴보면 그는 주위 사람들에게 '우리는 이 일을 해낼 것이다'라고 강조한다. 1990년대 후반 이후 중역을 다섯 차례 역임할 때도 매주 팀 회의를 열고, 1분기마다 비공식 공개회의를 하는 등 의사소통할 수 있는 일정을 세우고 예외 없이 실천했다. 빌의 직속 부하직원은 이렇게 언급했다.

"회의가 진행되는 분위기를 보면 강력한 경영 원칙이 있다는 사실을 알 수밖에 없습니다. 빌은 체계적으로 회의를 간결하게 이끌어가고, 회의 내용을 정리하고, 책임감을 발휘할 뿐 아니라 조직이 움직이는 리듬을 감지하고 있습니다."

전 직원은 자신에게 주어진 기대와 책임이 무엇인지 정확하게 알고 있다.

우리가 빌 아멜리오를 처음 만난 것은 그가 CHC 헬리콥터의 CEO로 부임한 직후였다. CHC는 세계 최대 중대형 헬리콥터 서비스 기업으로 석유 굴착 근로자를 운송하고 나이지리아에서 아제르바이잔, 북해를 아우르는 지역에서 탐색구조와 긴급 의료 사명을 수행한다. 이처럼 CHC가 신뢰성 있게 임무를 수행하느냐 마느냐에 많은 이들의 생명이 달려 있다. CHC가 고객을 안전하게 지키는 임무를 수행하고 있었지만 막대한 비용을 쓴 것도 사실이었다. 30개국에서 직원 5,000명을 보유하고 자산 가치가 10억 달러 이상인 글로벌 기업인데도 마치 자영업 매장처럼 운영되어왔다. 여러 해에 걸쳐 경영팀의 지출은 늘 예산을 초과했다. 헬리콥터가 운용되지 않고 예비 부품도 제대로 확보하지 못했다. 그러나 상황을 개선하라는 임무를 맡고 빌이 CEO로 취임한 지 1년이 지나면서 CHC는 시장의 격렬한 압박과 대형 부채에 시달리면서도 예산에 맞춰 지출을 조절해가며 흑자를 내기 시작했다.

조직의 지휘권을 잡은 빌은 마치 엔지니어처럼 근본적인 문제를 발견하고 대처하는 비즈니스 경영 시스템을 구축했다. 책임감을 최우선 과제로 삼으면서 CHC의 구조를 재설계했다. 빌은 직원들이 우선순위에 따라 각 사업을 확실히 책임지고 수행하기를 원했다. 그리고 세계 수준급 최고재무책임자, 사업본부장 등의 중역을 합류시켜 경영팀을 신속하게 개선했다. 중역팀을 보완한 뒤에는 행동 항목을 엄격하게 추적했다. 목록에 있는 최대 347개 항목 중에서 팀의 기반을 더욱 탄탄하게 다지면서 35개까지 솎아냈다.

우리는 자문을 의뢰받고 빌과 그의 경영팀을 위해 연례 다면평가를 실시했다. 우리가 인터뷰한 21명의 피드백 제공자는 빌이 기업을 성공적으로 이끄는 주요 요소로 신뢰성을 꼽았다. 그러면서 '빌의 지독한 실행 능력'에 감탄했다고 대답했다. 빌은 CHC에서 퇴임하고 전자기술 유통업체인 애브넷의 CEO로 자리를 옮겼다. 여기서도 자신의 각본대로 강력한 팀과 탄탄한 비즈니스 경영 시스템을 신속하게 구축했다.

신뢰성의 특징은 전력을 기울여 임무를 완수하는 것이다. 우리가 연구한 표본에서 가장 막강한 CEO 후보자 중 94퍼센트는 꾸준히 헌신하여 임무를 완수했다.[3] 조직심리학 분야에서 수행한 연구의 결과를 보면 조직적이고 훈련을 잘 받고 철저한 사람들, 다시 말해 다섯 가지 기본 인성 중 하나인 성실성에서 높은 점수를 받은 사람들은 경영직에서 성공할 개연성이 높다.[4]

빌 아멜리오는 누구보다 억센 상사일지 모른다. 하지만 강한 사람들은 빌을 따라가며 회사를 옮긴다. 그러는 이유는 간단하다. 빌이 지휘권을 잡을 때 자신이 틀림없이 성과를 거두기 때문이다. 성과를 거두는 직원은 업무에 몰입하는 사람이다. 하버드 대학교 경영대학원에서 몰입학을 연구하는 테레사 애머빌Teresa Amabile은 직원에게 자기 일에 만족하고 성취감을 느끼게 만드는 요소로 발전이 으뜸이라는 사실을 밝혔다.[5]

비즈니스 세계에서 신뢰성 있고 유능한 인재는 가치를 인정받는다. 고용인과 고객은 그러한 인재에게 모험을 걸고 기회를 주는 경향이 강하다. 임무를 수행하려는 인재들의 결단력이 경력과 회사의 성공에 엄청나게 중요하다는 사실을 본능적으로 알기 때문이다. 게다가 신뢰할 수 있다고 알려진 인재는 더욱 인정을 받는다. 큐뮬러스 미디어의 CEO 메리 버너Mary Berner는 잡지 〈글래머〉를 발행하는 페어차일드 출판사에서 처음 CEO로 일할 수 있었던 것은 '극적인 연출 없이 성과를 달성한다'는 평판을 쌓았기 때문이라고 설명했다.

신뢰성을 떠받치는 기둥은 일관성, 현실적인 기대치 수립, 철저한 개인적 책임감, 조직에 일관성을 구현하는 능력 등이다.

개인적 일관성이 전달하는 전율을 발견하라

이사회와 주주들은 결과의 일관성에 큰 가치를 둔다. 일관성을 유지하면 미래에 강력한 성과를 지속적으로 달성할 수 있다고 믿기 때문이다. 최근 한 기업의 이사회가 예를 들어 피터와 마이크라는 두 후보자 중에서 CEO직을 승계할 사람을 결정하기 위해 자문을 요청했다. 피터는 마치 마술을 부리듯 신기하게 목표를 훨씬 초과 달성하는 경우가 많았다. 하지만 행동이 불안정한 것이 문제였다. 목표를 달성한 것도 반복되는 행동이라기보다 예측할 수 없는 운이 따랐기 때문으로 보였다. 비전을 추구하는 사고방식과 무모한 계획 사이에는 미묘한 경계가 존재해서 이사진은 피터를 선택했을 때 어떤 상황이 벌어질지 확신하지 못했다.

그렇다면 마이크는 어떨까? 마이크는 기대를 초과해 목적을 달성하는 경우가 거의 없지만 언제나 기대를 충족한다. 그는 정확하게 성과를 달성해낸다. 일관성 있고 바위처럼 충실하고 신뢰할 만하다. 이사진은 마이크를 보면서 늘 변함없이 성과를 달성하리라는 믿음을 느꼈다.

우리가 발견한 사실에 따르면 이사진은 대부분 변덕스러운 천재보다 사고와 행동을 예측할 수 있는 사람을 선택한다. 살다 보면 뜻밖의 사건이 많이 일어나지만 이사진이 생각하기에 CEO에게는 뜻밖의 행동이 있을 수 없다. 충분히 납득할 만하다. 이사진은 개인의 탁월함보다 신뢰성을 항상 우위에 둔다.

실제로 사람들은 독특한 행동이라도 예측하고 통제해서 일관성을 유지할 수 있다. 하지만 일관성 없는 상사나 동업자를 상대하거나 그 밑에서 일하는 것은 지뢰밭을 빠른 속도로 뛰면서 업무를 훌륭하게 수행하려고 애쓰는 것과 같다.

우리는 기량을 제대로 발휘하지 못하는 CEO 수백 명을 대상으로 실시한 다면평가의 결과를 살펴보고 많은 영역에서 파괴적인 영향을 미치는 비일관성을 거의 예외 없이 찾아냈다. 두드러진 몇 가지 유형을 살펴보자.

- **갈매기** : 해외출장이 코앞에 닥쳤고 며칠 동안 사무실을 비워야 하는데도 특정 업무를 처리하지 않고 손을 놓고 있습니다. 그러다가 갑자기 직원에게 이메일을 폭탄처럼 보내면서 3개월 동안 해온 일이 하나

같이 잘못되었다고 비난합니다.

- **소방관** : 상황이 위기로 치달을 때까지 행동하지 않고 기다립니다. 우리는 CEO가 개입할지, 개입한다면 언제 어떻게 개입할지 알 수 없습니다.

- **호사가** : CEO가 언제 무엇에 꽂힐지 아무도 모릅니다. 오늘은 중국이야기를 하다가, 내일은 군살 없는 제조 방식을 강조하고, 모레는 또마음을 바꿔 빅 데이터가 사업에 영향을 미치는 방식을 운운합니다. CEO의 집중력에 한계가 있어서 조직에 이중으로 손해를 입히고 결국 어떤 분야에도 전문성을 띠지 못합니다.

- **성급한 사람** : CEO는 자신의 기분에 따라 다른 반응을 보입니다. 직원의 업무를 판단할 때도 매일 다른 척도를 들이댑니다. CEO가 무엇때문에 기분이 나쁜지 아무도 모릅니다.

민권 및 인권 센터의 설립자이자 전직 CEO이고, 현재 애틀랜타에있는 우드러프 아트센터의 사장이자 CEO로 일하는 더그 시프먼은 이렇게 말했다.

"일관성이 있으면 분명한 기대치가 형성됩니다. CEO가 팀에 무엇을 바랄까요? CEO가 차례로 어떤 질문을 던질지 앞서 추측할 수 있고, 이미 대답을 생각해봤기를 바랄 것입니다. 그러면서 CEO는 팀이 어떤대상에 주의를 기울여야 할지 가르치는 것입니다. 수익 상황이 심상치 않을 때 팀 스스로 결정적인 요인을 깊이 파고들어 분석하기를 바랄 것입니다. 당신이 다시 일관성을 잃는 순간 새로운 기대 유형이 생겨납니다."

팀버랜드의 전직 CEO 제프 슈와르츠 Jeff Swartz도 같은 생각을 밝혔다.

"진지하고 싶다면 언제나 진지해야 합니다. 하루는 진지하고 다음

날 쾌활하게 행동하면 직원들은 혼란스러워합니다. CEO가 앞으로 어떤 모습을 보일지 예측할 수 없으므로 두려움을 느낄 것입니다.[6]

개인적 일관성은 강력하고 저항하기 힘든 리듬을 만들어서 직원들이 최선을 다해 업무를 수행하게 만든다.

고도의 신뢰성을 갖춘 리더들의 습관

우리가 만난 CEO들 중에서 신뢰성이 결정적으로 중요하다고 이해한 성공적인 CEO는 사소한 사항이 중요하다고 인식한다. 그래서 어떤 일을 하더라도 신뢰성을 보이려고 열심히 노력한다.

- 회의하거나, 비행기에 탑승하거나, 전화를 걸 때 시간을 엄수한다.
- 행동의 주체, 내용, 완료 시기 등 개인 업무에 관한 사항을 회의 시간에 명확하게 전달한다.
- 서로 합의한 행동을 세심하게 추적하고 관리한다.
- 할 일, 검토할 사항, 연락할 사람, 유용한 자원 등을 목록으로 만들어 기록하고 실천한다.
- 팀과 상호 작용하면서 팀원의 분위기, 말, 행동의 변화를 파악한다. 팀원의 행동과 말은 바람직한 효과를 내는가?
- 그 누구의 실수도 일어나지 않도록 진행 상황을 알아야 하는 팀원에게 상황을 계속 알린다.

현실적인 기대치를 세워라

다른 사람을 행동하게 만드는 힘은 어디서 나올까? 당신을 신뢰할 만하다는 믿음에서 나오고, 당신이 무엇을 하겠다고 말한 대로 행동하리라는 믿음에서 나온다. '미국을 위한 교육'의 CEO 엘리사 빌라누에바 비어드Elisa Villanueva Beard는 이렇게 설명했다.

"모든 사람이 체스판을 들여다보고 있습니다. 이때 당신의 동작 하나하나가 당신이 어떤 사람인지 말해줍니다. 또 어떤 가치를 추구하고, 어떤 기대를 품고, 어떻게 일에 신경을 쓰고 수행하는지 말해줍니다."

그러므로 당신이 경력의 초기 단계에 있고, 아직까지 이렇다 할 실적을 내지 못했을 때 어떻게 하면 신뢰성을 줄 수 있을까? 우리는 최고 인재들을 연구하면서 다음과 같은 사실을 깨달았다.

'최고 인재들은 자신이 신뢰성을 주며 성과를 달성할 수 있는 상황을 형성하기 위해 미리 적극적으로 매진한다.'

배달 직원부터 사무직원에 이르기까지 자신이 하겠다고 말한 대로 일하는 사람은 많다. 하지만 신뢰성을 핵심 특징으로 무장한 슈퍼스타 리더들은 여기서 한 걸음 더 나아간다. 그냥 '실천하는' 것만으로는 충분하지 않다. 그들은 자신과 팀을 향한 기대치를 적극적으로 형성한다. 자신의 급여 등급이나 직위가 올라 권한을 손에 쥘 때까지 수동적으로 기다리지 않는다. 소프트웨어 기업인 플렉스 시스템스의 CEO 제이슨 블레싱Jason Blessing은 '평생 가장 도전적인 프로젝트'였던 글로벌 소프트웨어 구현 프로젝트를 성공적으로 완수할 수 있었던 비결을 설명하면서 기대를 포착하고 다시 수립하는 능력을 꼽았다.

당시 제이슨은 겨우 스물여섯 살이었고 피플소프트에 근무하고 있었다. 1,000억 달러짜리 글로벌 소프트웨어 구현 프로젝트에 투입된 선임 파트너가 자기 능력에 넘치는 임무를 맡아 버거워하고 있었다. 직원들은 이러한 사태를 '끔찍한 재앙'이라 불렀다. 엉망진창인 현장에 투입된 제이슨은 먼저 능력에 넘치는 업무를 추진해온 선임 파트너와 함께 일하라는 지시를 받았다. 제이슨이 강력한 프로젝트 운영 기술을 도입하는 것은 물론 진정한 변화를 달성할 수 있었던 요인은 고객의 기대를 재설정하는 방식이었다. 고객은 원래 피플소프트가 보유한 자원을 사용하길 기대했지만 제이슨은 프로젝트를 수행하는 직원이 완전히 잘못 배치되었다고 판단했다. 프로젝트가 장기적으로 성공하려면 접근 방법을 바꿔야 했다. 정치적으로 미묘한 조치이기는 하지만 자신의 상사인 파트너를 프로젝트에서 빼는 동시에 컨설턴트에 의존하지 않고 사내에서 인력을 보충하자고 고객을 설득해야 했다. 간단하게 정리하면 해당 업무를 가장 잘 수행할 수 있는 방법에 관한 새로운 기대를 고객에게 심어줘야 했다. 궁극적으로 제이슨은 팀을 이끌어 목표를 달성했다. 해당 프로젝트를 성공시키면서 결과를 산출하는 사람으로 회사 전체에서 인정받았고 그 덕택에 기회의 문이 활짝 열렸다.

신뢰성 있는 리더는 분명하게 주어진 책임 너머를 보면서 무언의 기대를 가리키는 신호를 주시한다. 이사진과 상사는 의사소통을 통해 자신들의 의중을 분명하게 나타내지 못할 때가 잦다. 최근에 한 CEO는 기존의 수익 목표를 달성했을 뿐만 아니라 초과했는데도 실수를 저질렀다. 그가 지휘하는, 총 매출이 약 5,000만 달러인 인터넷 보안 서비스 기업이 중소형 개인 자산 기업에 매각되었다. 경영팀은 인수 당시의 시장 조건을 근거로 수익 목표를 세웠다.

그 CEO는 능숙하게 움직였고 쉬지 않고 일하면서 빠른 속도로 팀을 가동했다. 하지만 꾸준히 이사진의 분위기를 감지하고, 기존의 기대치가 바뀌었다는 신호를 담은 이사진의 발언과 피드백을 추적하는 등 이사진과 지속적으로 의사소통하지 않았다. 그해가 지나 업계의 경제적 기후가 호전되자 이사진은 흥분했다. 밖으로 드러나게 요구하지는 않았지만 서로 합의한 목표 이상으로 수익이 늘어났으리라 추측했다.

그 CEO는 산출된 실적을 발표하면서 이사진이 만족하리라 생각했다. 기존에 수립한 목표를 모두 달성했기 때문이다. 하지만 그 이상의 성과를 기대했던 이사진은 만족해하지 않았다. CEO는 뒤통수를 맞은 기분에 휩싸이면서 낙담했고 이사진과의 관계도 서먹해졌다.

기대치를 설정할 때 상사나 이사진은 조건과 의제를 설정할 권리가 CEO에게 있다고 믿지 않는다. 그러므로 CEO는 자신이 형성하려는 미래를 볼 수 있도록 이사진을 설득하는 능력을 갖출 뿐 아니라 이사진이 원하면서도 말로 표현하지 않을 수 있는 기대가 무엇인지 인식하는 기술을 발휘해야 한다.

경력의 어느 지점에 서 있든 CEO 또한 신뢰성 있게 성과를 달성할 수 있다는 기대감을 줄 수 있다. 프로젝트를 건네받으면서 '알겠습니다, 업무에 착수하겠습니다'라고 대답해서는 안 된다. 오히려 '이것이 제가 그 시점까지 달성할 수 있는 목표입니다. 그 목표가 달성되었다고 생각하시죠'라고 말해야 한다. 그리고 나서 전력을 기울여 끝까지 노력하라.

우뚝 일어서서 신뢰를 얻어라

자신의 북소리에 맞춰 직원을 움직이려면 리더는 어떻게 해야 할까? 기대치를 분명하게 정하고 사정없이 추진하는 정도에 그쳐서는 안된다. 목표를 달성하고 싶은 마음이 들도록 직원의 사기를 북돋워야 한다. 이러한 리더들에게서 우리는 두 가지 방식을 목격했다. 빌 아멜리오 같은 리더는 있는 그대로 거칠게 마음껏 행동하면서도 팀원에게 결코 수그러들지 않는 충성과 신뢰를 받는다.

신뢰성이 탁월한 CEO는 직원, 고객, 동료, 이사진 등 이해관계자에게 개인적으로 철두철미하게 책임감을 발휘한다. 그들은 자신에게 매우 높은 기준을 적용해 책임감 있게 행동함으로써 다른 사람에게 책임을 지우는 권리를 얻는 것이다.

앞에서 언급했듯 '극적인 연출 없이 성과를 달성한다'는 평판을 듣는 메리 버너는 자신이 어떻게 팀과 전체 조직에 책임감 있게 행동하는지 설명했다. CEO 자리에 오르고 나서 몇 년 후 메리는 리더스 다이제스트를 이끌어 사전에 계획된 파산 절차를 밟았다. 직원을 8퍼센트 감원하는 등 매우 힘든 결정을 하는 동시에 새로우면서 21세기에 적합한 개인적 책임감과 투명성을 조직에 신속하게 주입해야 한다는 사실을 깨달았다. 그렇다면 그 임무를 어떻게 수행했을까? 직원 5,000명 전원에게 CEO인 자신을 6개월마다 점수로 평가하게 했다. 그렇게 도출된 모든 의견을 전혀 거르지 않고 전 직원이 보는 사내 인트라넷에 올렸다.

"직원들은 내가 내용을 거르리라 생각했지만 실제로 게재된 글을 읽고 나서는 그렇지 않다는 사실을 알 수 있었습니다. 칭찬하는 글, 비판하는 글, 고약한 글이 모두 올라와 있었기 때문에 신뢰하게 되었죠. CEO는 자신만의 작은 세계에 살면서 수많은 미사여구를 쏟아냅니다. 세상의 모든 CEO가 책임 운운하지만 개인적으로 직원에게 책임감을 발휘하지 않으면 직원을 납득시킬 수 없습니다."

우리가 인지한 다음 행동 유형은 이처럼 높은 지위에 오른 리더의 동기에 깊이 뿌리를 내리고 있다. 그들이 통상적으로 품는 야망과 추진력의 저변에는 다른 사람에게 진정으로 신뢰받는 사람이 되고 싶은 핵심적인 욕구가 도사리고 있었다. 고도의 신뢰성을 갖춘 CEO는 사생활에서든 직장에서든 우뚝 일어서서 신뢰를 얻고 싶어 한다.

우리는 앞서 언급한 플렉스 시스템스의 CEO 제이슨 블레싱을 인터뷰하면서 이러한 특징을 포착했다. 초기에 경력을 좌우할 중대한 프로젝트에 발을 들여놓았을 당시 제이슨은 직업적인 야심을 품지 않았고 우리에게도 그 점을 강조했다. 권력을 추구하지도, 명성을 좇지도 않았다. 그의 행동을 부추긴 동기는 훨씬 단순했다. 그는 도움을 주고 싶을 뿐이었다. 제이슨은 "고객과 팀에 성공을 안기기 위해 진실하게 행동하려고 노력했습니다"라고 설명했다.

CEO를 코칭한 지 얼마 되지 않았다면 우리는 틀림없이 블레싱이 특이한 인물이라고 순진하게 말했을 것이다. 사정없이 밀어붙이는 야심이 아니라면 대체 어떤 특징을 지녔기에 성공 가능성이 매우 낮은 어려운 프로젝트를 수행했을까? CEO 수백 명을 인터뷰하고 나서 깨달은 사실에 따르면 다른 사람에게 언제나 신뢰받는 사람이 되고 싶은 욕구는 특이한 경우가 아니라 성공적인 CEO들에게서 전반적으로 볼 수 있는 특징이다. 빌 아멜리오라면 '우리가 CEO 자리에 오르고 싶어 하는 가장 큰 이유는 사람들을 관리하고 이끄는 일을 정말 좋아하기 때문이다. 그러한 일을 하면 삶의 활력을 느낀다. 실제로 CEO는 다른 사람에게 마음을 쓴다'라고 분명하게 밝혔을 것이다.

우리가 가장 최근에 만났을 때 빌은 가정에서 위기를 맞은 한 중역을 주말에 만나 해결 방법을 찾도록 도와주었다고 했다.

미국 서던캘리포니아 대학교의 교수이자 리더십 분야의 대가인 워런 베니스Warren Bennis는 이렇게 말했다.

"리더들은 중요한 때 현장에 있습니다. 중요한 순간에 동료를 뒷받침할 준비를 갖추고 있어요."[7]

경력 초기에 사람들은 임무 지향적인 경향을 보인다. 개인적으로 성과를 달성하려는 욕구가 우리들 중 다수를 유능하게 만든다. 성과에 목말라하는 젊은 사람들은 '믿을 수 있다'거나 '꾸준하다'는 단어를 직업과 관련된 맥락에서 여전히 생소하게 느낄 수 있다. 삶의 이 단계에서 임무 지향적인 경향을 띠는 것은 정상이다. 자연스럽게 다른 사람에 대한 책임감에 초점을 맞추면서 경력을 시작하는 사람은 많지 않다. 하지만 고위직 리더가 되고 싶은 열망을 품은 사람들은 시간이 지나고 경험을 쌓아가면서 책임감에 비중을 두는 방향으로 발전한다.

여기에는 단순한 이유가 있다. 다른 사람에 대한 책임에 초점을 맞추지 않는 사람들은 언젠가 자신의 경력이 넘기 힘든 벽에 부딪혔다고 깨닫게 된다. 그래서 성공적인 관리자와 리더가 되기 위해서는 개인적 성취에서 집단적 성취로 초점을 바꿀 수 있어야 한다. 개인적 성취를 추구하면 벽을 넘을 수 없지만 집단적 성취를 추구하면 벽을 넘을 수 있다. 주로 자신에게 초점을 맞추는 사람은 타인을 관리하기 시작하면서 더 이상 성과를 달성하지 못한다. 직위가 높아질수록 자신이 아닌 팀에 관심과 에너지를 더 많이 투자해야 한다. 승진하는 사람은 자신에게 이렇게 묻기 시작한다.

'내 상사나 동료나 고객은 무엇을 하려 하는가? 그 목표를 달성하도록 그들을 어떻게 도울 수 있을까?'

고도의 신뢰성을 갖춘 조직이 사용하는 방법을 채택하라

우리는 생각지 못했던 분야에서 신뢰성에 관한 마지막 진실을 발견했다. 원자로, 항공모함, 석유 굴착 장치, 고위험군 직장에서 신뢰성은 분기별 목표를 달성하느냐의 문제가 아니라 그야말로 생사의 문제다. 이러한 조직은 그 조직의 문화와 업무 수행 과정의 모든 측면에서 실패를 최소화하고 안전을 확보하고 참사를 방지하는 방향으로 세밀하게 주파수를 맞춰야 한다. 그 조직들이 직면한 도전을 한마디로 설명하자면 해군 특수부대의 '탑건Top Gun' 전투기 조종사 아카데미의 현수막에 적힌 바와 같다.

'압박을 받으면 위기 상황에 성공적으로 대처할 수 없다. 훈련받은 만큼 할 수 있을 뿐이다.'

조직심리학자들은 이러한 성격을 띠는 조직을 가리켜 고신뢰 조직이라 부른다.[8] 우리는 보유한 자료를 찾아 신뢰성 있는 리더의 습관과 고신뢰 조직의 관행을 비교해보고 나서, 기본적으로 모든 현대 기업에서 볼 수 있는 복잡하고 압박이 심한 시스템 아래서 임무를 수행할 때 유용한 점을 발견했다.

물론 이러한 관행은 개인의 기업, 산업, 목적, 맥락에 맞게 재단해야 생명력을 발휘한다. 예를 들어 실적을 개선하려고 시도하는 기업은 현금 흐름을 성공적으로 관리하는 일에 기업의 '생사'가 달려 있으므로, 심지어 수표마다 직접 서명하는 CEO도 있다. 하지만 성장 중인 매우 혁신적인 기업에서 이러한 전술을 사용하면 유해한 미시관리micromanagement(관리자가 직원의 업무를 세부 사항까지 통제하고 관리하는 경영 방식 - 옮긴이)의 사례가 될 것이다.

1. 실수해도 안전한 환경을 구축한다.

앞에서 서술했듯 과단성 근육에 주파수를 맞추려면 실패에서 교훈을 얻는 것이 중요하다. 고위험 환경에서 리더는 사소한 '실수'가 미래에 발생할 수 있는 커다란 재앙을 막는 소중한 기회라고 인식하고 있으므로 절차를 개선하려고 노력한다. 물론 이 방법이 효과를 거두려면 사소한 실수라도 전부 밝히라고 직원들에게 말해야 한다. 실수를 많이 공유할수록 상황이 더욱 신속하게 향상되기 때문이다. 그러므로 리더는 직원이 실수를 숨기지 않고 자발적으로 꺼내놓아 관심을 불러일으키는 환경을 조성해야 한다.

미국을 예로 들면 예방 가능한 실수 때문에 사망하는 입원 환자가 매년 44만여 명이다. 자그마치 매일 1,000명 이상이 목숨을 잃는 것이다![9] 필라델피아 아동병원의 CEO 매들린 벨은 전직 원자력발전소 관리자와 해군 비행기 조종사가 설립한 컨설팅 기업인 '의료 서비스 품질 개선Health Performance Improvement'에 병원 직원의 훈련을 의뢰했다. 컨설턴트들은 병원 직원들을 인터뷰하고 나서 즉시 적신호를 감지했다. 경영진이 '실수에 대해 징벌적 반응을 보인다'는 내용이 나왔기 때문이다.

징벌적 문화에서 일하는 직원은 서둘러 매니저를 찾아가 실수를 털어놓지 않는다. 신뢰성 증가에 초점을 맞추는 리더라면 실수를 비난하지 말아야 한다. 필라델피아 아동병원의 경우 환자에게 잘못된 약을 주려는 찰나에 '위기일발의 실수'가 발생했다고 보고한 직원을 비난하기보다는 칭찬하는 프로그램을 해결책으로 찾아냈다. 언어 사용에도 아주 중요한 변화를 추구해서 요즘은 '위기일발의 실수'를 '대어를 낚았다'는 표현으로 바꿨다. CEO인 매들린은 매달 '대어를 낚은' 직원을 한 사람도 빠짐없이 대면하고 가끔은 침상 곁에서 만난다. 병원은 '올해의 대어상'을 수

여한다. 매들린이 직원을 재훈련시키는 노력을 기울인 지 3년이 지나자 심각한 안전사고 발생 건수가 80퍼센트 감소했다.

2. 경기장을 평평하게 다듬는다.

이러한 리더들은 문제를 제기하고 해결책을 내놓을 자질이 직원이든 관리자든 리더든 누구에게나 동등하게 있다는 기대를 형성한다. 직원은 위계질서를 무시하더라도 문제를 제기하라고 격려를 받는다. 예를 들어 병원 수술실에서 의료진은 경각에 달린 생명을 다룬다. 그러면서도 강력한 위계질서가 매우 자연스럽게 받아들여져서 외과 의사는 왕이고 간호사의 지위는 한참 아래이다.

유명한 외과 의사이자 베스트셀러 저자이고 건강 정책 전문가로 활동하는 아툴 가완드Atul Gawande는 환자의 생명을 구하고 고통을 경감시키는 매우 효과적인 방법을 모색하기 시작했다. 우리 동료인 앨런 포스터 Alan Foster는 리더십 고문 자격으로 아툴을 7년 이상 만났다. 아툴은 위계질서의 장벽을 허무는 것이 수술대에서 사망하는 환자 수를 줄이는 데 결정적으로 중요하다는 사실을 깨달았다. 그래서 아툴의 동료들은 서로 성이 아닌 이름으로 부르도록 수술팀을 훈련시켰다. 이 방법은 언뜻 보기에 어색한 분위기를 누그러뜨리기 위한 피상적 방법 같지만 즉시 의사소통의 통로를 여는 효과를 발휘했다. 각 팀원에게 '당신의 목소리는 독특하고 소중합니다. 당신에게는 목소리를 내서 의견을 말할 책임이 있습니다'라는 메시지를 전달했기 때문이다. 이로써 간호사와 기술자는 어느 쪽 다리를 수술해야 하는지를 의사가 정확히 알지 못한다는 의심이 들 때는 대담하게 이의를 제기할 수 있다.

이와 비슷하게 위대한 CEO는 모든 직원에게 자기 의견을 말할 권한을 부여한다. 그러면서 직원의 목소리를 들을 수 있도록 현장을 가까이하려고 노력한다. CEO들은 눈에 띄는 변화를 달성하는 아이디어는 고위 팀이 아니라 계산원, 고객 서비스 직원, 운전사, 기계 작동자 등에게서 나온다고 자주 언급한다. 빌 아멜리오는 이렇게 설명했다.

"사무실을 박차고 나와서 현장을 파악해야 합니다. 그래서 지금껏 몰랐던 상황을 봐야 합니다. 일반적으로 사람들은 진실을 말하고 싶어 합니다."

빌은 회사 직원들 중 누구에게 이메일을 받더라도 24시간 안에 답장을 보낸다.

3. 정확한 뜻의 공유 어휘를 만든다.

신뢰성에 비중을 두는 문화에 속한 리더는 의사소통이 원활해야 임무를 성공적으로 달성할 수 있다는 사실을 인식한다. 그래서 조율을 가속화하고 실수 발생 위험성을 줄이기 위해 정확한 공유 어휘를 만들려고 노력한다.

지에이치스마트의 파트너였던 데이비드 워크스David Works는 정확한 언어에 대해 몇 가지 사항을 인식하고 있다. 데이비드는 모토롤라 반도체 제조 공장에서 엔지니어로 일했고 지에이치스마트를 퇴사한 뒤에는 시어스와 윈드스트림에서 최고인사책임자CHRO를 지냈다. 해군에서 보낸 경력 초기에는 신뢰성을 구축하지 못하면 자칫 생명을 잃을 수 있는 원자력잠수함을 탔다. 해군 문화에는 정확한 언어가 주입되어 있었다. 잠수함을 타는 사람은 누구나 '팀 백업을 준수하라Watch Team Backup'가 무슨 뜻인지 이해한다. 중요한 임무 수행 과정을 정확하게 밟고 있는지 책임감 있게 이중삼중으로 확인하라는 뜻이다. 데이비드가 이 규칙을 자세히 설명했다.

"병참장교가 차트에 위치를 결정하면 당직 장교가 다시 확인합니다. 매번 그렇게 하죠. 이것은 원자력잠수함 부대가 매우 중요하게 지키는 절차입니다. 내 친구가 꼼꼼하게 재확인하다가 중요한 차트에 이름표가 잘못 붙어 있다는 사실을 발견했던 일이 기억나네요. 하마터면 잠수함이 승인을 받지 못해 바다에 잠길 뻔했습니다. 그랬다면 아군과 충돌하는 사태가 발생해 거의 틀림없이 사망자가 나왔을 겁니다. '팀 백업을 준수하라'는 규칙을 실시해 재앙을 성공적으로 차단할 수 있었어요."

데이비드는 윈드스트림에서 최고인사책임자로 일하다가 사업 부문 사장으로 승진했을 때도 이 규칙을 끌어다 썼다. 그는 조직이 업무 수행 능력을 탁월하게 개선하고 여러 기능 영역에서 협력을 강화하는 데 더욱 집중해야 한다는 사실을 깨달았다. 그래서 책임진다는 것이 무슨 뜻인지 누구나 이해할 수 있도록 공유 어휘를 개발하기 시작했다. 그중 하나로 '자기 행동에 책임을 져라Own It!'를 들 수 있다. 데이비드는 서로 비난하는 수렁에 빠지지 않고 승리하는 방법을 찾으라는 뜻으로 이 개념을 정의하고 채택하도록 팀을 이끌었다. 이렇게 구체적인 뜻을 가리키도록 만든 공유 어휘가 더욱 강력한 실행 지향 문화를 구축하는 데 유용해지면서 새로운 서비스에 대한 고객만족도(순추천고객지수)가 약 20퍼센트 향상했다.

그렇다면 신뢰성을 확실하게 부여하는 공유 어휘를 적절하게 조직에 주입했는지 어떻게 알 수 있을까? 조직원 50명에게 특정 용어의 뜻을 물었을 때 누구나 같은 방식으로 묘사하고 일관성 있게 행동하는지 관찰하면 된다. 어떤 문화든 사용하는 언어를 조사해보면 어떤 대상을 중요시하는지 알 수 있다.[10]

4. 일관성 있는 과정을 수행하는 절차를 세운다.

어떤 직위에 있든 신뢰성을 갖춘 리더들은 개인으로만 일관성 있게 행동하는 것이 아니다. 그들은 신뢰할 수 있는 과정을 설계해서 조직에 일관성을 구축한다. 큰 성과는 존경과 찬사를 받지만, 막대한 노력을 기울였거나 시장이 순조롭게 돌아가는 등 오래 지속되지 않는 요인의 결과일 때도 있다. 비효율적인 동시에 적절한 설계를 거치지 않은 작업 과정은 불확실성과 혼란을 낳고 궁극적으로 실수와 실패를 초래한다. 시간이 지나도 신뢰할 수 있는 결과를 산출하려면 규칙의 설계 과정, 경영지표, 예측 가능한 진행 속도를 갖춘 용의주도한 경영 시스템을 구축해야 한다. 우리가 연구한 막강한 CEO 후보자들 중 75퍼센트는 조직 기술과 계획 기술에서 높은 점수를 받았다.[11]

시어스 홈타운 앤 아울렛 스토어스의 CEO 윌 파월Will Powell은 한 사업체에 리더를 잘못 채용하고 나서 교훈을 얻었다.

"해당 사업체는 한 해 동안 좋은 실적을 거두었습니다. 하지만 이면을 깊이 들여다보고 나서 그곳 수장이 구조적으로 좋은 실적을 계속 거두지는 못하리라고 감지할 수 있었습니다. 그는 순간적으로 번뜩이고 화려해 보이는 아이디어를 내놓았지만 반복 가능한 사업 기반을 구축하지 못했기 때문입니다. 아니나 다를까, 다음 해부터 시스템이 흔들리기 시작했고 결국 그를 해고해야 했습니다."

성공의 비결은 시스템에서 나온다. 명쾌한 단계, 기한, 측정 가능한 결과 등으로 시스템을 조직해 직원이 결과에 책임을 지게 만들어야 한다. 우리가 수행한 연구의 결과를 보더라도 CEO들이 직원에게 책임을 부여하는 수준은 평균 고위직 리더의 두 배에 가깝다.[12]

득점표 : 간단한 신뢰성 측정 도구

직위를 불문하고 리더들이 자기 자신과 각 팀원들을 위해 신뢰성을 창출해가는 방법 중 하나는 우리가 '득점표'라고 부르는 것을 만들어 공유하는 것이다. 이사회, CEO, 고위 중역과 그들이 이끄는 팀은 득점표를 활용해 막연한 목표를 명쾌하게 나타내고, 개인적 책임과 집단적 책임을 중심으로 목표를 조율한다. 그러면 목표를 달성하기 위해 무엇을 할 것인지 분명하게 파악할 수 있다. 득점표는 채용 과정에서도 사용될 수 있다. 해당 역할에서 성공하는 것이 어떤 모습일지 나타내고, 지속적인 조율과 성과 관리의 수단으로 활용할 수 있다.

득점표를 작성할 때는 자신이 맡은 각 책임에 대한 기대를 다음 항목에 주의하면서 명쾌한 어휘로 종이에 적는다.

- **사명과 비전** : 사명은 당신이 수행하는 업무가 추구하는 즉각적인 목표를 짧게 기술한 것이다. 비전은 사명의 범위를 넘어서서 앞을 내다보는 관점이다. 내 회사는 미래에 어떤 성취와 어떤 가치로 알려질까?

- **사명과 비전을 달성하기 위한 상위 우선 과제 다섯 가지** : 무엇이 변화를 주도할까? 앞으로 이러한 우선순위를 반영해 일정표를 짜려면 무엇을 바꿔야 할까?

- **3년 후 나와 내 조직의 편에서 짜릿한 성공은 어떤 모습으로 나타날까?** 어떤 성과가 내 비전을 충족할까? 그 성과를 어떻게 수량

화하고 측정할까?

• 성공은 어떻게 달성될까?

가정용 수액을 공급하는 어드밴스드 인퓨전 솔루션스의 CEO 사이먼 카스테야노스Simon Castellanos는 중역으로 일할 때 CEO의 자질을 준비하는 가장 중요한 단계로 일관성 구축 방법을 학습했다. 그래도 겉으로 보기에는 CEO 자리에 오를 수 없을 것 같았다. 1985년 에콰도르에서 미국으로 이민 왔고, 성년기 초반에는 버스비 95센트를 아껴 영어 수업을 들으려고 자신이 목수로 일하는 할렘의 버려진 건물까지 45분을 걸어서 출근했다. 그는 기본적인 영어를 익히자마자 야간 경비로 일하면서 낮에는 대학교에 다녔다. 그 후 4년 동안 학비를 벌기 위해 밤새 일하면서 뉴욕 시립대학교를 다니다가 회계학 학사학위를 받고 졸업했다. 그러고는 작은 지역회사 패리시 리싱에 입사해 사내 회계사로 근무했다. 그곳에서 신뢰성 있게 업무를 수행한 그는 더욱 도전적인 업무를 맡았고 그 역할이 커지면서 큰 기업으로 옮겨 다니다가 거의 무일푼으로 미국 땅을 밟은 지 30년 만인 2014년 웨스턴 덴탈의 CEO 자리에 올랐다. 가치가 5억 달러이고 미국 남서부에서 의료 서비스를 제대로 받지 못하는 사람들에게 적정가격의 치과 치료를 제공하는 기업이었다.

경력 초기에 사이먼은 프레제니우스 메디컬 케어에 운영 부사장으로 영입되었다가 곧 중앙 사업부 사장으로 승진했다. 시카고에 있는 중앙 사업부는 그 가치가 4억 7,000만 달러이고 투석 서비스를 제공했다. 사이먼이 취임할 당시 해당 부문은 실적이 형편없이 낮아 모든 품질측정

지표가 떨어지고 있었다. 직원 이직률도 업계 기준을 훨씬 초과했다. 사이먼이 "회사가 마치 회전문 같았습니다"라고 말했듯 직원들의 잦은 이직은 고품질 서비스를 제공하는 능력을 해치고 있었다. 따라서 사이먼은 직원과 관계를 형성할 방법을 찾아야 했다. 무엇보다 먼저 주 단위로, 심지어 일 단위로 시계처럼 정확하게 보고하는 시스템을 구축했다. 여기에는 지나간 시기의 재정에 관한 숫자뿐 아니라 환자 만족도나 병원 직원의 직무 수행도가 정상 범위를 벗어났을 가능성을 가리키는 주요 지표를 포함시켰다. 처음에 직원들은 주저하고 의심을 품으면서 "사장 자리에 머물다가 떠난 사람만도 서너 명입니다. 우리가 어째서 당신 말을 진지하게 받아들여야 합니까?"라는 태도를 보였다.

하지만 사이먼은 자신의 계획대로 밀어붙였다. 일관성 있게 열성적으로 회의를 소집하고 의사소통을 실시했다. 매주 팀을 만나 전체 지역에 대해 보고받은 내용을 검토했다. 경영지표나 재무제표가 업계 기준에 미달한 지역에는 수정 계획을 세우라고 지시했다. 사이먼은 개인적으로 경영지표를 밀착 추적하고 팀을 지휘하면서 '만나고, 평가하고, 수정하는meet, measure, tweak' 과정을 반복했다. 직원들에게 아이디어를 구하고 좋은 아이디어가 있으면 실행했다.

시간이 지나자 처음에는 성가시고 기계적이었던 절차들이 다른 속성을 나타내기 시작했다. 일관성이 추진력으로 발전했고, 팀과 사이먼이 헌신할 수 있는 원동력이 되었다. 사이먼이 지휘봉을 잡은 지 2년이 지나자 중앙 사업부는 서비스 품질 측면에서 다섯 개 사업부 중 5위에서 2위로 올라섰고 사내에서 최대 수익을 거두는 부서로 부상했다. 직원 이직률은 최악의 수준인 30퍼센트에서 업계 평균인 19퍼센트로 낮아졌다.

사이먼의 팀이 고객과 직원 편에서 믿음직하게 성과를 달성하기 시작하자 시장이 사실상 정체되어 있는 상황에서도 회사 수익은 감소 추세에서 벗어나 연간 3퍼센트 성장했다. 사이먼은 자신이 일관성 있게 행동한 것이 진보에 불을 붙인 원동력이 되었다고 생각한다. 사이먼이 이끄는 팀은 무엇을 기대하고 어디에 초점을 맞춰야 할지 명쾌하게 인식하고, 양질의 서비스를 제공하기 위해 일관성 있는 과정을 도입했고 결과적으로 강력한 경제적 성과를 거둘 수 있었다.

***

앞에서 설명했듯 신뢰성을 갖춘 리더는 조직에 일관성 있는 습관과 일상을 형성한다. 물론 일부 중역은 반대 의견을 내놓았다. 불확실성이 지배하는 시대를 살면서 과정과 일상을 강조하면 즉흥적으로 처리하고 적응할 수 있는 능력을 제한할 수 있다는 것이다. 하지만 앞에서 소개한 외과 의사 아툴 가완드는 그렇지 않다고 주장한다. 자신이 경험으로 입증한 결과를 보면, 실질적으로 의사들과 간호사들이 의료 서비스의 복잡성과 예측 불가능성을 관리할 수 있는 최적의 방법은 가장 단순하고 기계적인 형태인 체크리스트라고 했다. 아툴은 자신의 저서 『체크! 체크리스트』에서 이렇게 강조했다.

'사람들은 규칙을 충실히 따르면 경직성과 관료주의가 발생할까봐 두려워한다. 아무 생각 없이 로봇처럼 행동하고, 고개를 푹 박은 채 체크리스트에 집착하고, 앞을 내다보며 자기 앞에 놓인 진짜 세상에 대처하지 못하는 상황이 일어나리라 상상한다. 하지만 체크리스트를 제대로 작성했을 때 펼쳐지는 상황은 정반대다. 체크리스트는 어리석은 요소들을 제거한다.'[13]

다시 말해 체크리스트를 활용하면 '어리석은 요소' 때문에 짊어져야 하는 인지적 부담에서 벗어나 난해하고 복잡한 문제들을 더욱 능숙하게 처리할 수 있다. 가차 없이 변화를 추구할 때는 체크리스트가 특히 필요하다. 민첩하게 행동해야 하고, 예상치 못했던 상황에 적응하고, 재앙에 제대로 대처할 수 있어야 하기 때문이다. 다음 제5장에서는 CEO 게놈 행동 중 네 번째이자 마지막인 '주도적 적응'을 살펴보자.

자신의 신뢰성을 평가하려면 이렇게 자문하라

- 나는 이번 주 동안 고객, 동료, 고위 경영진, 부하직원과 상호 작용하면서 어느 정도로 일관성을 유지했는가?
- 나는 언제 실력을 제대로 발휘하지 못하는가? 구체적인 상황이 있는가? 나는 그 상황에 어떻게 대처하는가?
- 내가 이끄는 팀원들은 사람들이 자신에게 어떤 기대를 걸고 있는지 이해하는가? 자신들의 행동에 따른 결과를 인정하는가? 책임감을 수용하고 스스로 책임을 지는가?
- 내 상사, 동료, 고객은 무엇을 하려 하는가? 목표를 달성하도록 그들을 어떻게 도울 수 있는가?
- 사람들은 내게 어떤 목표를 달성하라고 기대하는가? 그 기대를 기록해본 적이 있는가? 그 기대에 대해 내 상사, 동료, 팀과 대화해본 적이 있는가?
- 내가 지난주 회의에 몇 번이나 시간 맞춰 참석했는가?

요점

1. 개인적으로 일관성 있게 업무를 수행한다.

2. 철저하게 책임지는 사고방식을 갖춘다.

3. 직장에서 처음 몇 주 동안 기대를 적극적으로 형성하고, 상황이 바뀌면 다시 형성한다.

4. 반복 가능한 결과를 추진할 수 있는 사업 경영 시스템을 구축한다.

제5장

주도적 적응
: 미지의 세계에서 느끼는 불편함에 올라타라

아침에 일어났을 때 나는 앞으로 무슨 일이 일어날지 생각하느라
대부분의 시간을 보냈다.

_매들린 올브라이트(전 미국 국무부 장관)

코닥, 블록버스터, 보더스. 이 이름들의 공통점은 무엇일까? 한때 엄청난 성공을 거두었지만 새로운 변화에 적응하지 못한 기업들이다. 예일 대학교의 리처드 포스터Richard Foster 교수에 따르면 20세기 동안 미국 일류 기업의 평균수명은 65년에서 불과 23년으로 감소했다.[1] 영국의 소설가이자 문명비평가인 허버트 조지 웰스Herbert George Wells의 말을 달리 표현해보면 이렇다.

"'적응하라, 아니면 소멸한다'는 지금도 변함없이 통하는 냉혹한 명령이다."

주위 사람보다 더 많은 지식을 갖고 있는 사람들은 그 덕택에 보상과 인정을 받으며 경력의 대부분을 보낸다. 하지만 어떤 고위직 리더라도 충분한 지식을 더 이상 습득하지 못할 때는 위기에 직면한다. 게다가 이 시기는 예전보다 훨씬 많은 직원을 관리하고, 정답이 하나 이상인 도

전에 직면하는 시기와 일치하는 경향이 있다. 그러다 보면 불현듯 자신이 능력의 한계를 넘어선 미지의 바다를 항해하고 있다고 느낀다. 야심찬 리더들이 정상에 도달하려면 미지의 바다를 항해하는 법을 배워야 한다. 고위직 리더는 경력의 나머지 기간을 지도가 없는 미지의 바다에서 보낼 가능성이 높기 때문이다.

미지의 바다를 능숙하게 항해한다는 것은 무슨 뜻일까?

우리는 미 해군 특수부대에서 작전 수행과 훈련 환경을 모두 경험한 고위 장교에게 좋은 리더의 특징을 물었다. 용맹성, 강인함, 철저한 자신감이라는 대답을 예상했지만 그 장교는 조금도 주저하지 않고 '겸손'이라고 말했다.

해군 특수부대원들은 본보기가 되기 위해 몇 년간 많은 경험을 하고 몇 달 동안 혹독하고 엄격한 훈련을 받는다. 이것은 특수부대에 들어가려면 반드시 치러야 하는 과정이다. 그 장교에 따르면 위대한 리더는 겸손해서 자신과 팀 앞에 놓인 알 수 없는 상황을 있는 그대로 받아들여 반응한다. 군인들이 작전을 수행하는 환경은 위험하고 모호할 뿐 아니라 계속 바뀐다. 겸손한 리더는 자신이 미지의 상황을 완전히 파악할 수 없다는 사실을 받아들이고, '자신이 무엇을 알고 있느냐'보다 자신이 얼마나 빨리 배우고 적응할 수 있느냐가 중요하다고 인식한다. 위대한 리더는 업무, 소속 단위, 직위, 경험이 다른 사람에게서 기꺼이 배울 마음이 있고 배울 수 있는 사람이다.

야심찬 중역들이 매일 적응하고 민첩하게 대처하는 일을 자신의 임무라고 깨닫는 순간과 CEO가 걷는 궤적을 살펴보면 신비롭다.

애완동물용 복제약을 생산하는 퍼트니를 설립한 진 호프만은 CEO의 삶이 매일 참호에서 싸우는 군인을 지휘하는 것과 같다고 설명했다. 파키스탄 기업 TPL 트래커의 CEO 알리 자밀Ali Jameel은 사업가이자 CEO로 15년간 활동하면서 처음부터 끝까지 효과적이었던 계획은 단 한 가지도 없었다고 말했다. 그러므로 알려진 문제들은 직원들이 대부분 처리해서 CEO가 미지의 바다를 항해하는 데 집중할 수 있도록 해주어야 한다.

전문 지식이 얼마나 광범위하고 깊은지, 외부에서 채용되었는지 내부에서 승진했는지를 떠나 CEO는 조직이 직면할 냉혹하고 끊임없는 불확실성을 기회와 성장으로 전환하는 역할을 맡는다. 이 연구에서 우리가 인터뷰한 대부분의 리더는 예상치 못했던 도전이나 위기에 적응할 수 있어야 한다고 언급했다.[2] 최고의 리더는 자신과 조직을 적응시켜 냉혹하고 불편한 조건을 헤쳐나간다. 그들은 선택의 여지가 전혀 없을 때가 아니라 자신이 그래야만 하기 전에 새로운 길을 찾는다.

다시 말해 최고의 리더는 주도적으로 적응해 열매를 거둔다. 우리가 연구한 결과를 보면 주도적으로 적응하는 CEO가 성공할 확률은 변화에 직면할 때까지 기다리는 CEO보다 약 일곱 배 높다.[3] 우리가 수집한 자료로 판단할 때 업무 달성을 결정하는 가장 강력한 요인이 신뢰성이라면, 급속히 중요해지고 있는 행동 속성은 적응성이다. 우리가 이사진, 투자자들과 함께 네 가지의 CEO 게놈 행동에 관해 토론하는 과정에서 적응성은 종종 지침이 존재하지 않는 정상의 자리에서 성공하는 데 점점 중요한 행동으로 크게 부각되고 있다.

변화하는 상황에 자신과 조직을 적응시키는 능력이 탁월한 CEO는 불편·갈등·변화를 환영하는 법을 배운다. 불편함을 느끼지 않는다면 배우고 있지 않거나 빨리 변화하고 있지 않은 것이다. 조직을 이끌 때 불편한 상황에 놓이는 것이 실제로는 일종의 목표이다. 그러한 압박과 변화

사이를 항해하는 것이 CEO가 할 일이다. 이 장에서는 지도에 없는 미지의 바다를 가르며 항해할 때 주요하게 사용하는 도구, 즉 '과거 버리기'와 '미래를 위한 안테나 세우기'를 살펴볼 것이다.

과거를 내려놓아라

톰슨 로이터의 CEO 짐 스미스Jim Smith는 매우 많은 사람이 불편해하는 불확실한 상황을 보기 드물게도 기쁘게 맞이하는 것 같다. 짐은 켄터키 주에 있는 농장에서 성장했고 특별히 자랑할 만한 이력이 없다. 웨스트버지니아 주에 있는 마샬 대학교를 졸업했으므로 아이비리그 소속 대학교에 다니지 않았고 GE, P&G, 구글 같은 대기업에서 경력을 쌓지도 않았다. 몇 년 후 CEO로 승진할 기업에서 저널리스트로 경력을 쌓기 시작했다. (언론은 CEO로 연결된 경로로 흔히 연상되는 분야는 아니지만 이 장의 후반부에서 살펴보듯 아마도 관계있을 것이다.) 우리가 인터뷰했던 여러 CEO 중에서도 짐 스미스는 유난히 사람 좋고 개방적이고 가식이 없어 보인다.

아마도 짐은 우리가 만난 어떤 CEO보다 끝없이 변화할 준비를 갖춘 뒤에 CEO직에 뛰어든 것 같다.

짐은 이렇게 설명했다.

"내가 성공하려면 내가 회사를 떠난 지 한참 뒤라도 계속 변화할 수 있는 문화·조직·팀을 구축해야 한다고 일찍이 깨달았습니다. 나만 해도 외부 시장에서 일어나는 변화를 따라잡을 만큼 신속하게 조직을 정비할 수 없습니다."

짐이 쌓아온 초기 경력을 세밀하게 들여다보면 특이하게도 불편함에 친숙해지도록 계속 훈련해왔다는 점이 두드러진다. 삶의 초기에 가난했던 그는 쉽게 얻을 수 있는 것은 없다는 근본적인 신념을 형성했다. 그가 경력 초기에 겪은 일은 하나의 결정적 계기였다.

톰슨이 로이터를 인수해 세계 최대의 금융 뉴스 제공 기업으로 부상하기 몇 해 전에 입사한 짐은 초기에 출판을 담당했다. 짐이 속한 사업부서는 처음으로 월별 광고 수입 목표를 채우지 못할 지경에 이르렀다. 짐과 그의 팀은 광고 판매고를 늘리기 위해 가능한 모든 방법을 동원했다. 업계 관례에서 벗어난 아이디어를 생각해내어 신문사 최초로 '광고 하나를 사면 하나를 덤으로 제공하는' 백화점식 화이트 세일을 실시했다.

하지만 틀에서 벗어난 사고는 통하지 않았다.

짐은 "우리는 여전히 목표에 도달하지 못했어요!"라고 편안하게 웃으며 회상했다. 하지만 그의 팀은 포기하지 않았다. 중역팀이 방법을 찾을 거라고 굳게 믿으며 다음 달을 맞았다. 실패를 두려워하지 않고, 지난달 실적이 좋지 않다며 낙담하지도 않고, 도전할 수 있다는 사실에 기뻐했다. 그러면서 꾸준히 전화하고 관계를 동원하고 새로운 아이디어를 내놓자 곧 목표액을 달성할 수 있었다. 짐은 이렇게 말했다.

"분명히 말하지만, 화이트 세일은 전혀 효과적이지 않았습니다. 오히려 다른 방법이 통했어요. 우리가 매일 다시 싸우기 시작했다는 점이 중요했습니다."

짐이 직접 경험하면서 얻은 교훈은, '나는 매번 승리하지는 않을 것이다. 심지어 대부분 승리하지 못할 수도 있다'는 것이었다.

"스스로 통제할 수 없는 상황은 매우 많습니다. 그렇다면 그 상황을 어떻게 극복해야 할까요? 그런 경험에서 어떤 교훈을 얻을 수 있을까요?

그때마다 당신은 나아지고 있나요? 더 강해지고 있나요?"

우리가 인터뷰한 CEO들은 위기에 직면하지 않았을 때도 무언가에 불편해한다. 그러면서 거의 재앙에 가까운 포트폴리오를 들고 우리를 찾아온다. 지금은 복합 글로벌 미디어 기업을 지휘하는 짐 스미스처럼, 그러한 리더들은 변화라는 불확실성을 극복하는 법을 배운다. 그러면서 두려움을 용기와 호기심으로 전환한다.

이 책의 공저자인 엘레나는 최근 새로 취임해 매우 어려운 도전에 직면한 CEO를 코칭했다. 그 CEO는 이렇게 말했다.

"예전에 불편한 상황에 놓였던 적이 있었지만, 어쨌거나 지금은 성공했다고 자신에게 상기시켜야 합니다. 그 점을 알고 나면 긴장을 풀 수 있을 뿐더러 당장은 상황이 새롭기 때문에 불편한 것이라고 인지할 수 있거든요."

우리가 코칭했던 수많은 성공적인 리더들은 적응 근육을 강화하고 미지의 세계에서 받는 불편을 수용하는 법을 배웠다. 그렇다면 그들은 어떻게 행동할까? 그들은 적응성과 탄력적인 사고방식을 어떻게 강화할까?

1. 새로운 것을 적극적으로 찾는다.

아직까지 자기 일에 능수능란하게 적응할 준비가 되지 않았다면 안전하고, 심지어 재미있기까지 한 훈련 방법이 있다. 개인 생활에서 새로운 습관과 기술, 경험을 쌓으면 적응 근육을 더욱 안전하게 키울 수 있다. 비아웨스트의 CEO 낸시 필립스Nancy Phillips는 정장을 입고 있을 때 최고의 CEO 훈련을 받은 것이 아니었다고 말했다. 그녀는 서양인을 전혀 만나지 못한 상태로 한 달 동안 중국을 여행한 것을 비롯해 3년간 전 세계를 돌아다녔다. 그녀는 "매일 생존하는 법을 배워야 했습니다"라고 당시를 회상했다. 불편한 상태가 계속되었고 새로운 경험을 할 때마다 즉흥적으로 반응해야 했다. 세계를 여행하려면 비용과 시간이 들기 때문에 누구나 할 수 있는 건 아니다. 하지만 악기를 연주하거나, 새로운 언어를 익히거나, 새로운 취미를 선택하는 것은 적응 근육을 키울 수 있는 단순하면서도 위험성이 낮은 방법이다. 물론 이러한 방법으로 하룻밤 사이에 기업이라는 장에 주도적으로 적응하는 능력을 키울 수는 없겠지만 자신의 성장에 유용하게 작용할 것이다.

2. 급여 수준은 물론 학습 잠재력으로 직업을 평가한다.

우리가 인터뷰한 수십 명의 CEO, 특히 제6장에서 살펴보겠지만 평균보다 빨리 정상에 도달한 많은 CEO는 통념과 달리 횡적으로, 심지어 위태롭게 경력을 이동했다. 게다가 '비중이 줄어든' 역할을 맡은 것이 CEO 자리로 도약할 수 있었던 결정적 요인이 되었다고 말하는 이가 많았다. 레이놀즈 아메리칸에서 CEO로 일하다가 은퇴한 수전 캐머런Susan Cameron도 글로벌 브랜드 총책임자에서 비중이 줄어든 마케팅 담당 전무로 자리를 옮겼다가 CEO로 취임했다. 우리가 연구를 수행하며 목격한 성공적인 CEO의 전형적인 특징 두 가지는 새롭고 생소한 역할을 맡아 경험의 폭을 넓힌 것과, 위기를 맞아 리더십을 발휘한 것이었다. 수전은 경험에 개방적인 태도를 취하도록 직원을 우선적으로 집중 교육시켰다. 즉 새로운 도전을 받아들이고 늘 향상할 수 있도록 피드백을 구하게 했다.

3. 자신에게 없는 기술을 습득한다.

서비스형 소프트웨어 기업인 하이어 로직의 CEO이자 공동 설립자 롭 웽거Rob Wenger는 소프트웨어 작성하는 것을 좋아한다고 말했다. 하지만 2년간 CEO로 활동하고 나서 고객과 좀 더 적극적으로 관계를 형성해야 한다는 사실을 깨달았다.

"나는 자랄 때 사람들 앞에 나서서 말을 할 수 없었습니다. 그래서 내가 두려워하는 일들을 반복 시도하면서 의도적으로 태도를 바꿨어요. 훈련을 거쳐 바뀐 모습에 나 자신도 놀랄 정도입니다. 10년 전에는 저녁 파티에 참석하는 것이 무척 부담스러웠지만 지금은 당당하게 걸어 들어가 누구에게나 말을 겁니다. 이처럼 지금은 내가 원하는 특징을 선택하고 행동을 취합니다."

또 자신이 겁을 내는 활동을 즐기는 사람들을 주위에 두는 방식으로 자신을 훈련한다.

"내 친한 친구 리코Rico는 매우 외향적이어서 사교적인 활동을 하라고 나를 밀어붙입니다. 그래서 사교적인 자리에 가서는 음악을 골라 트는 것처럼 내가 할 일을 찾습니다."

롭은 강하고 자연스러워질 때까지 끊임없이 '사교' 근육을 연마하고 강화한다. 롭의 지휘 아래 회사는 5년 동안 연평균 성장률 44퍼센트를 기록했고 상당한 액수의 사모투자를 받았다. 적응성이 강한 리더는 자신에게 없는 기술을 확보하려고 노력한다. 처음에 아무리 어색하거나 불편하더라도 링에 올라 훈련한다.

4. 이전에 통했던 접근 방법을 기꺼이 내려놓는다.

사람들은 대부분 불확실성에 직면했을 때 적합한 전략을 세우는 것이 최대 난제라고 생각한다. 실제로 리더가 불확실한 상황에 적응하는 데 실패하는 까닭은 대부분 과거에 자신에게 성공을 안겨줬던 전략을 내려놓지 못하기 때문이다. 코닥에서 한 엔지니어가 세계 최초로 디지털카

메라를 발명했지만 코다 중역들은 그 발명을 18년 동안 처박아놓았다. 또 블록버스터는 넷플릭스를 인수할 기회를 세 번이나 놓쳤다.

1983년 인텔은 정말 극적으로 '진화하느냐, 죽느냐'를 선택해야 하는 위기에 놓였다. 그 전에 인텔은 독자적으로 메모리칩 시장을 형성했지만 그뿐이었다. 수익은 1984~1985년 1억 9,800만 달러에서 200만 달러로 곤두박질쳤다.[4] 반면에 일본 기업들은 자사 전체의 정체성을 메모리로 설정하고 메모리칩을 범용화해 인텔을 무력하게 만들었다. 인텔은 단순히 재정적 위기가 아닌 실존적 위기에 빠졌다.

당시 인텔의 설립자이자 사장이었던 앤디 그로브Andy Grove는 『편집광만이 살아남는다』에 그 이야기를 썼다.[5] 몇 주 동안 무기력해질 정도로 불안했던 그로브는 우연히 창가에 서 있다가 멀리 있는 회전관람차를 바라보았다. 그 순간 세세한 문제, 위기로 촉발된 극심한 공포, 심지어 자신의 자아까지 초월했다. 자사 CEO 고든 무어Gordon Moore에게 던졌던, 인텔을 영구히 변화시킨 명석한 질문을 생각해냈던 것이다.

"이사회가 우리를 쫓아내고 새로운 CEO를 불러들인다면 그 사람은 무엇을 할까요?"

무어는 조금도 망설이지 않고 "인텔에서 메모리칩 사업을 없애겠죠"라고 대답했다. 그로브의 응시하는 눈길을 느낀 무어는 "그렇다면 당신과 내가 회사에서 나갔다가 돌아온 다음에 직접 시도하면 되지 않을까요?"라고 말했다. 그리고 두 사람은 정확히 그렇게 했다. 우선 인텔의 메모리칩 사업을 접고 마이크로프로세서를 제조하는 시장을 개척해 인텔의 시가총액을 40억 달러에서 1,970억 달러로 끌어올렸다.

그로브처럼 우리가 알고 있는 CEO 중에서 가장 성공한 사람들은 과거의 기업 전략과 사업 모델뿐 아니라 개인의 습관까지도 기꺼이 내려놓는다. 2012년 이후 프린스턴 신학대학교 총장으로 재직해온 크레이그 바니스Craig Barnes는 이전에 여러 해 동안 목사로 활동했다. 당시 그의 소명은 어려운 처지에 놓인 교인들 곁에서 도움을 주는 것이었다. 신학대학교 총장이 되자 그는 평소에 교인들에게 즐겨 사용했던 일대일 리더십 접근법을 시도했다. 사람들의 곁에서 도움을 주고 싶다는 열정을 품고 사무실 문을 개방하자 사람들이 물밀듯이 찾아왔다. 크레이그는 자신에게 주어진 시간을 일대일 회의에 모두 쓰다 보면 점점 세계화하고 다양해지고 디지털화하는 세상에 기여하는 방향으로 신학대학교를 재건해야 하는 임무를 결코 달성할 수 없겠다는 사실을 이내 깨달았다. 친밀한 개인적 상호작용은 그가 편안하게 느껴온 활동이었고 그에게 목사로서의 사명감과 열정을 부채질했다. 하지만 총장이 되고 나서는 조직에 절실한 비전을 생각하고 수립할 시간을 거의 확보할 수 없었다. 결국 그는 비서와 함께 앉아 전략 업무와 행정 업무를 처리할 시간을 따로 마련해 일정을 짜고 철저하게 지켰다.

온갖 종류의 기술을 발휘하며 경력을 시작하고 자신의 기술에 열정을 품은 사람이 리더의 역할을 수행하려면 과거에 자신에게 성공을 안겼던 방법을 내려놓아야 한다. 사소하게 들리지만, 사실 어떤 습관이라도 바꾸기란 쉽지 않다. 특히 자신이 좋아하고 자신에게 에너지와 열정을 불어넣는 습관을 바꾸는 일은 거의 불가능하다. 많은 리더는 조직을 열렬히 바꾸고 싶어 하면서도 정작 자신이 참석하고 싶은 회의는 포기하지 않거나 자신이 시간과 에너지를 쓰는 방법에 사소한 변화만 생겨도 격렬하게 저항한다. 크레이그는 습관을 기꺼이 내려놓고 바꾸겠다고 결정하면서 자신뿐 아니라 프린스턴 신학대학교에 이익을 안겼다. 그가 총장으로 재직하는 동안 프린스턴 신학대학교는 학생 수가 30퍼센트나 늘어났고 사기가 급격히 높아졌을 뿐 아니라 순수학문 관련 프로그램들이 시작되었다.

어떤 직위에 있건 위대한 리더는 지속적으로 '되어가는' 사람들이다. 그들은 더 나아지고 달라질 뿐 아니라 정보로 무장해간다. 그렇게 꾸준히 학습하면서 불편함에 더욱 편안해져간다.

위험신호 : 통제광

소매 제조업체에서 사장으로 일하다가 CEO 후보자 명단에 오른 '샘'이 다면평가를 받았다. 이 책의 공저자인 킴이 "직속 부하직원에게 업무 결과를 말해준 적이 있습니까?"라고 묻자 샘은 "아뇨, 그랬다가는 내가 나약하거나 조직을 제대로 통제하지 못한다는 소리를 듣기 십상입니다"라고 대답했다. 계속 학습해야 한다는 필요성을 솔직하게 인정하지 않거나, 과거의 습관을 내려놓아야 한다는 교훈을 받아들이지 않는 사람은 CEO 자리에 오를 준비를 갖추지 못한 것이다. 열린 마음으로 학습 목표를 인정하는 태도는 스스로 기꺼이 학습하고 성장하려 할 뿐 아니라 자신의 팀도 그렇게 이끌겠다는 뜻이다.

미래를 위한 안테나를 세워라

많은 직원과 관리자는 자신에게 주어진 상당량의 시간을 가까운 장래에 달성해야 하는 성과에 집중하는 데 쓰면서 업무를 그럭저럭 잘 수행해나간다. 하지만 CEO가 되면 그러한 성과를 달성하는 것만으로 충분치 않다. 조직을 탄탄한 궤도에 안착시키고 유지하려면 미래에 초점을 맞춰야 한다.

CEO가 되면 다음 해 너머를 내다보고 미래에 대해 고민하는 시간이 두 배로 늘어난다.[6] 케임브리지 대학교의 수체타 나드카니 교수는 초점을 맞추는 시점이 적응성에 미치는 영향을 연구한다.[7] 19개 산업에 속한 221개 기업을 7년간 조사한 결과에 따르면 역동적인 산업 분야에서 CEO가 과거나 현재보다 미래에 초점을 맞춘 기업이 신제품을 더 신속하게 출시했다. 이때 신제품 출시 속도는 회사의 적응성을 발달시키는 CEO의 능력을 가리킨다.

미래를 들여다보는 작업이 의미가 있으려면 3년 분량이 넘는 전략 서류가 필요하다. 인튜이트의 CEO 브래드 스미스는 자신의 시간 지평을 확장시켜준 연습 방법을 설명했다. 그는 동료 리더들과 함께 과거를 돌아보고 10년 전 전임자들이 당시에 어떤 전략이나 결정을 수행했다면 오늘날 자사에 좀 더 유리했을지 생각해보라는 요청을 받았다. 그는 이렇게 회상했다.

"하루를 정해 함께 연습해보았습니다. 그러자 '~했다면 좋았을 것이다', '~할 수 있었을 텐데 아쉽다', '~했어야 했다' 등 문제를 신속히 파악할 수 있었습니다. 과거를 돌아보는 연습이 아주 유용했어요!"[8]

그런데 문제의 핵심을 관통하는 교훈을 얻은 것은 그다음에 실천한 연습에서였다. 참가자들은 10년을 앞으로 돌려 승계자의 입장에서 스스로 다른 전략이나 결정을 따랐다면 무엇이 좋았을지 생각해보라는 요청을 받았다. 브래드는 이렇게 털어놓았다.

"그러한 연습을 거치면서 내 관점을 바꿨고, CEO의 입장에서 바라보는 상황은 다르다는 사실을 깨달았습니다. 사업 결과를 산출하는 단기 목표를 초월하고, 심지어 3~5년 계획도 넘어서서 내가 오늘 수행하고 있는 모든 업무의 더욱 장기적인 영향을 고려해야 할 책임을 느꼈습니다."

대부분의 CEO는 장기적 관점과 단기적 관점으로 분리해서 생각해야 한다는 사실을 알고 있다. 우리가 인터뷰한 CEO들은 업무 시간의 상당 부분, 즉 1주일 중 이틀에 해당하는 40퍼센트 이상의 시간을 장기 계획을 생각하는 데 사용한다. 이와 대조적으로 다른 중역들은 업무 시간의 약 20퍼센트, 즉 1주일 중 평균 하루 동안 장기 계획에 대해 생각한다.[9]

매우 효과적으로 미래를 바라보는 CEO들은 변화를 추구할 목적으로 '안테나'를 세운다. 이 안테나는 미래를 낚아 올리는 데 쏟는 시간과 자원이다. 그러한 능력을 타고난 CEO들이 확실히 있기는 하다. 이 책에서는 그렇지 않은 사람들을 위해 우리가 지금껏 만나본 CEO들 중 적응력이 탁월한 사람들에게 통했던 방법을 소개하려 한다.

1. 다양한 정보망을 구축한다.

미래를 들여다보려면 현재 보유한 시장 자료만으로는 부족하다. 잠재적인 재앙을 포착하고 기회를 잡는 데 탁월한 능력을 발휘하는 사람들은 자사의 외부와 업계 외부를 살피면서 변화의 신호를 잡아낸다. 호기심이 넘쳐서 모든 정보가 어떤 방식으로든 자사에 유용하다고 추측한다. 최고의 CEO들은 광범위하고 겉으로는 상관없어 보이는 정보의 흐름에 주의를 기울인다. 그러면서 자신이 수집한 모든 정보를 조사하고 창의적으로 연결하는 방식으로 경쟁에서 앞서나간다. 케임브리지 대학교의 수체타 나드카니 교수는 경험 개방성에서 높은 점수를 받은 CEO가 전략 변화를 더 효율적으로 시도한다는 사실을 밝혀냈다. 그들은 더 광범위한 네트워크와 정보원을 활용하고 결과적으로 변화를 더 일찍 감지해 변화를 활용하는 전략적 행보를 취한다.

자신이 설립한 애완동물용 제약회사를 2억 달러에 매각한 진 호프만은 인간 의약품 제약회사의 트렌드를 관찰하는 방식으로 향후 30년 내에 펼쳐질 애완동물용 제약회사의 미래를 볼 수 있었다. 하지만 현재 애완동물을 돌보는 수의사들의 말이나 글에 의존하지 않았다. 트렌드를 직접 분석하면서 애완동물의 주인들이 무엇을 원하는지 파악하고, 앞으로 수의학 분야가 어떻게 변화할지를 깊이 생각해서 시장을 앞지를 수 있었다. 광고회사 영앤루비컴과 커즌즈 프로퍼티즈의 전직 회장이자 CEO인 톰 벨Tom Bell도 이렇게 언급했다.

'요즘 세상에서는 누구나 알고 있는 지식이 곧 틀리거나 최소한 논란을 불러일으킬 수 있다. 세상은 사람들의 현재 지식 범위를 넘어서서 돌아간다.'

미래를 내다보는 CEO들은 경쟁사에 대한 정의를 확대함으로써 주도적으로 적응한다. 그들은 자사 시장의 경계를 초월해서 생각한다. 디즈니월드는 단순히 다른 놀이공원과 경쟁하지 않고, 부모와 아이들에게 관심과 오락거리를 제공하는 대상이면 무엇이든 경쟁자로 여긴다. 논란의 여지가 있지만 적응력이 탁월한 전사를 훈련시키는 해군 특수전 센터(해군 특수부대의 훈련 센터)는 '찾아가는 활동'을 작전 원칙에 포함시킨다. 광범위하게 영향을 미치는 분야를 통틀어 최고 전문가를 찾아내는 것이다. 한 장교는 이렇게 말했다.

"비슷하지만 매우 다른 상황에 놓인 사람들과 얘기하다 보면 새로운 사실을 깨닫고 눈을 뜰 때가 있습니다. 그래서 상대방이 질문할 때 미

처 생각지 못한 것들이 드러나 '우와, 그건 생각조차 못했군'이라고 느끼게 됩니다."

다양한 인맥을 형성하기 위해 자사와 담당 분야가 아닌 곳에서 활동하는 적극적이고 총명한 사람들과 정기적으로 상호 작용하라. 예상치 못했던 아이디어를 떠올리도록 영감을 주고, 새로운 각도에서 상황을 파악하도록 도와주는 '영감 내각Inspiration Cabinet'을 구성하라. 그들에게 도전 거리와 아이디어를 들려주고 반응을 살펴라. 이러한 과정을 거치다 보면 자신도 깜짝 놀랄 교훈을 얻을지 모른다. 이것을 실천하기는 어렵지 않다. 적응력이 뛰어난 리더들은 이러한 일이 매우 중요하다고 생각하므로 매일 실천한다. 하지만 그렇지 못한 사람들은 이 연습을 할 일 목록의 맨 밑에 파묻는다.

2. 질문의 힘을 사용한다.

최고의 CEO들은 자신이 모든 해답을 알고 있다고 생각하지 않는다. 그 대신에 최상의 질문을 한다. 부동산 투자신탁사인 커즌즈 프로퍼티즈에서 CEO이자 회장으로 일할 당시 톰 벨은 10억 달러 가치가 훨씬 넘는 것으로 밝혀진 질문을 던졌다.

커즌즈는 애틀랜타 주의 뱅크 오브 아메리카 건물을 비롯해 고급 사무실 공간을 상당히 많이 소유하고 있었다. 2004년 초, 부동산 가격이 계속 오를 당시 부하직원이 톰에게 주요 임차인이 임대료를 낮추고 싶어 한다고 전했다. 두 사람은 임대료를 조사하고 나서 자사가 소유한 많은 시장에서 실제 달러 가치를 고려할 때 임대료가 낮아지는 추세라는 사실을 발견했다. 톰은 "다른 시장에서 고급 사무실의 임대료는 어떤가?"라는 질문을 던졌고, 이 질문을 계기로 직원들은 자료를 분석했다. 임대료

하락 현상은 커즌즈의 시장에 국한되지 않은 거의 전국적인 추세였다. 톰은 이러한 현상의 의미를 깊이 생각하고 나서 뜻밖의 해결책을 꺼냈다.

"자산을 팝시다."

톰이 이끄는 팀은 어리둥절했다. 하지만 톰은 매각을 추진하자고 설득했다. 결국 시장이 가장 뜨거운 시점에서 10억 달러를 조금 웃도는 가격에 사무실 자산을 팔았다. 커즌즈의 주주들은 믿기지 않을 정도로 거액의 배당금을 받았다. 당시 부동산 투자신탁회사 업계에서는 처음 있는 이례적인 사건이었다. 톰은 이렇게 회상했다.

"다른 부동산 투자신탁회사의 CEO들이 전화를 걸어와서는 대체 무슨 생각을 하고 있느냐고 물었던 기억이 납니다. 내가 잘못 결정한 것이 아닌지 의심될 정도였어요."

그 후 미국에서 부동산 거품이 터졌다. 경제가 붕괴하면서 빈 사무실이 급증하고 부동산 가치와 임대료가 곤두박질쳤다. 2006년 톰이 4억 3,600만 달러에 매각한 뱅크 오브 아메리카 건물은 2012년 부동산 가격이 붕괴하면서 차압당했다가 2016년 약 1억 8,000만 달러에 매각되었다.

지금 돌이켜보면 톰은 분명히 옳은 결정을 했다. 하지만 당시에는 그렇지 않았다. 톰은 어떻게 그토록 논란이 많은 결정을 할 수 있었을까? 질문을 던지기 시작했기 때문이다. 그는 대답을 듣고 스스로 판단해서 의심이 생기면 잠시 멈추고 숙고했다. 그런 다음 추론을 배제하고 사실을 근거로 행동했다.

좋은 질문을 던지는 것은 톰 벨이 젊은 시절에 배운 접근 방법이었다. 그는 경력 초기에 기대 이상으로 승진했다. 멘토는 톰을 자기 사무실로 부르더니 앞으로 자신이 이해하지 못할 많은 대화에 끼게 될 것이므로 조심하라고 경고했다. 그러면서 이렇게 조언했다.

"다른 사람들이 자네에게 하는 말의 저의가 무엇인지 파악해야 하네. 이렇게 하게나. 첫째, 그 말을 주의 깊게 듣는 걸세. 그들이 정말 중요하다고 생각하는 사항을 반쯤 말하도록 놔두었다가 '잠깐만요, 어째서 그 점이 중요하다고 생각하죠?'라고 물으면서 끼어들게나. 그러면 그들은 어쩔 수 없이 뒤로 물러나 추측과 사실, 이론을 늘어놓을 걸세. 둘째, 기정사실처럼 뱉는 말들을 조심해야 하네. 누군가가 '누구나 알고 있는 사실로서……' 또는 '우리 모두 동의하듯……' 같은 표현을 사용해 마치 사실인 것처럼 주장하면 그 말을 중단시키고 '잠깐만요, 그 점을 뒷받침할 자료가 있습니까?'라고 묻게나."

호기심을 품는 것은 적응성이 강한 CEO의 특징이다. 그리고 호기심은 '무엇을? 어떻게? 좀 더 자세히 말해주세요!'처럼 단순한 질문을 던지는 것으로 표현할 수 있다. MIT의 핼 그레거슨Hal Gregersen 교수는 세계적으로 유명한 혁신 전문가로, 더 나은 질문을 던지기 위해 하루에 4분씩 (1년이면 꼬박 24시간이다) 할애하라고 모든 리더에게 촉구한다.[10] 앞에서 톰슨 로이터의 CEO 짐 스미스에 대해 언급하면서 언론이 고위직으로 향하는 전도유망한 길이라고 주장했다. 왜 그랬을까? 저널리스트야말로 진실을 캐기 위해 누구보다 면밀히 조사하고 통찰력 있는 질문을 던지는 전문가이지 않은가? 짐은 세상이 돌아가는 방식에 대한 타고난 호기심은 물론 직업에서 발달시킨 호기심이 CEO로 성공하는 데 매우 중요하게 기여했다고 말했다. 위대한 리더는 상황이 틀어질 때 기자처럼 노트를 펼치고 질문을 던지면서 해결 방법을 배운다.

3. 사후 부검을 하기 전에 사전 부검을 실시한다.

자료가 무한히 널려 있고 검토해야 할 방향이 너무나 많다. 이러한 상황에서 고위직에 오르고 싶다면 신호와 소음을 어떻게 분리해야 할까? 원유니의 공동 설립자이자 CEO인 진 웨이드Gene Wade는 전 세계 학생들이 휴대전화로 대학 교육을 받을 수 있는 애플리케이션을 만들었다. 그는 급변하는 환경에 적응할 때 느끼는 고통이 어떠한지 알고 있다. 그는 이렇게 말했다.

"전에 근무했던 플랫폼 러닝에서 우리는 로켓처럼 성장하는 정말 멋진 기업을 세웠습니다. 하지만 모래 위에 짓고 말았죠."

규제 환경이 매우 빨리 바뀌는 바람에 새로운 변화가 다가오는 것을 자주 놓쳤던 것이다.

과거를 돌아보고 나서 진은 자신이 변화를 보지 못한 까닭은 신호가 없었기 때문이 아니라는 사실을 깨달았다. 안테나를 내리고 있었기 때문이다.

"사업을 확장하느라 혈안이 되어서 규제에 제대로 신경 쓰지 않았습니다."

오늘날 진은 소음 사이에서 신호를 찾아낼 수 있도록 안테나를 조정하는 '사전 검시' 방법을 사용하도록 팀을 적극적으로 유도한다. 그러면서 팀과 힘을 합쳐 조사한다.

"18개월 동안 실행한 계획이 실패했다고 칩시다. 있을 법한 실패 원인은 무엇일까요? 반대로 엄청나게 성공을 거두었다고 상상해봅시다. 무슨 일이 일어날까요?"

팀은 일단 실패 각본을 짜고 나서(진에게는 사업에서 정해진 각본이 없고, 다만 잠재적 각본이 있을 뿐이다) 문제마다 신호 목록을 만든다. 각각의 문제를 제대로 파악하려면 어떤 자료와 뉴스와 트렌드를 추적해야 할까? 성공 각본을 실현시킬 가능성을 높이려면 어떤 단계를 밟아야 할까?

인지 과부하를 조심하라

경제학자 허버트 사이먼Herbert Simon은 인간의 뇌에 '인지적 한계'가 엄연히 존재한다고 주장했다. 그러면서 믿기지 않을 정도로 예지 능력이 돋보이는 격언을 생각해냈다.

'풍부한 정보는 주의력의 빈곤을 낳는다.'[11]

변화에 효과적으로 적응하는 문제에서 평범한 관리자와 정상에 오른 관리자를 구별하는 점은 인지 과부하에 걸리지 않는 능력이다. CEO인 돈 지어Dawn Zier는 인지 균형을 맞추는 데 탁월한 능력을 발휘한다. 돈은 2012년 말 누트리시스템의 CEO로 활동하면서 야심찬 실적 개선과 성장 계획을 실시했고 전반적으로 회사를 되살렸다.

돈은 MIT에서 교육을 받은 엔지니어로서 분석적 사고 능력을 타고났다. 전자상거래 기업인 누트리시스템에 합류하고 나서 살펴보니 주위에 자료가 널려 있는데도 사실에 근거하지 않고 내리는 결정이 매우 많다는 점에 놀랐다.

"초창기에 팀은 회의에 참석해 별생각 없이 자료를 쏟아냈습니다. 엄청나게 많은 자료를 무더기로 내밀면서도 정작 중요한 정보를 구별하지 못했죠. 어떤 상황이 벌어지고 있는지, 당면한 결정을 할 때 어떤 주요한 통찰을 작용시켜야 하는지도 구분하지 못했습니다. 노련해지면서 팀은 중요한 사항에 초점을 맞춘 자료 계기판을 개발하기 시작했습니다. 그러자 업무에 흥미를 느끼기 시작했고,

많아서 자칫 버거워질 수 있었던 정보들을 매우 유용하게 활용하기 시작했습니다."

정보의 분명한 맥락을 고려하고 중요한 질문을 던져 자료를 수집하면서 진정한 지식을 형성하고 누트리시스템의 미래를 향한 지침을 발견하기 시작할 수 있었다.

4. 고객 경험을 담은 수정 구슬을 들여다본다.

우리가 연구한 성공적인 CEO는 많은 업무를 처리하느라 시간에 쫓기면서도 업무 시간의 약 20퍼센트를 고객과 보냈다.[12] CEO가 된 뒤에도 고객과 보내는 시간을 줄이지 않았다. 시장과 개인적으로 접촉하는 것을 대체할 만한 방법이 없다고 인식하기 때문이다. 고객은 자신에게 정확히 무엇이 필요한지, 어떻게 필요를 표현할지 항상 알지는 못한다. 따라서 시장에서 최고의 통찰을 얻는 CEO는 고객 경험에 최대로 관심을 기울이고 이를 토대로 해결책을 찾는다.

2005년, CEO인 마르쿠스Marcus는 유럽에 있는 건설 산업에 자재를 공급하는 가족 소유 기업의 경영을 맡았다. 그는 고객의 건설 현장을 걸어 다니다가 몇 가지 아이디어를 생각해냈다. 한번은 문제와 해결 가능성을 동시에 떠올렸다.

"사방에 못이 정말 많이 널려 있었습니다. 그런데 설계자가 예상한 것보다 훨씬 빨리 자재가 대량으로 동이 나는 현상이 벌어지고 있었습니다. 못 같은 저가 물품은 언제 얼마나 필요할지 정확히 예측하기 어려웠습니다. 제품 공급업체들의 경쟁도 치열하고요. 나는 고객의 주요 문제가 가격이 아니라는 사실도 그때 깨달았습니다. 직원들이 생산성을 발휘하려면 적합한 자재를 정확히 필요한 시기에 적합한 양으로 공급받아야 합니다."

마르쿠스는 건축업자의 입장에서 생각해보면 건설 현장에서 할 일 없이 놀고 있는 근로자에게 들어가는 비용이 못 한 상자의 가격보다 훨씬 비싸다는 사실을 깨달았다.

마르쿠스는 어떤 해결책을 제시했을까? 고객의 건설 현장에 매장을 비치하도록 사업 모델을 수정해서 필요한 자재를 언제든 구할 수 있게 했다. 이 방법으로 자재를 즉각 공급할 수 있었고, 경쟁사들이 가격에 초점을 맞추는 동안 수익을 증가시킬 수 있었다. 고객의 현장을 걸어 다니면서 어떤 방법이 효과적인지, 또는 효과적이지 않은지를 직접 목격했으므로 수익을 향상시킬 수 있는 중요한 기회를 잡은 것이다.

자신의 적응 행동을 평가하려면 이렇게 자문하라

- 지금 나는 불편한가? 나를 불편하게 만드는 요인은 무엇인가? 개인적으로 무엇을 향상시키려 하는가?
- 제품이든 과정이든 관행이든, 과거에 나나 내 기업을 성공시켰던 요소를 최근에 언제 내려놓았는가?
- 내가 이 방식으로 일하는 것은 단순히 편하기 때문인가, 아니면 이 상황에서 필요하기 때문인가?
- 나는 마음을 열고 다양한 관점에 접근하고 있는가?

요점

1. 적응 근육을 강화한다. 새로운 기술이나 취미를 선택한다. 스스로 불편하다고 느끼는 경험이나 장소에 몰입한다. 완전히 새로운 영역에서 직업을 고르거나 자원해서 일한다.

2. 과거를 내려놓는다. 해마다 '봄철 대청소'를 실시한다. 어떤 습관·관행·추측이 현재나 미래에 자신을 가로막는지 자신과 팀에 묻는다. 내려놓기가 가장 쉽거나 가치 있다고 느끼는 대상을 고른다. 그리고 내려놓는다.

3. 미래를 지향하기 위한 안테나를 세운다.

   • '영감 내각'을 구성한다. 다른 분야에서 활동하기에 당신이 예상치 못한 아이디어와 정보를 제공해주고, 새로운 각도로 상황을 볼 수 있게 도와주는 사람을 선택해 인맥을 형성한다.

   • '예지능력을 발휘하는 시간'을 매달 최소한 두 차례 정한다. 실제로 일정표에 시간을 정해놓고 큰 그림을 그려보고 미래에 관한 각본을 짠다. 통찰력을 가장 잘 발휘하는 정신 상태를 이끌어낼 수 있는 장소·시간·조건을 선택한다.

   • 고객 경험에 온전히 몰입한다. 정기적으로 시간을 내서 고객의 입장에 선다.

   • 호기심을 갖고 질문을 던진다.

제1부에서는 CEO 게놈 행동 네 가지를 독립해서 각각 같은 비중으로 다루었지만 사실 이 네 가지 행동은 서로 연결되어 있다. 예를 들어 엄격한 신뢰성에만 치중해서 사업 경영 시스템을 구축하면 과정에 얽매이는 노예로 전락할 수 있다. 하지만 똑같이 강력한 '적응' 근육을 키우면 변화하는 고객의 필요나 경쟁 환경에 더 이상 통하지 않는 과정을 적극적으로 내려놓을 수 있다. 아마존의 사장이자 CEO인 제프 베조스Jeff Bezos는 2016년 주주에게 보내는 편지에서 이 점을 적절하게 설명했다.

'경계하지 않으면 과정이 골칫거리를 안길 수 있습니다. 더 이상 결과를 보지 말고 과정을 제대로 밟고 있는지 확인해야 합니다. 좀 더 노련한 리더는 나쁜 결과라도 활용해서 과정을 조사하고 향상시킬 수 있는 기회로 삼을 것입니다.'[1]

신념에 따라 신속하게 결정하려는 열망을 품으면 자칫 자신의 결정을 조직에 밀어붙여서 업무의 조율과 수행에 실패할 가능성이 있다. 하지만 '영향력 확대를 위한 관계 형성' 근육이 강하면 주요 이해관계자의 필요를 파악하고 그들의 행동과 당신의 의도를 면밀하게 조율할 수 있다.

다음으로는 맥락이 중요하다. CEO 게놈 행동 네 가지의 상대적 중요성은 각각의 산업·기업·시점에 따라 매우 다르다. 예를 들어 적응력이 부족한 CEO 밑에서 기술 스타트업이 성공할 거라고 상상하기 힘들다. 다른 한편으로 CEO가 병원에서 실행하는 과정 전체에 신뢰성을 부여하기 위해 개인적으로 전력을 기울이지 않는 병원에 입원하고 싶은 환자는 없을 것이다.

높은 직위까지 성공하려면 기업에 가치를 부여하기 위해 가장 필요한 행동과 자신의 최대 강점을 결합할 수 있어야 한다. 자신에게 약점이 있더라도 다른 사람의 강점을 적극 활용할 뿐 아니라 자신의 강점을 점차 구축하여 성공하는 법을 배울 수 있다. 또 상호 보완이 가능한 기술과 경험을 제공해줄 수 있는 사람들을 주위에 두어야 한다. 예를 들어 '미국을 위한 교육'의 전직 CEO 매트 크레이머Matt Kramer는 신뢰성 있게 성과를 달성하는 능력과 과단성을 갖추었지만 적응성이 뛰어난 행동의 주요 요소인 미래에 대해 생각하는 능력을 보완하기 위해 다른 사람의 힘을 빌렸다.

"안테나가 잘 발달한 사람들과 정기적으로 대화해야 했습니다. 내 앞에서 고개를 떨어뜨리고 있는 사람에게 둘러싸여 있어서는 안 되니까요."

슈퍼맨이나 슈퍼우먼이어야 CEO로 성공하거나 잠재력을 발휘할 수 있는 것은 아니다. 앞에서 설명한 네 가지 행동 모두 뛰어난, 완벽한 전천후 리더는 존재하지 않는다. 하지만 CEO는 네 가지 행동에서 기본적인 수준을 유지하면서 한 가지 이상의 행동에서 확연히 강한 모습을 보여야 한다. 우리가 수집한 데이터베이스에서 가장 강한 능력을 보인 CEO는 그렇지 않은 CEO와 비교했을 때 네 가지 행동 중 한 가지 이상의 행동에서 노련할 확률이 열 배나 높았다.[2] 개중에는 자신의 약점을 파악하고 강점을 구축하기 위해 점진적으로 노력하는 과정을 거쳐 강력한 CEO로 부상한 사람도 많았다. 네 가지 행동을 강화하는 데 알맞은 시기는 바로 '지금'이다. 시기적으로 너무 이르거나 너무 늦은 때는 없다.

정상을 향해 걷는 길에서 자신이 어느 지점에 있는지 파악하고 싶거나 자신을 향상시킬 방법을 알고 싶다면 'www.ceogenome.com'에 소개한 진단 프로그램을 참조하라.

제2부

정상에 올라라

꿈에 그리던 직업을 쟁취하라

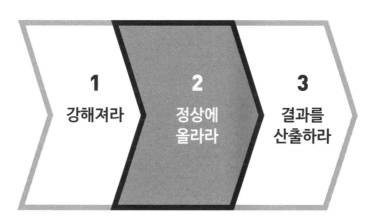

- 경력을 추진하라
- 두각을 나타내라
- 거래를 성사시켜라

제6장

경력을 추진하라
: 미래에 성공하기 위한 빠른 길이다

삶은 뒤돌아봐야만 이해되지만 앞으로 나아가면서 살아야 한다.

_쇠렌 키에르케고르(실존주의 철학자)

열네 살 되던 해에 스코트 클로슨Scott Clawson은 언젠가 CEO가 되겠다는 목표를 세웠다. 집안에 할아버지, 아버지, 나중에 형을 비롯해 CEO가 많았기 때문에 기업을 지휘하겠다는 것이 자연스럽게 경력 목표가 되었다. 어린 시절부터 근면성과 강한 경쟁심으로 두각을 나타냈던 스코트는 가족의 발자취를 따라 정상까지 뻗은 탄탄한 실을 걸었나. 브리검 영 대학교를 평점 3.96으로 졸업하고 아버지가 경영하는 회사에서 2년 동안 일하면서 하버드 대학교 경영대학원의 입학 자격 요건인 직장 경험을 쌓았다. 상위 15퍼센트라는 우수한 성적으로 하버드 경영대학원을 졸업하면서 이후 직장에서 꾸준히 승진하는 데 강력히 작용할 기반을 쌓았다. 처음에는 알코아, 나중에는 다나허에 합류해 역할의 규모와 권한을 넓혀갔다. 거의 숙명처럼 느꼈던 CEO 자리에는 42세 때 처음 올랐다. GSI에서 일한 지 불과 4년 만에 원래 투자액의 3.8배를 받고 회사를 매각해 투자자들에게 큰 수익을 안겼다. 그 후 CEO 신분으로 상수 처리 기업인 컬리건을 지휘해 한 사모펀드 기업에 성공적으로 매각했다.

'나는 안 되겠군'이라고 말하며 고개를 갸우뚱하는 것은 당신뿐만이 아니다. 스코트가 걸어온 길은 흠잡을 데 없이 완벽해 보이지만 이 책을 읽기 전에 당신이 생각했던 정도는 아니다. 사실 우리가 인터뷰한 CEO 중 70퍼센트 이상은 경력 후반기에 고위 중역이 될 때까지도 CEO가 되고 싶다는 생각을 하지 않았다.[1] 즉 CEO가 되는 단계를 미리 계획해놓지 않았다. 대부분 GE나 P&G처럼 CEO를 길러내는 사관학교 같은 기업에서 근무하지 않았고, 엘리트 경영대학원에서 공부해 MBA를 따지도 않았다. 하지만 미래의 CEO들은 직위가 올라가면서 열망도 커졌다. 2014년 콘 페리Korn Ferry가 1,000명이 조금 넘는 고위 중역을 연구한 결과, 놀랍게도 87퍼센트가 정상에 오르고 싶어 했다.[2]

설령 이 책에서 설명한 CEO 게놈 행동으로 무장하더라도 경력을 선택하기가 여전히 어렵다고 느낄 수 있다. 어떤 길을 선택하면 정상에 오를지, 아니면 막다른 골목에 이를지 어떻게 알 수 있을까? 우리는 당신에게 정상에 도달하는 데 유리한 길을 알려주기 위해 CEO 사무실에 안착한 약 1,000명의 경력 궤적을 분석했다.

핵심 내용은 이렇다. 경력 궤적은 증폭 효과를 내는 두 가지 요소, 즉 적합한 역할을 맡아 성과를 달성하고, 그 성과로 인해 두각을 나타낸 결과물이다. 이 장에서는 미래의 CEO들이 어떻게 경력을 선택해 자신의 기술을 연마하고 CEO에 걸맞은 가치 있는 결과를 산출하는지 보여줄 것이다. 제7장에서는 온전히 자질을 인정받고 자신이 원하는 결과를 산출하기 위해 직업에서 두각을 나타내는 기술을 밝힐 것이다.

경력을 정상까지 끌어올려라

대부분의 CEO는 CEO가 되겠다는 목표를 먼저 세우고 나서 경력을 시작하지 않았다. 그런데도 정상에 도달할 때까지의 경로에는 일정한 유형이 있다.

처음으로 CEO 자리에 오른 '크리스틴'을 예로 들어보자. 몇 년 전 우리는 건강 및 웰니스wellness(웰빙과 피트니스의 결합어로, 행복하고 건강한 삶을 뜻한다 - 옮긴이) 기업의 의뢰를 받고 크리스틴을 CEO로 추천했다. 크리스틴은 12개월도 채 지나지 않아 회사를 위기에서 구하고 흑자를 기록했다.

말 조련사의 딸로 태어난 크리스틴은 아버지 밑에서 1주일 내내 일하며 성장했다. 대학에 다닐 때도 집에서 생활하며 풀타임으로 일했다. 그녀의 이력서를 펼쳐보면 〈포브스〉 기자가 능란한 필치로 다음과 같이 소개할 법한 포춘지 선정 500대 기업 근무자들이 걸어온 전형적인 경로를 전혀 찾아볼 수 없다.

'졸업하고 나서 몇 년 동안 관련 직장 경험을 쌓다가 명문 대학으로 돌아가 MBA 과정을 밟은 뒤 베인이나 맥킨지로 직행했다. 마침내 자신이 경영하고 싶은 기업으로 도약하면서 경험을 쌓고 국제 무대에 이름을 알렸다.'[3]

크리스틴은 MBA 학위가 없고, 경영컨설팅 기업에서 일한 적도 없으며, 외부에서 CEO로 채용되었다. 그럼에도 그녀의 경력은 1,000명에 가까운 CEO를 연구하여 우리가 밝혀낸 경험 궤적과 정확히 일치한다. 우리가 분석한 CEO들은 첫 직업에 종사하기 시작한 날부터 마침내 CEO 자리에 오를 때까지 24년이 걸렸다. 물론 모든 사람에게 일률적으로 적용되는 규칙은 없다. 사람마다 CEO 직위에 도달하는 여정은 다르다. 하지만 정상의 직위에 오르겠다고 선택할 때 지침으로 사용할 수 있는 방식에는 몇 가지의 공통된 유형이 있다.[4]

CEO 경력은 대략 3단계로 나뉜다. 각 단계마다 정상에 오르기 위한 준비로서 수행해야 하는 역할이 있다. CEO가 최종 목표이든 아니든 간에 다음에 설명하는 통찰은 그 직업에서 성장할 수 있는 기회를 잡는 데 아주 유용하다.

1단계 : 넓게 뻗어나간다(0~8년). CEO 자리에 앉으려면 궁극적으로 팔방미인이어야 한다. 미래 CEO의 경력 궤적을 살펴보면 초기에 그러한 성향의 뿌리를 추적할 수 있다. 그들은 다양한 기능, 산업, 기업, 지역을 두루 거치면서 일찍부터 폭넓은 기술과 경험을 쌓는다. 이 단계에서는 통념에 얽매이지 않는 행보를 보이기가 매우 쉽고 위험성도 적다.

대기업에서 경력을 시작한 사람은 신입사원 시절에 순환 프로그램을 거치면서 여러 분야를 시도해볼 수 있는 기회를 잡아 다양한 경험을 쌓는다. 전문 서비스 기업의 경우에는 광범위한 산업 전반에 걸쳐 서로 다른 유형의 문제를 해결하는 프로젝트에 투입되면서 비슷한 경험을 쌓는다. 중소기업이나 스타트업도 다양한 업무를 동시에 수행하는 기회를 제공한다. 일부 미래의 CEO는 빽빽한 업무를 소화하면서도 이 단계에서 풀타임이나 파트타임으로 MBA 학위를 취득하며 발전을 가속화한다.

크리스틴은 말 조련사로 경력을 시작하고, 금융 기초 수업을 가르치다가 기업 훈련 분야로 자리를 옮기고, 피트니스 회사에 들어가 소매 매장을 새로 열었다.

출발점과 상관없이 이 첫 단계에서 선택할 주요한 우선 과제는 학습 범위와 속도를 최대화하는 것이다. 높은 전문적 기준을 달성하기 위해 역할 모델들과 직접 만나는 방식이 이상적이다. 초기의 인생 경험이 대부분 그렇듯 직업 초기의 경험은 강력한 인상을 형성해 무엇이 가능한지에 대한 개념에 영향을 미친다. 그러므로 광범위한 범위의 사람·유형·상황을 겪으며 학습하는 것이 훨씬 중요하다. 이 시기에는 특히 문제 해결, 금융 분석, 말이나 글을 통한 의사소통 기술 등 나중에 습득하려면 더욱 힘든 귀중한 기본 기술을 익혀야 한다.

2단계 : 깊이 파고든다(9~16년). 1단계에서 학습에 치중한다면, 2단계에서는 무엇보다 측정 가능한 결과를 산출한다. 경력 9~16년차는 일반적으로 리더십 능력, 깊이 있는 산업 경험, 결과로 나타나는 실적을 쌓는 시기이다. 우리가 연구한 CEO들은 자신이 지휘하려는 기업이 속한 업계에서 평균 13~16년 동안 경험을 쌓았다. 이 시기에 미래의 CEO는 총수익·순수익·이윤을 직접 추구하는 종합관리 역할을 목표로 일한다. 이것은 영업이익 관리, 판매, 마케팅, 영업 등의 분야에서 리더로 일한다는 뜻이다. 매우 중요하게는 자신이 다른 사람을 이끌어 상당량의 측정 가능한 결과를 산출할 수 있다는 뜻이다. 우리가 연구한 CEO 중 90퍼센트 이상은 CEO가 되기 전에 종합관리 경험을 쌓았고 그 기간은 평균 11년이다.

북아메리카 종합관리 임무를 맡았던 크리스틴은 피트니스 업계에 속한 기업에서 4억 달러 가치의 소매 매장 포트폴리오를 책임졌다. 우리가 수집한 자료에 대한 캐플런과 소렌센의 연구에 따르면 부서 단위의 영업이익 관리는 CEO가 되기 위해 가장 흔하게 밟는 디딤돌 같은 과정이다. 강력한 CEO로 성장한 리더가 경력의 두 번째 단계를 어떻게 보냈는지를 알아보면 다음과 같은 사례를 들 수 있다.

'나는 성과가 최악인 남서부 지역을 맡아 회사 전체에서 상위 25퍼센트의 순위로 올려놓았다.'

'나는 마케팅 부서를 맡아 파워포인트 도표를 만들어내는 고리타분한 부서의 이미지에서 벗어나 회사가 새로 기록한 100만 달러 판매고의 90퍼센트를 창출했다.'

'나는 기록적인 시간과 예산으로 멕시코에 공장을 세웠다. 우리 회사에서는 전례가 없는 성과였다.'

2단계는 미래의 CEO가 리더십을 발휘해 주목할 만한 영향력과 가치를 보여주는 시기이다.

3단계 : 높이 올라간다(17~24년). 3단계는 미래 CEO의 경력이 극적으로 바뀌는 전환기이다. 많은 사람이 효율적인 기능적 리더, 중간관리자, 영업이익 관리자로 남는 반면에 미래의 CEO는 자신을 사업 리더로 차별화한다. 미래의 CEO는 사업 리더로서 자신이 속한 영역에 국한하지 않고 사업 전체에 미치는 영향과 맥락을 고려해 결정하고, 직접적인 범위의 권한을 넘어서는 결과에 영향을 미친다. 이 단계에서는 회사 전체의 성공에 영향을 준다.

미래의 CEO가 경력을 시작한 지 약 24년이 지나 3단계의 후반부에 다다를 즈음이면 일반적으로 4~6개 기업에서 각 역할마다 2~3년 동안 일하면서 8~11개 직위를 거친다. CEO를 채용할 때 이사진은 약 10년간 근속할 사람을 찾는다. 최종 CEO 후보자 중 약 4분의 3은 40~54세이고 58세 이상은 5퍼센트에 불과하다. 많은 CEO는 전문 리크루터의 소개를 거쳐 CEO 자리를 차지하기 위한 결승선을 넘는다. 중견기업 91개에 처음 CEO로 채용된 사람들의 자료를 분석해보면 그중 30퍼센트는 크리스틴처럼 리크루터를 통해 취업했다.

더욱 중요한 점으로 리더는 마지막 3단계에 진입했을 때 영향력을 키우고 어떤 역할이 주어지더라도 공식적인 권한을 초월해 주도권을 행사하면서 미래의 CEO처럼 보이기 시작한다. 예를 들어 부사장은 회사 전반에 걸친 계획을 주도함으로써 자신에게 업무 내용을 보고하지 않는 고위직 직원들과 동료에게 영향을 미칠 수 있다. 크리스틴만 하더라도 당해 연도의 최대 투자 건인 회사 전반에 걸친 기업 자원 관리에 관해 토론을 시작하고, 경영 사례를 권고하고, 궁극적으로 실행을 주도해서 모든 직무와 사업팀에 영향을 미쳤다. 또 이 단계에서 미래의 CEO는 자신의 회사 너머로 손을 뻗는다. 업계 내부에서 브랜드를 만들고, 중요한 당면 문제에 대해 대화를 주도하는 가시적인 입장을 취하는 동시에 말할 기회와 언론을 활용하고 다른 CEO와 리더를 소집해 의사소통한다.

정상에 도달하는 정해진 길을 가리키는 지도는 없다. 경력의 첫 두 단계에 속한 사람들에게는 특히 그렇다. 현재 자신이 어느 단계에 있든 간에 다음 사항이 중요하다.

'경력을 앞으로 당신이 안착할 직업의 연속으로 생각하지 말고, 당신의 결정을 앞으로 구축해갈 경험의 포트폴리오로 생각하라.'

당신의 경력 포트폴리오는 CEO의 조건을 충족하는가?

우리가 참여한 수백 건의 CEO 선정 사례에서 관찰된 중대한 공통 요건을 뽑아 정리하면 다음과 같다. 한 후보자가 모든 요건을 갖춘 경우는 드물지만 다음 요건 중 최소 다섯 가지 이상을 포함한 경험 포트폴리오를 구축하면 최종 후보자 명단에 더욱 쉽게 오를 수 있다.

- 업계 경험
- 비슷한 규모의 영업이익 관리
- 강력한 인간관계 리더십의 증거-인재를 끌어들이고 개발할 수 있다는 표시이다.(사람들은 당신에 대한 글래스도어 평가를 본다!)
- 적합한 맥락에서 입증된 성공-회사가 인수를 통해 성장해야 하는 경우에는 '인수와 합병', 성장이 주요 목표인 경우에는 '성장' 이다.
- 다른 유형의 사업 문제와 역할에 걸친 경험의 폭, 높은 성장률 기록, 운영 효율성 향상
- 전략적 비전과 방향을 설정하고 변화를 이끄는 능력
- 운영 감각과 재정 감각
- 이사진, 외부 이해관계자와 협력하는 능력
- 국제 경험(해당되는 경우)

현명하게 선택해서 경험 포트폴리오를 구축하려는 사람들을 돕기 위해 우리는 평균인 24년보다 빨리 CEO가 된 리더 60명을 표본으로 추리고 나서 '단거리 주자sprinter'라는 명칭을 붙여 면밀하게 조사했다. 또 선택과 경험의 공통된 유형을 파악하기 위해 단거리 주자들의 이력을 심층 분석했다. 충분히 짐작할 수 있듯 단거리 주자들 중 약 4분의 1은 엘리트 MBA 프로그램을 마쳤다는 이점이 있었다.[5]

그런데 더욱 큰 발견은 실질적으로 전부라고 말할 수 있는 97퍼센트는 우리가 명명한 '경력 추진기'를 가동했다는 사실이다. 경력 추진기는 역량 면에서든, 다른 사람이 판단하는 잠재력 면에서든 고성과 달성자가 정상급 리더로 부상하는 속도를 높인다. 엘리트 경영대학원에서 MBA를 취득하든 대기업에서 근무하든, 경력의 어느 단계에서도 자신의 궤적을 가속화하기 위해 적극적으로 경력 추진기를 찾고 가동할 수 있다. 경력을 추진할 기회를 포착하고 궁극적으로 리더십 역량을 구축하면 CEO 후보자에 오를 가능성을 더욱 신속하게 증가시키고 목표가 무엇이든 경력을 가속화할 수 있다.

경력 추진기 1 : 큰 도약

CEO의 기질을 입증할 때 가장 강력한 경력 추진기는 '큰 도약'이다. 이것은 무슨 뜻일까? 자신이 여태껏 담당해온 것보다 훨씬 큰 역할을 맡거나 낯선 영역에 발을 들여놓아야 하는 등 예전보다 크게 확장된 도전을 받아들이는 것이다. 크게 도약하면 갑자기 이전보다 훨씬 많은 직원을 관리하게 되거나, 임무 수행에 필요한 경험을 갖추지 못한 채로 역할을 맡을 수도 있다. '큰 도약'은 임무 수행에 성공할 경우 새롭고 불확실한 상황에서 성공할 수 있는 능력이 있다는 사실을 입증한다. 리더십 기술을 향상시키고, 새롭고 훨씬 복잡한 분야에서 결과를 산출하는 능력이 있다는 사실도 입증한다. 크게 도약해서 성공한다는 것은 고위 경영진 중에서도 최고 직위와, 심지어 CEO 자리에 오를 만한 기술과 감각, 기질이 있다는 뜻이다.

단거리 주자들 중 3분의 1 이상은 크게 도약했고, 그중 약 절반 이상
은 경력의 처음 8년 동안 도약했다.[6] 이들은 스스로 완전히 준비되었다고
느끼기 전에 새롭고 커다란 도전을 맞을 기회를 적극적으로 찾았다.

크리스틴도 두 차례 크게 도약했다. 말단 교육직으로 그녀를 채용한
피트니스 기업은 빠른 속도로 성장하면서 새로운 센터들을 열고 있었다.
크리스틴은 기존 매장 직원들에게 고객 회원권을 판매하는 방법을 교육
하다가 중서부 지역을 담당하는 영업이익 관리자로 승진했다. 자연스러
운 순서대로라면 지역 관리자로 승진해 도시 전역에 퍼져 있는 센터 몇
군데를 관리했겠지만 진취적 태도 덕택에 파격적으로 승진할 수 있었다.
크리스틴은 한 연례 회의에서 평소에 존경하는 영업 담당 부사장을 만났
다. 저런 사람이 되겠다고 마음속으로 다짐한 그녀는 어렵사리 부사장을
찾아가 자신의 열망을 밝혔다.

크리스틴이 교육직을 맡아 센터 개장 업무를 지원했다는 사실을 파
악한 영업 담당 부사장은 영업이익 관리자 자리가 비자 크리스틴에게 기
회를 주기로 결정했다. 크리스틴은 당시 상황을 이렇게 설명했다.

"마음속으로 '대체 내가 어떤 상황에 발을 들여놓은 거지?'라고 생
각했어요. 회사의 목표는 센터별 수익을 높이는 것이었죠. 그런데 고객
전환율과 유지율이 낮은데다 비용이 컸습니다. 두려웠어요. 하지만 나는
상황에 맞춰가며 잘 학습하는 편이거든요. 그래서 그 역할에 뛰어들었
고, 내년 회의에서는 우리가 담당한 지역이 최고의 성과를 거두게 하겠
다고 선언했습니다. 실제로 팀원들과 단상에 올라가 상을 받는 역할극도
했어요."

결국 크리스틴이 담당한 지역이 센터별 수익 부문에서 2위를 차지
하면서 팀원들은 단상에 올라가 상을 받았다. 도약하는 기간 동안 성공

을 거두면서 크리스틴은 현장 부사장으로 승진하는 길을 닦았다.

4년 후 크리스틴은 한 번 더 도약했다. 기술적인 배경이 없는데도 최고정보관리책임자CIO로 승진한 것이다. 그녀는 이렇게 회상했다.

"비즈니스 세계에서는 기술 집단과 다른 언어를 사용한다는 사실을 깨달았습니다. 실제로 집단의 일원이 되지 않고는 그 점을 진정으로 깨닫지 못하죠."

새로운 기능을 수행하는 분야로 도약하면서 크리스틴은 미래의 CEO라면 누구나 관리해야 할 더욱 광범위한 기능들을 깊이 이해하는 혜택을 누렸다.

보석 기업 존 하디의 CEO 로버트 핸슨도 크게 도약하면서 경력 성공을 가속화할 수 있었다고 말했다. 로버트의 출신 배경은 평범했다.

"경제적 안정을 누리지 못한 것이 진정한 추진력으로 작용했습니다. 더 이상 허우적대며 살고 싶지 않았거든요."

로버트는 캘리포니아 주에 있는 작은 인문대학인 세인트 메리 대학에서 장학금을 받고 공부했지만 문학사 학위만 소지해서는 일류 컨설팅 기업의 눈길을 끌 수 없었다. 그래서 지방의 소기업에 들어가 연구 분석가로 일했다. 크게 도약하는 계기는 이후 리바이 스트라우스에서 일할 때 찾아왔다. 스스로 언급한 대로 과도하게 높은 자리로 승진하면서 사장의 지위로 유럽에서 리바이스 브랜드를 운영했다. 그의 승진은 조직에 더욱 큰 영향을 주는 방법에 관해 상사와 대화하기 시작한 결과였다.

유럽 브랜드는 리바이 스트라우스에서 매우 중요한 부문이었으므로 사장 자리를 제의받은 로버트는 너무 뜻밖이라 놀랐지만 새로운 도전을 받아들였다. 그는 이렇게 말했다.

"그토록 젊은 나이에 유럽 브랜드를 운영해야 한다니 놀랍고 두려웠어요. 9개 국가군에 나라와 문화의 수는 22개, 심지어 언어는 그보다 많았습니다. 내가 전문직에서 활동하며 겪은 가장 획기적인 경험이었어요. ……그 역할은 CEO와 비슷한 점이 있었습니다. 우선 외롭습니다. 조언해주는 사람이 더욱 적었고, 사업은 외부 지향적 성향이 강했습니다. 직면하는 상황이 모두 새로웠지만 훗날을 준비할 수 있는 좋은 기회였습니다."

로버트는 과단성과 '영향력 확대를 위한 관계 형성' 기술을 갈고닦으면서 멘토와 이해관계자를 활용해 자신에게 부족한 경험을 보완했다. 그리고 성과를 거두었다. 수익이 11퍼센트 감소했던 브랜드를 3년 만에 성장세로 돌려세웠던 것이다.

소프트웨어 기업인 아빌라의 전직 CEO 크리스타 엔슬리Krista Endsley는 일련의 '큰 도약'을 거치며 경력을 쌓았다. 그녀는 궁극적인 목표를 늘 염두에 두고 모든 움직임을 계획한 보기 드문 CEO였다. 열두 살 때 이미 언젠가 CEO가 되겠다는 뜻을 주위에 밝혔다. 크리스타는 자신이 크게 도약할 수 있었던 비결은 질문하고 불편한 상황에 맞서는 배짱이 있었기 때문이라고 말했다.

"자신이 안전지대에서 어느 정도 벗어나 있다고 항상 느껴야 합니다. 스스로 성장하고 있다는 증거니까요. 그 불편함은 자연스러운 감정입니다."

크리스타의 이력에서 안전지대를 벗어난 것은 경력 초반에 마케팅 부서에서 제품관리 부서로 옮겼을 때("나는 끊임없이 계획을 밀어붙였습니다")였다.

"마케팅에서 벗어나 제품관리를 담당하면서 계획했던 경력 궤도에 안착할 수 있었습니다."

크리스타는 제품관리 업무를 수행하면서 비영리 조직에 금융 소프트웨어 시스템을 판매하는 2,300만 달러 규모의 작은 부서를 운영할 준비를 했다. 본사는 해당 부서를 창업시키기로 결정하면서 자연스럽게 크리스타에게 CEO 자리를 제의했다. 크리스타는 도전을 받아들였다. 그러면서 개인 투자자들을 상대로 자본을 모금했고 비슷한 규모의 경쟁사를 인수해 시장 지위를 향상시켰으며 직원 수를 두 배로 늘렸다. 이렇게 CEO직을 수행하면서 회사 규모를 세 배로 키웠다.

여기서 요점은 무엇일까? 크게 도약할 수 있는 기회를 포착하면 경험이나 두려움과 상관없이 기회를 잡아야 한다. 더 나아가 기회가 오기를 기다리지 말고 찾아나서야 한다.

직접 만들어내는 '큰 도약'의 기회

승진하거나 운이 따라야만 잠재력을 발휘할 수 있는 것은 아니다. 당신에게 행운을 불러올 수 있는 방법을 살펴보자.

- 회사에서 다기능 프로젝트를 찾아 판매, 마케팅, IT, 회계 등 다양한 부서의 일을 배운다.
- 합병 과정에 참여한다.
- 최우선 사업 계획을 주도하거나 참여하겠다고 자원한다.
- 당신이 회사에 어떻게 제대로 기여할 수 있을지 묻는다.
- 상사에게 임무, 특히 당신의 기술 역량을 키울 수 있는 임무를 추가로 달라고 요청한다.
- 지시를 받기 전에 적극적으로 문제를 찾고 해결한다.
- 아직 준비가 되지 않았다고 느끼더라도 좀 더 큰 기회를 봤을 때

기꺼이 도전하는 습관을 키운다.

- 고객의 조직에서 당신과 비슷한 직위에 있는 사람과 통상적인 수준보다 광범위한 관계를 형성하거나 지위가 좀 더 높은 사람과 관계를 형성한다.

- '큰 도약'을 훈련하고 새로운 기술을 쌓는 기회로 사생활을 생각한다. 예를 들어 시 정부부터 학교 이사회에 이르기까지 시민 리더의 역할을 맡는다. 비영리 단체를 새로 형성하거나 리더 역할을 자원한다. 자신을 크게 발달시킬 수 있다면 대중 앞에서 강연할 기회를 찾는다.

경력 추진기 2 : 엉망진창으로 혼란한 상황

경력 발달을 가속화할 수 있는 최고의 기회는 겉보기에 인기가 없는 프로젝트를 맡을 때인 경우가 많다. 우리는 이러한 조건을 '엉망진창으로 혼란한 상황'이라 부른다. 우리가 연구한 단거리 주자들 중 약 30퍼센트는 엉망진창인 상황을 뚫고 경력을 발전시켰다.[7]

'엉망진창으로 혼란한 상황'은 사업 단위의 실적 미달일 수도 있고, IT 사업 수행의 실패일 수도 있고, 제품의 리콜일 수도 있다. 이것은 심각한 문제이므로 해결하기만 하면 다른 사람이 실패한 상황에서 '신뢰성 있게 성과를 달성하는 능력'을 입증받을 수 있다. '엉망진창으로 혼란한 상황'을 정리하려면 문제를 밝혀내고, 문제를 바로잡는 방법을 결정하고, '영향력 확대를 위한 관계 형성' 근육을 활용해 다른 사람을 규합함으로써 결과를 산출하는 능력을 갖춰야 한다. 자신이 책임지고 있는 회사나 부서를 위기에 빠뜨린 문제를 바로잡으려 할 때는 시간적 압박이 상당히 크게 작용한다. 따라서 심리적으로 압박을 받는 상황에서 신속하게 결정해야 한다. 이처럼 혼란스러운 불확실성을 극복하고 앞장서서 전진하는 법을 배우려면 위험을 감수하고, 역경에 부딪혀도 끈기를 발휘하고, 명확한 지침이 없더라도 경로를 설정하는 용기가 필요하다.

CEO의 역할을 성공적으로 수행하려 할 때 결정적으로 필요한 행동을 발달시키는 방법이 무엇이냐는 질문을 받은 대다수의 CEO는 위기가 진행되는 동안 조직을 이끄는 것이라고 대답했다. '미국을 위한 교육'의 CEO 엘리사 빌라누에바 비어드는 이렇게 설명했다.

"정말 어려운 상황에 처해보지 않은 사람들은 스스로 무엇을 할 수 있는지 모릅니다. 자신이 누구인지, 자신의 가치는 무엇인지 깊이 파고들어 탐구해야 합니다."

GE나 펩시, 다나허처럼 강력한 리더를 양성한다고 알려진 대기업은 미래의 중역을 키워낼 목적으로 '엉망진창으로 혼란한 상황'을 의도적으로 활용한다. 상대적으로 미숙하지만 역량을 갖춘 중역에게 실적이 저조한 부서나 신통치 않은 사업 단위를 맡겨 그가 어떤 대책을 세우는지 지켜보는 것이다. 우리가 자문했던 많은 CEO는 '엉망진창으로 혼란한 상황'을 다룬 것이 경력 궤적에서 큰 전환점이 되었다고 상기했다. 결론적으로, 강력한 CEO는 정신적 압박을 받으며 성장한다.

'엉망진창으로 혼란한 상황'을 바로잡을 기회가 찾아오기를 기다릴 필요는 없다. 직접 찾아나서야 한다. 이 책에서 브루스Bruce라고 부를 CEO는 신문광고처럼 독특한 출처에서 이러한 기회를 발견했다. 서해

안에 있는 대도시권 지역에서 시 수석행정관을 채용하는 광고가 실렸다. 시 정부의 CEO라고 할 수 있는 직책이었다. 예산이 40억 달러이고 직원이 2만 명인 해당 지역은 당시 파산 상태였다.

브루스는 자신의 실력을 발휘할 수 있는 기회라고 생각했다. 해병대 출신인 브루스는 당시 항공우주 및 방위산업 기업에서 중역으로 일하고 있었다. 사내에서 승진을 제의받았고 리크루터에게서도 계속 연락을 받고 있었다. 그런데 브루스는 회사가 제의한 부사장 자리를 받아들이면 궁극적으로 기업을 운영하려는 자신의 목표 달성이 너무 늦어진다고 판단했다. 그래서 시 수석행정관 자리에 지원했던 것이다.

시 수석행정관으로 일하는 동안 브루스는 지역 언론의 엄중한 감시를 받으며 자신의 경영법칙을 적용해 재정 실적을 완전히 반전시켰다. 정치적으로 맹렬한 역풍을 맞고, 심지어 살해 위협까지 받았지만 시 재정에 필요한 현금을 확보하기 위해 쓰레기 운반 서비스를 민영화했다. 행정관리비에 책정된 자금을 빼서 납세자에게 혜택을 주는 프로그램으로 돌렸다. 예를 들어 중학교를 오후에도 계속 개방해 아이들에게 안전한 공간을 제공하고, 유아 사망률 감소 계획에 책정하는 예산을 다섯 배로 늘렸다. 2년 넘게 일하면서 카운티의 신용도를 하위 등급에서 수준급인 A로 끌어올려 훨씬 더 유리한 조건으로 돈을 빌릴 수 있게 했다. 이러한 성공에 힘입어 브루스는 고위 중역직을 제의받았을 뿐 아니라 납세자 연합회 명예의 전당에 이름을 올렸다. 지금은 포춘지 선정 500대 기업에 속한 기술 서비스 기업에서 CEO로 활동하고 있다.

'엉망진창으로 혼란한 상황'을 헤쳐나가는 것은 네 가지의 CEO 게놈 행동을 시험할 수 있는 좋은 기반이며, 특히 과단성을 키울 수 있는 훌륭한 방법이다. 법정 변호사로 활동하다가 CEO가 된 샨티 앳킨스Shanti

Atkins는 이 점을 누구보다 확실히 경험했다. 회사에 고용된 변호사로 그 럭저럭 일하는 샨티가 기술에 관심이 있다는 사실을 감지한 회장은 자사 관련 사업으로 준법감시 웹 기반 학습에 초점을 맞춘 기술 회사 ELT를 설립하는 업무를 지원하라고 지시했다. 샨티는 변호사로 일하면서 제품 개발과 시장 포지셔닝에 저돌적으로 뛰어들었다. 하지만 2000년 경제 침 체기에 매우 많은 기업이 겪었듯 시장이 얼어붙었다. ELT는 마지막 자본 유치에 실패하고 직원을 세 차례 해고해야 했다. 생명유지장치에 의존해 겨우 명맥만 유지하고 있었다. 샨티는 이렇게 회상했다.

"CEO직을 제의받았을 당시 회사에는 나를 포함해 열두 명이 남았 습니다. 극도로 불안정하고 정신적 압박이 심했지만 당시 나는 젊었고 순진했어요. 망설이지 않고 그 제의를 수락했죠."

샨티에게 주어진 임무는 회사 자산을 인수할 상대를 물색하여, 궁극 적으로는 회사에서 손을 떼는 것이었다.

"하지만 나는 제품과 잠재성에 집착했습니다. 당시 내 아파트 꼴을 봤어야 해요. 제품을 설명하는 스토리보드와 아이디어를 적은 종이가 사 방에 발 디딜 틈 없이 널려 있었으니까요. 회사 문을 닫지 않아도 되고, 제 품이 좋고 제품을 소화할 시장이 있다는 생각이 집요하게 들었습니다. 그저 시행 오류를 겪고 있을 뿐이라고 판단했어요."

결국 샨티는 회사를 완전히 소생시키고 거의 바닥상태에서 1억 달 러 이상의 가치를 지닌 기업으로 성장시켰다. 과거를 돌아보며 샨티는 이렇게 언급했다.

"나는 신속하게 결정하고 싶어 합니다. 변호사로 일했던 사람에게는 어울리지 않는 방식이죠. 바로 위기를 겪어보았기 때문입니다. 초반에 위기를 경험하면서 신속하게 결정하는 기술을 훈련할 수 있었습니다."

샨티는 '30초 안에 결정해야 한다면 나는 무엇을 해야 할까?'라는 의사 결정 규칙을 적용했다. 위기 상황에서의 정신적 압박은 잘못 결정했을 때 치러야 하는 비용에 대한 생각을 바꾼다. 게다가 우유부단하게 결정을 미룰 시간이 없다.

알짜 과제에서 늘 배제당한다고 느끼는 사람들이 사용할 수 있는 전술이 있다. 아무도 맡고 싶어 하지 않는 임무를 선택하는 것이다. 이것은 당신이 놀라운 결실을 맺을 수 있는 잠재성이 있다고 보고 그것을 실현시킬 때까지 아무도 중요하다고 생각하지 않는 임무를 뜻한다. 아무도 자기 경력을 걸고 싶어 하지 않는 힘든 임무를 가리킨다. 엉망진창으로 혼란한 시기에는 다른 때였다면 잡지 못했을 기회를 앞에 나서서 잡는 사람에게 고위 경영직이 주어진다.

경력 추진기 3 : 크게 성공하기 위해 작은 곳으로 간다

중소기업은 종종 경력을 더 빨리 발달시키는 기회를 제공한다. 대형 상장기업에 새로 취임하는 CEO가 쌓은 경험은 중소기업에 취임하는 CEO보다 평균 4~6년 더 많다. 경력 추진기로서 '작은 곳으로 간다'는 원칙은 기존 회사 안에서 새로운 역할을 시작하라는 뜻이기도 하다. 우리가 분석한 단거리 주자들 중 약 60퍼센트는 경력의 일정 시점에서 비중이 더 작은 역할을 맡았다.[8] 많은 단거리 주자가 자사 안에서 새로운 사업을 시작하거나, 그들 중 일부는 회사를 나가 새로운 사업에 합류했다. 밑바닥부터 시작해 제품을 만들거나, 부서나 회사를 세우고 획기적인 성과를 거두는 것은 소중한 기회이다. 그러면 좀 더 안정된 환경에서 일할 때보다 종종 훨씬 빨리 책임을 맡을 수 있다. 나중에는 예측 가능한 위계 질서나 구조 안에서만 일하고 사업 시스템과 과정을 한 번도 세워보지 못한 중역이나 관리자보다 경쟁에서 앞선다.

다미엔 맥도널드Damien McDonald는 존슨앤드존슨에서 떠오르는 별이 었다. 외과 수술용품 사업에서 세계를 주도하는 에티콘에서 글로벌 마케팅 담당 부사장으로 근무했던 다미엔은 사업 성장률을 미미한 수준인 1~2퍼센트에서 업계를 선도하는 수준인 3~5퍼센트로 증가시켰다. 역시 고속 승진하고 있는 훌륭한 상사 밑에서 일하면서 많은 고위 중역의 존경을 받았다. 그의 삶은 멋있었고 더욱 나아졌다. 다미엔의 실적에 감탄한 상사는 그를 눈여겨보면서 자신의 후계자가 될 가능성이 높다고 스스럼없이 털어놓았다. 그런 말을 들으면 누군들 기뻐하지 않겠는가? 하지만 다미엔은 상사의 자리를 승계하고 싶지 않았다.

"상사가 맡고 있는 종합관리직은 내가 원했던 역할이 아니라고 판단했습니다."

기업 가치가 500억 달러에 이르는 존슨앤드존슨은 과와 부서, 이해관계자가 광범위하여 복잡 미묘한 구조였다. 다미엔은 대서양을 횡단하는 유람선처럼 덩치가 큰 회사보다는 경주용 자동차처럼 민첩하게 움직이며 방향을 바꿀 수 있는 3억~5억 달러 규모의 회사에서 CEO로 일하고 싶었다. 그래서 존슨앤드존슨을 그만두고 아무런 명성도 없고 상대적으로 규모가 매우 작은 짐머로 옮겼다. 게다가 그곳에서도 실적이 나빠 허우적대는 2억 5,000만 달러 규모의 척추 부서를 맡았다. 척추질환자에게 삶의 질을 향상시켜주기 위해 수술 방법을 제공하는 부서였다. 다미엔은 이곳에서 경험을 쌓으며 총괄 관리자가 되는 법을 배웠고, 성과를 달성할 수 있다는 사실을 입증할 기회를 잡아 임무를 훌륭하게 수행했다. 결국 다미엔이 이끄는 부서는 전년 대비 12퍼센트의 성장률을 달성했고, 다미엔은 높은 실적을 기록하면서 미래 CEO의 훈련소로 널리 알려진 다나허에서 치과용 소모품 생산 기업으로 구성된 15억 달러 규모의 그룹을 이끄는 그룹 중역과 부사장 자리에 올랐다.[9] 중소기업에서 일하고 싶다는 열망을 품었던 덕택에 다미엔은 궁극적으로 더욱 큰 이익을 거두었다. 2016년에 그는 런던에 본사를 두고 있는 의료기술 기업 리바노바의 CEO가 되었기 때문이다.

크리스틴이 소기업에 들어가 경력을 급속도로 발전시킬 수 있었던 계기는 자신이 근무하는 피트니스 기업에 온라인 사업을 운영할 기회를 달라고 요청한 것이었다. 많은 경쟁사가 피트니스 제품을 판매하기 위해 온라인상으로 존재감을 강력하게 형성하기 시작했지만 크리스틴이 근무하는 회사에서 운영하는 온라인 사업은 수익을 내지 못하고 있었다. 그녀는 이렇게 언급했다.

"규모가 더 작은 곳으로 가겠다고 결정하려는 참이었어요. 겁이 났어요. 그곳을 제대로 알지 못했으므로 그곳에 대해 배워야 했습니다."

크리스틴은 온라인 사업부에서 성과지표를 구축하고, 반복 가능한 과정을 수립하고, 표준 업무 절차를 정하는 등 신뢰성을 구축하는 대가로 성장했다. 그녀는 이렇게 말했다.

"사업 실적을 측정할 수 있는 방법을 찾아야 한다는 사실을 즉각 깨달았습니다. 일종의 시스템이 필요했고 만들어내야 했어요."

새로운 온라인 사업 모델을 습득하는 중이었으므로 의견과 조언을 폭넓게 구하는 방식으로 적응력을 강화했다. 기업 재정팀이나 마케팅 부서처럼 자신의 조직 바깥에 있는 여러 기능 부서에 자문을 구해서, 동료보다 종합적이고 외부 지향적이라는 평판을 쌓았다. 크리스틴은 유사한 산업에 종사하면서 이미 온라인으로 제품을 판매하고 있는 동료들에게 연락했다.

"그냥 연락했어요. 수화기를 들고 보스턴 마켓과 갭에 전화했고, 그 기업들의 콜센터를 찾아갔습니다. 다른 산업에서 배운 거죠. 강제로라도 다른 관점에서 사업을 보도록 나 자신을 채찍질해야 했으니까요. 그러자 드디어 수익이 생기기 시작했습니다."

실제로 크리스틴이 자리를 옮길 무렵에 회사의 매출은 네 배나 늘어났다.

2016년 이후 3D 시스템스에서 사장이자 CEO로 일하고 있는 비요메시 조시Vyomesh Joshi는 휴렛팩커드에서 작은 부서를 책임지면서 CEO 경력을 쌓기 시작했다. 1993년 그는 대형 프린터를 집중적으로 연구 개발하는 엔지니어 200명 이상을 거느리고 샌디에이고와 바르셀로나에 있는 대형 연구실을 운영하는 연구개발 관리자로 유명세를 떨쳤다. 그 시점에서 비요메시에게 예상 가능하고 안전한 경력 궤적은 좀 더 큰 규모의 팀을 운영하는 것이었다. 하지만 그의 상사이자 당시 휴렛팩커드에서 고위 총괄 관리자로 일했던 안토니오 페레즈Antonio Péerez(나중에 이스트만 코닥의 CEO가 되었다)는 비요메시에게 복합기능 프린터 운영관리자로서 밑바닥부터 사업을 구축하라고 제의했다. 지금은 '올인원all-in-one' 프린터를 흔히 볼 수 있지만 1990년대 초반에는 새로운 영역이었다. 부하직원도 거의 없는데다 성공도 장담할 수 없는 자리였다. 비요메시는 이 위험천만한 제의에 대해 깊이 생각했다. 겉보기에는 좌천이거나 기껏해야 같은 직급으로 이동하는 것 같았다. 하지만 비요메시는 사업을 새로 일으키고 휴렛팩커드에 기여할 중요한 기회라는 사실에 구미가 당겨 결국 그 역할을 맡기로 했다.

비요메시는 위험을 감수하는 것이 낯설지 않았다. 그는 공학 석사학위를 받기 위해 20대 초반에 가족들의 격렬한 반대를 뿌리치고 자신이 가진 모든 것을 팔아 미국으로 왔다. 그는 미국에 처음으로 발 디딘 순간을 또렷이 기억하고 있었다.

"뉴욕 시의 케네디 공항에 도착하자 목이 말랐습니다. 식수대가 있었지만 작동 방법을 몰랐어요. 한 여자가 가르쳐줘서 물을 마실 수 있었어요."

낯선 나라를 찾아가는 위험과 매우 흡사하게, 평탄하지 않은 길을 걷는 과제를 무릅쓰자 보상이 뒤따랐다. 비요메시는 복합기능 프린터 사업을 밑바닥부터 맡아 1억 달러 가치로 키워냈다. 또 휴렛팩커드에 가정용 이미징 부서를 밑바닥부터 만들어 거듭 성공 신화를 썼다.

이렇게 성공을 거둔 뒤 비요메시는 1999년 90억 달러 규모의 잉크젯 사업을 운영하는 자리로 승진하면서 크게 도약했다. 2001년에는 190억 달러 규모의 이미징 및 프린팅 그룹을 이끄는 부사장 자리에 올랐다. 비요메시의 승진은 3D 프린팅을 선도하는 3D 시스템스의 CEO로 임명되면서 정점에 이르렀다. 1993년 위험을 감수하고 복합기능 프린터 사업 운영이라는 비중이 작은 역할을 맡은 것이 비요메시를 정상까지 끌어올리는 강력한 추진기가 되었던 것이다.

실패 : 저주냐, 호된 시련이냐?

확실히 경력 추진기는 위험할 수 있다. 고위직으로 올라간 뒤 중대한 실수의 수준을 넘는 커다란 실패가 발생할 수 있다. 전형적으로 머릿속에 떠오르는 사례는 해고되는 것부터 새로운 계획을 감독하다가 재정적 파멸을 초래하는 것, 세간의 이목을 끄는 판단 착오를 일으키는 것에 이르기까지 광범위하다. 우리 표본을 살펴보면 경력 중간에 실패를 겪는 CEO는 전체의 절반에 조금 못 미친다. 의외로 이러한 실패는 그들이 채용되거나 CEO로서 궁극적인 성과를 달성할 가능성에 확연하게 부정적 영향을 미치지는 않는다.[10]

위험 감수의 미덕을 높이 사는 말은 대학교 졸업식 연설, 경력 조언 칼럼, 멘토와의 대화에 빠지지 않고 등장한다. 나이가 많은 성공한 사람들은 결국 성공했다는 안도감을 느끼면서 과거를 돌아보며 자신의 고통스러웠던 경험을 즐겁게 회상한다. 반면에 어떤 사람들은 경력에 재앙을 맞이해 괴로워하며 살아가는 악몽 같은 이야기를 털어놓는다. 그런데 경력에 재앙을 맞이하지 않고 소중한 '학습 경험'을 쌓으려면 어떤 위험을 감수해야 하고 어떻게 실패를 다뤄야 할까? 이에 관한 지침을 살펴보자.

첫째, 경력에서 여러 종류의 실패를 몇 차례 겪었다고 미래에 CEO가 될 자격을 잃지는 않는다. 하지만 같은 실패를 되풀이하면 이야기가 달라진다. 둘째, 경력에서 실패를 일찍 겪을수록 대가를 적게 치른다. 가장 중요한 것은, 리더십 기술을 습득하고 CEO로 선택받을 때 문제가 되는 요인은 실패 자체가 아니라 실패를 다루는 방식이라는 것이다.

실패를 다루는 방식은 어떤 리더라도 성공하는 데 결정적으로 중요하다. 우리가 분석한 CEO 평가 자료를 살펴보면 흔히 발생하는 두 가지 실수가 드러난다.

첫째, 실패를 실패 자체로 생각하는 CEO 후보자가 강력한 성과를 달성할 확률은 실패를 학습 기회로 여기는 리더의 절반에 불과하다.[11] 제

2장에서 서술했듯이, 실패라는 단어를 사용하지 않는 것은 이러한 CEO 들의 '습관'이 아니라 진정한 '태도'의 발현이다. 실수는 불쾌하고 황당한 사건이 아니라 미래에 향상할 여지를 남기기 위해 가장 신뢰성 높은 실험을 제공하는 불가피한 수단이다.

둘째, 너무나도 많은 미래의 CEO가 저지르는 다음 실수는 실패에 책임을 지지 않으려 한다는 것이다. 인터뷰를 했을 때 그들은 주인의식을 갖지 못하고 자신이 책임자로 일하는 동안 발생한 실패를 외부 요인이나 다른 사람 탓으로 돌린다. 우리가 수집한 자료를 보면 다른 사람을 비난하는 후보자들은 제3자에게 추천받을 가능성이 줄어들었다.[12]

그러면 최고의 후보자와 CEO는 어떻게 할까? 그들은 사실을 직시하고, 실수를 인정하고, 미래에 실패할 가능성을 최소화하기 위해 그동안 무엇을 배웠는지, 행동과 의사 결정을 어떻게 조절했는지에 관해 적극적으로 깊이 생각한다.

앤 윌리엄스-이솜Anne Williams-Isom은 중부 할렘에서 대를 이어온 빈곤을 종식하겠다는 사명에 헌신하는 할렘 칠드런스 존의 CEO다. 그녀는 조직의 우상인 설립자 제프리 캐나다Geoffrey Canada의 자리를 승계했고, 결코 쉬운 임무는 아니었지만 리더십을 발휘해 찬사를 받았다.

앤은 진정성이 있고 솔직하다. 그녀와 함께 있으면 자신이 하고 있는 일을 정말 좋아한다는 사실을 금세 감지할 수 있다. 그녀는 혼란스러운 환경에서 어린 시절을 보냈지만 용기 있는 한 부모 밑에서 성장했다. 그녀의 어머니는 롱아일랜드 유대인 메디컬 센터에서 아프리카계 미국인 이민자로서는 첫 번째 간호사로 근무했다. 가족은 많은 좌절을 겪었다. 난방비를 낼 수 있을까? 아이들을 학교에 보낼 수 있을까? 힘든 순간과 어려운 환경을 헤치며 살아온 앤은 자신이 겪은, 가장 큰 실패담을 조금도 주저하지 않고 우리에게 들려주었다.

앤이 최고운영책임자로서 제프리 캐나다 밑에서 일할 때 자신이 담당한 지역에서 하마터면 비극으로 번질 뻔했던 사건이 일어났다. 7학년생 두 명의 갈등이 발단이었다. 대개 이러한 사건은 교장과 방과 후 학교 직원들이 맡는다. 사건 초반에 교장에게서 진행 상황을 전해들은 앤은 학교 직원이 적절히 대응하고 있다고 판단해서 퇴근했다.

하지만 불행히도 앤의 팀은 갈등을 해소하지 못했다. 그 여학생들을 아는 어른들이 싸울 태세로 학교에 나타나면서 긴장 상태가 위험한 상황으로 번졌다. 상황이 악화되었을 때 앤은 현장에 없었다. 이내 잔뜩 긴장한 교장이 앤에게 연락해 사태가 해결되지 않았다고 말했다. 앤은 즉시 현장으로 달려가 사태를 진정시켰다. 그렇게 갈등 상황이 잘 마무리되었지만 앤은 당시 사건이 일촉즉발의 순간이었다고 느꼈다. 직원이 대기하지 않은 상황에 부딪히면서 아이들의 안전이 위태로워졌다고 인식한 것이다.

이후 그때를 돌이켜본 앤은 자신이 위험을 과소평가했다고 반성했다. 그러면서 실수했다고 움츠러들지 않고 당시에 느꼈던 고통을 기회로 삼아 자신을 더욱 강한 리더로 성장시키는 귀중한 교훈을 얻었다. 첫째, 비상계획 수립과 위험 완화에 대해 배웠다. 더 나아가 질문을 던지는 방식으로 위험을 예상하는 과정을 집요하게 실천했다. 둘째, 주인의식을 가져야 한다는 점을 배웠다. 안전이 위협받는 상황처럼, 리더가 현장에 꼭 있어야 하는 순간이 있다. 오늘날 이 두 가지 교훈은 앤이 발휘하는 리더십과 팀을 위해 세운 운영 규칙에 스며들어 있다.

앤은 학습 지향성 사고방식으로 접근함으로써 실패를 숨겨야 하는 오점이 아니라 리더십을 구축하는 중요 요소로 활용한 완벽한 사례이다.

그녀는 매우 혹독한 경험을 하면서도 교훈을 이끌어냈기에 중부 할렘에 있는 100개 가까운 블록을 성공적으로 변화시킨 명망 높은 기관의 CEO 로 승진했다.

불시착하지 않고 경력을 이룩시키는 방법

경력 추진기는 위험도가 높지만 그만큼 보상도 큰 경력 추구 방법 이다. 그렇다면 경력 추진기가 당신을 밖이 아닌 위로 쏘아 올릴지 어떻게 확신할 수 있을까?

- **지지자와 공동전선을 편다** : 당신의 성공을 목격하고 투자해온 사람들과 함께 위험을 감수하면, 위험한 과제를 수행하다가 실패 하더라도 탁월한 행동인 동시에 강력한 경력 궤적에서 발생한 귀 중한 학습 경험으로 해석될 가능성이 높아진다.

- **관련 위험에 대해 고위 경영진과 공동전선을 편다** : 성공 개연성 에 관해 다양한 관점을 수집한다. 직속 상사보다 한두 직급이 높 은 사람을 포함해 주요 고위직에게 당신이 회사의 이익을 위해 특별한 위험을 무릅쓰고 있다는 사실을 분명히 밝힌다. 커다란 도전을 받아들이겠다고 스스로 마음먹으면 설령 실패하더라도 가치 있는 교훈을 배울 수 있다.

- **자신에게 필요한 자원을 확보한다** : 자신이 투입해야 하는 재능 과 예산을 평가하고 확보한다. 결과를 산출하는 데 필요한 결정 을 내릴 수 있는 권한을 확보한다.

- **인맥을 관리한다** : 현재의 역할을 수행하는 데 당장 필요하지 않

더라도 사람들과 적극적으로 접촉한다. 고위직 인사들과 정기적으로 의사소통하고 그들에게 자문을 구하면 그들이 놀라는 사태가 없을 것이며, 직책을 옮길 준비가 되었을 때 다음에 맡을 역할이 무엇인지 알아내는 데 도움이 된다.

올바른 경력을 선택하는 것은 경력 발달이라는 전투를 반만 치른 것이다. 탁월한 CEO 게놈 행동으로 무장하고 모든 경력 추진기를 가동하더라도 알아주는 사람이 없다면 아무런 소용이 없다. 적합한 사람과 적합한 방식으로 구축하는 관계와 가시성은 스스로 달성하는 결과만큼 중요하다. 다음 장에서는 미래의 CEO가 다른 사람에게 두각을 나타낼 수 있는 방법을 살펴보려 한다.

요점

1. 각 단계에서 경력 선택을 최적화한다.
   - 1단계(경력의 첫 8년) : 학습 범위와 속도를 최대화한다.
   - 2단계(9~16년) : 측정 가능한 결과를 산출한다.
   - 3단계(17~24년) : 사업 리더가 된다.
2. 궤적을 가속화하기 위해 경력 추진기를 적절히 사용한다.
   - 큰 도약
   - 엉망진창으로 혼란한 상황
   - 크게 성공하기 위해 작은 곳으로 간다.

3. 실패를 인정하고 학습 기회로 여긴다. 경력 추진기를 가동할 때 지지자들과 항상 연락한다.

4. 매년 CEO 준비성 평가를 실시한다.

- CEO 게놈 행동 4가지의 습득

- 전형적인 CEO 요건을 거스르는 경험 포트폴리오(155~156쪽 참조)

- 경력 궤적을 가속화하는 데 유용한 경력 추진기

제7장

두각을 나타내라
: 자신을 알리는 방법

조지 중위 : 제 자랑을 늘어놓기 싫습니다.
블랙애더 장군 : 적어도 자신에게 자랑거리가 있다는
사실 정도는 말해줄 수 있었잖아!
_「블랙애더 4」(영국 BBC 방송의 시트콤)

우리는 이 장을 쓰고 싶지 않았다. 공을 주장하거나 인맥을 구축하는 것 말고 성과와 결과에 초점을 맞추는 것이 원래 이 책을 쓰게 된 취지였다. 그런데 자료를 수집하고 직접 경험을 쌓다 보니 우리의 생각을 솔직하게 드러낼 수밖에 없었다. CEO 최종 후보자 명단에 오르는 비결은 '대단한 일을 완수하고 누군가가 그 사실을 듣고 싶어 하는 것'이 아니라 '대단한 일을 완수하고 그 사실을 드러나게 만드는 것'이다.

정상에 올라서는 것은 두 가지의 상호 보완적 요소가 결합한 결과이다. 즉 적합한 역할을 맡아 결과를 산출하고, 그 결과를 두드러지게 만들기 때문에 가능하다. 이 진리는 사람들이 탐내는 어떤 직위에도 적용된다. 세상은 사람들로 붐빈다. 좋은 일자리가 생겼을 때 자질을 갖춘 후보자는 당신 말고도 다섯 명은 더 있을 것이다. CEO나 다른 리더 역할에 지원하는 최종 후보자 명단에 오르려면 성과는 필요조건이지만 충분조건은 아니다.

이 책의 공저자인 엘레나는 CEO가 된 사람들 중에서 3년 전에 만난 오스트리아인 중역의 이야기를 즐겨 인용한다. 이 책에서는 그를 '크리스토퍼Christopher'라고 부르겠다. 2014년 엘레나는 크리스토퍼가 CEO의 역할에 적합한지 평가한 뒤 네 가지의 CEO 게놈 행동이 전반적으로 균형을 이루고 있다는 사실에 깊은 인상을 받았다. 크리스토퍼는 제품 생산 기업에서 경력을 쌓았으므로, 실적을 개선해줄 역량이 있는지 평가해 달라고 엘레나에게 의뢰한 서비스 기업을 이끌기에 적합해 보이지는 않았다. 하지만 엘레나는 크리스토퍼가 해당 기업에 잘 맞는 장점을 지녀서 CEO를 맡을 준비가 되었다고 확신했다.

크리스토퍼는 CEO 자리를 놓고 경쟁에 나서서 최종 후보자 명단에 오른 것은 처음이었고 왠지 이런 기회가 다시 찾아올 것 같지 않은 기운이 감돌면서 한동안 크게 낙담했다. 정상을 눈앞에 두고 있는 사람이라면 누구나 그렇듯 크리스토퍼는 경험이 풍부하고 투지가 넘치는 고성과자였다. 세계를 선도하는 소비재 기업의 판매 부서에서 경력을 시작해 다른 기업에서 영업이익 관리를 담당하며 크게 도약했다. 또 국제 경험을 쌓기 위해 가족과 함께 유럽으로 이주했다. 최종적으로는 사업 경영 시스템으로 평판을 구축한 기업으로 자리를 옮겨 10억 달러 이상의 수익을 올리는 부서를 이끌었다.

크리스토퍼는 인상적인 결과를 산출하고 CEO 게놈 행동을 습득했으며 경력 측면에서 적합한 행보를 많이 보여왔다. 하지만 이제 그는 막다른 골목에 이르렀다. 매력적인 CEO 후보자로서 유통기한이 다가오고 있었던 것이다. (이사회는 일정 기간 이상 유효한 거리에 있으면서도 CEO 자리에 오르지 못한 후보자들을 경계한다.) 직장에서 잠재력이 큰 리더로 평가받고 있었지만 현직 CEO가 크리스토퍼와 나이도 비슷하고 은퇴할 계획이 전혀 없었다. 최고의 지지자이자 공동 전략가인 아내는 남편이 아직 자기 직위에 맞게 행동하지 못하는 점이 문제일 수 있다고 생각하기 시작했다. 그래서 정신을 바짝 차리고 자세를 가다듬으라고 남편을 압박했다.

어느 날 뉴욕에서 열리는 조찬모임에 참석해 값비싼 옷을 말쑥하게 차려입고 매력을 발산하는 남녀들에 둘러싸인 크리스토퍼는 조금 수줍어하는 말투로 엘레나에게 의견을 구했다.

"아내 말이 맞나요? 정말 내 처신이 문제였나요? 내가 직위에 어울리지 않게 행동했기 때문인가요?"

엘레나는 고개를 가로저으며 "그렇지 않습니다"라고 대답했다. 그 말을 듣고 크리스토퍼는 눈에 띄게 안도했다. 하지만 엘레나는 이내 더욱 심각하고 해결하기 힘들지만 바로잡을 수 있는 문제점을 지적했다.

"당신은 탄탄한 실적을 쌓아왔습니다. 하지만 실제로 당신을 CEO로 채용할 수 있는 사람들과 관계를 형성하는 데 시간을 얼마나 쏟았나요?"

경력 궤적에서 막다른 골목에 다다른 많은 유능한 중견 중역과 마찬가지로(훨씬 일찍 막다른 골목에 이른 사람도 많다), 크리스토퍼는 정상에 올라설 때 필요한 두 가지 상호 보완적 요소 중에서 적합한 역할을 맡아 결과를 산출하는 데 훨씬 치중했다. 자신을 더 높은 직위로 끌어줄 수 있는 사람들과 관계를 형성하는 일에 대한 투자가 상대적으로 미흡했던 것이다. 아무리 외모가 말쑥하고 세련된 태도를 갖추더라도 이 문제를 해결할 수는 없을 터였다.

경력의 현 단계에서 크리스토퍼에게는 고위 중역과 CEO를 이어주는 주요 가교가 여전히 부족했다. 우리가 만난 모든 CEO 최종 후보자는

CEO를 결정하는 권한을 지닌 적합한 사람들에게 적합한 방식으로 자신을 가시화했다. 이와 관련된 크리스토퍼 이야기는 조금 뒤에 다시 언급할 것이다.

하지만 그들이 두각을 나타내기 위해 지나치게 노력했다는 흔적은 전혀 찾아볼 수 없었다. 즉 그들은 외부의 관심을 끌기 위해 적극적으로 자신을 홍보하지 않았다. 거물의 이름을 들먹이며 인맥을 자랑하지 않았고, 링크드인에 추천 수가 많다고 자랑하지도 않았다. 다만 자신의 이익이 아니라 회사의 이익을 위해 결과를 산출하려고 인맥을 형성했다. 적합한 방식으로 적합한 사람에게 자신을 가시화했던 것이다. 우리는 적합한 시기와 의도적인 훈련을 활용해 두 마리 토끼를 한번에 잡는 일련의 전술을 뽑아냈다.

적합한 사람에게 자신을 가시화하라

1. 상사를 선택한다.

조직에서 당신의 가시성과 성공을 통제하는 최대 권한을 쥐고 있는 사람은 상사이다. 우리가 몇 년 전에 만난 최고운영책임자 '글렌Glenn'은 이런 사실을 어렵사리 깨달았다. 자사에서 CEO직을 승계할 최종 후보자 명단에 올랐다는 이야기를 들은 글렌은 현직 CEO인 자신의 상사와 좋은 관계를 유지하려 노력하지 않고 관계의 비중을 중역진으로 옮겼다. 그러면서 자신에게 CEO 자질이 있다는 사실을 보여주겠다는 열의에 차서 단독으로 업무를 추진하고 상사의 결정을 공개적으로 자주 비판했다.

예상대로 현직 CEO는 변화를 감지하고 글렌을 불신하기 시작했다.

그는 분노를 내비치며 이렇게 말했다.

"자네는 차기 CEO 자리에 오를 자질이 있네. 자네가 언제나 내 뒤를 바싹 추적하니 안타깝군. 자네의 야망이 워낙 커서 자네가 내 후계자가 아니라 적수로 느껴지니 말일세."

결국 글렌은 이사회의 승인을 받지 못하고 1년 뒤 해고되었다. 그는 자신이 자신감 없는 리더의 방해공작에 희생당한 기업 영웅이라고 생각했다. 물론 글렌의 생각이 옳을 수도 있다. 그렇더라도 자신이 꿈꿔온 직위에 오르는 데는 전혀 보탬이 되지 않았다.

물론 미래의 CEO가 경력 궤적을 걸을 때 반드시 상사와 돈독한 관계를 맺을 필요는 없다. 하지만 고위직을 차지한 사람들을 살펴보면 상사와 긍정적인 관계를 형성하는 경향이 있다. 이 경우 리더는 상사와 부하직원의 관계에서 가장 흔하게 볼 수 있는 두 가지 함정을 피할 수 있다. 첫째, 상사에게 공격을 받는다는 느낌을 주지 않으면서 자기 입장을 고수하거나, 심지어 갈등 상황에 개입할 수 있다. 둘째, 상사에게 무대에서 밀려났다는 느낌을 주지 않으면서 조직 안에서 자기 존재를 부각시킬 수 있다.

두 가지 함정에 빠지지 않도록 자신을 가장 잘 보호하는 방법은 간단하다. 미리 면밀하게 적합한 상사를 선택하는 것이다. 그렇게 할 수 없다면 당신이 제시하는 모든 제안에 조직의 목표와, 더 나아가 상사의 목표를 반영한다. 상사를 협력자로 삼는다. 물론 능력이 부족하거나 심술궂거나 통제하려는 성향이 강한 상사를 다루는 일은 어려울 수 있다. 성공적으로 부상하는 리더들이, 상사와 좋은 관계를 유지하기가 매우 힘든 상황에서도 이익을 최대한 끌어내기 위해 어떤 전술을 사용했는지 살펴보자.

- **상사의 목표를 파악한다.** 상사가 생각하는 성공은 어떤 모습일까? 당신의 역할은 그러한 모습에 부합하는가? 상사를 어떻게 잘 지원할 수 있을까? 상사의 경력 목표는 무엇인가? 상사를 움직이는 동기는 무엇인가? 조직에서 상사에게 매우 중요한 비중을 차지하는 인물이 누구인지 파악하고, 상사를 그들에게 부각시키는 방법을 찾는다.

- **상사의 기대와 선호를 추측하지 말고 묻는다.** 당신의 업무에서 상사가 최우선적으로 생각하는 목표는 무엇일까? 상사는 당신이 자신과 어떤 방식으로 의사소통하기를 바랄까? 한 번 묻고 그치지 말아야 한다. 우선순위는 시간이 흐르며 바뀌게 마련이다. 예를 들어 상사가 완벽한 보고서를 보고 싶어 한다고 추측하고 수치를 재확인하기 위해 제안서를 하루 늦게 제출한다고 해보자. 하지만 상사는 자료가 완벽하지 않더라도 신속하게 결정해야 할 수도 있다. 모호하지 않게 대화하는 방법은 상사에게 여태껏 가장 흡족했던 부하직원의 모습이 무엇이냐고 묻는 것이다. 상사가 높이 평가한 부하직원의 모습은 무엇일까?

- **상사의 도움을 받는다.** 경력 목표를 추구할 때 상사를 항상 개입시키고, 당신의 이익을 조직의 이익에 연결한다. 그리고 이 점을 인식시켜서 상사가 회의에 참석해 당신이 추진하고 싶어 하는 과제가 거론될 때 '그 책임을 맡을 적임자를 알고 있습니다……'라고 말하며 당신을 추천할 수 있게 해야 한다. 이와 대조적으로 자신과 먼저 의논하지 않은 상태에서 당신이 다른 부서의 직위를 맡고 싶어 한다는 것을 다른 경로로 전해들은 상사는 돌연 당신에게서 애정을 거두고 등을 돌릴 수 있다. 당신이 성공할 수 있도록 스스로 투자하고 있다고 생각하는 사람은 당신이 경력 궤적에서 중요한 결정을 내릴 때 개입하고 싶어 하고 의논 상대가 되고 싶어 한다.

- **중요한 문제에 관한 정보를 정기적으로 업데이트한다.** 당신이 추진하는 업무와 관련해 상사가 최우선시하는 과제에 초점을 맞춰 업데이트한 정보를 상사에게 보낸다. 업데이트하기에 적합한 시간과 수단은 상사, 기업, 역할 등에 따라 다양하겠지만 일관성을 유지해야 한다. 이때 상사가 받아야 하는 메시지는 이렇다. '나는 당신과 회사에 무엇이 중요한지 알고 있으며 그것을 최우선적으로 생각합니다. 그러니 나를 믿어도 됩니다.'

상사의 마음에 들기 위해 일하러 가는 사람도 있고, 업무를 완수하려고 직장에 가는 사람도 있다. 어떤 경우라도 '나의 상사가 회사의 목표를 달성할 수 있도록 내가 어떻게 도울까?'라고 자문하는 태도와 다르다. 하지만 이 메시지야말로 상사를 당신의 후원자로 만들 수 있는 비결이다. 다시 말해 그를 당신에게 기회를 줄 수 있고, 당신을 유망한 인재로 끌어올려줄 수 있는 사람으로 삼는 비결이다.

그렇다고 상사에게 아첨하라거나 정치적으로 행동하라는 뜻은 아니다. 상사·당신·조직의 목표를 달성할 수 있도록 진심으로 상사를 지지하고 협력하라는 것이다. 하지만 상사가 완고하고 사업 목적에 맞춰 행동하지 않으면 어떻게 해야 할까? 그렇다면 다른 역할로 적극적으로 이동하는 것이 최상의 해결책이다.

후보를 평가할 때 우리가 강력하게 추천하는 고성과자에게서 공통적으로 나타나는 특징은 상사가 나서서 비중이 더욱 큰 자리로 끌어올려주는 것이다. 상사의 지원을 받는 모습을 보면 후보자의 업무 달성 능력만큼이나 관계를 형성하고 관리하는 능력이 어떠한지 파악할 수 있다.

2. 자기 무리를 형성한다.

우리가 연구한 단거리 주자들 중 거의 절반 이상은 상사와 강력한 관계를 형성할 뿐만 아니라 경력 내내 막강한 후원자를 두었다.[1] 후원자들은 단거리 주자들의 상사보다 지위가 높거나 조직의 다른 부서에서 활동하는 경우가 많고, 길을 터줄 수 있는 수단과 영향력을 지녔으며, 귀중한 기회를 제공해줄 수 있다. 영향력이 강한 후원자의 지지를 받으면 조직에서 승진하는 속도를 높일 수 있다. 왜 그럴까? 후원자가 행동을 취하고 귀중한 통로를 알려주고 효과적으로 신뢰성을 부여해주기 때문이다.

후원자를 확보하는 데는 어려운 점이 있다. 자신에게 후원자가 필요하다는 사실은 누구나 알고 있다. 리더십 계발 기사와 경력 조언 관련 블로그에서도 끊임없이 다루는 주제이다. 하지만 누구나 똑같이 후원자에게 능란하게 접근하지는 못하므로 정작 그 조언이 가장 필요한 사람에게는 별 가치가 없다.

후원자는 대개 '우리 무리'로 생각하는 사람들을 힘껏 지원한다. 하지만 어쩌다 보니 소수집단에 속하게 되었다가 기회를 잡으려 분투하는 사람에게 이러한 사실이 무슨 의미가 있을까? 사람에 따라서는 해당 무리의 옷이나 취미로 자신을 위장하라고 조언할 수도 있다. 우리는 자기 방식대로 창의적이고 적극적으로 후원자를 확보하는 CEO 후보자들에게 강한 호기심을 느꼈다. 그들은 자신이 아닌 모습으로 가장하려 애쓰지 않고 본연의 자기 모습에 충실한 방식으로 지략을 갖추고 신중하게 관계를 형성했다.

웰니스 기업인 해피어의 CEO 나탈리 코건Nataly Kogan은 상당 부분 자기 방식대로 후원자를 확보했기 때문에 성공할 수 있었다고 털어놓았다. 나탈리는 열네 살 때 러시아에서 미국으로 이민을 왔다. 영어를 거의 구사할 줄 모르는 상태로 미국의 고등학교에서 친구를 사귀고 공부하느라 엄청난 고통을 겪어야 했지만 끝내 살아남을 수 있었던 것은 사람의 마음을 읽고, 환경에 재빨리 적응하고, 다른 사람과 관계를 형성하는 지점을 포착하는 능력이 워낙 뛰어났기 때문이다. 그녀는 디트로이트 교외에 있는 학교로 전학한 첫날 식당에 걸어 들어가 '아이들 중에서 가장 못되게 굴지 않을 아이가 누구인지' 파악해야 했다고 털어놓았다.

나탈리가 세운 전략 중 절반은 '호의적인 사람들'을 구별하는 것이었고, 나머지 절반은 사람에 따라 접근 방법을 달리 적용하는 것이었다. 교사에게 "저는 영어 실력이 그다지 좋지 않습니다. 도와주시겠어요?"라고 말하는 방식은 대개 통했다. 10대 아이들에게 그렇게 말했을 때는 어땠을까? 보기 좋게 실패했다. 하지만 교환 방식을 적용하자 성공률이 높아졌다. "네 영어 노트를 빌려주면 수학 노트를 빌려줄게." 고등학교 학생들에게 노트는 통용되었지만 겸손은 그렇지 않았던 것이다.

경력 후반기에 뉴욕에 본사가 있는 벤처 자본 기업 허드슨 벤처스에서 유일한 여성 상무이사로 일할 때는 유머를 사용하면 스포츠를 화제로 대화하는 동료들과 관계를 형성할 수 있다는 사실을 깨달았다. 경력 초반에 나탈리의 남편은 스포츠 뉴스를 준비하여 그녀가 월요일 아침에 출근해 동료와 대화할 수 있도록 했다. 하지만 나탈리는 어느 날 잠자리에서 일어나 남편에게 말했다.

"이건 내 모습이 아니에요. 가짜예요. 이렇게 하고 싶지 않아요. 유머를 활용해 관계를 형성할 수 있고, 내겐 그 방법이 더 효과적이에요."

중견급 소장 전문가들은 경력을 추구할 때 자신에게 강력한 후원자가 생기는 운이 따르지 않았다면서 곧잘 안타까워한다. 하지만 수동적으로 운을 기다리지 않고 적극적으로 후원자를 찾아나설 수 있다. 무엇보다 후원을 이끌어낼 수 있는 요인은 훌륭한 성과이다. 이 책에서는 성과에 덧붙여 두각을 나타내고 후원자를 확보할 수 있는 전술을 제공하려한다. 다음에 소개하는 전술을 직접 시도해보기 전에 주의해야 할 사항이 있다. 전술이 열매를 맺으려면 진정한 성과와 태도에 뿌리를 내려야한다. 두각을 나타내기 위해 자신을 가장하려 들면 불꽃을 피우지도 못하고 불씨를 사그라뜨릴 것이다.

- 잠재적 후원자에게 당신의 문제나 골칫거리가 아니라 열망을 알린다. 그러면 긍정적인 에너지가 생겨나고 당신이 추구하는 목표와 회사·후원자의 목표가 일치한다는 사실을 나타낼 수 있다.
- 잠재적 후원자에게 의미가 있는 주제에 관해 조언을 구한다. 당신의 성공에 투자한다고 느끼게 해주고 싶은 사람에게 쉽게 기여할 수 있는 기회를 준다. 조언은 후원 관계를 형성할 수 있는 강력한 접근 방법이다. 대부분의 사람들은 조언하는 것을 좋아하고, 조언을 하다 보면 당신의 성공에 더욱 투자하도록 자극을 받기 때문이다. 조언 자체가 가치 있는 것은 두말할 필요도 없다! 나중에 후원자에게 상황이 어떻게 전개되었고, 조언이 어떻게 유용하게 작용했는지 알려서 의사소통을 확실히 마무리한다.
- 후원자가 쉽게 실행할 수 있도록 분명하고 구체적으로 부탁한다. 예를 들어 특정 고객을 만나고 싶다면 생산 부서의 책임자보다 판매 부서의 책임자에게 부탁하는 편이 훨씬 효과적이다.
- 후원자에게 진심으로 감사한다. 아무리 작은 일이라도 당신을 도와준 수고의 가치를 인정한다. 조언이나 기회를 제공한 것에 감사하고 얼마나 도움이 되었는지 알린다. 사람들은 긍정적으로 인정받은 일을

더욱더 하려는 경향이 있다. 높은 지위에 있는 사람도 예외는 아니다.

- 후원자에게 도와달라고 부탁한 뒤에는 손을 놓고 있지 말고 행동하라. 예를 들어 부탁을 받은 후원자가 사람을 소개해주면 당장 연락을 취한다.

- 희귀한 무엇인가를 선보인다. 폐쇄적인 인맥을 뚫고 후원자를 확보하는 방법 중 하나는 새롭고 필요한 기술을 제공하는 것이다. 어느 투자 기업은 수십 년 동안 알고 지내는 사람들과 주로 일한다. 하지만 첨단 디지털 기술을 도입하는 길을 모색하면서, 순전히 그들이 필요로 하는 기술을 보유했다는 이유로 새로운 협력자를 끌어들이기 시작했다. 그러므로 가치 있는 전문 기술과 지식을 습득하는 데 투자해서 전문가라는 평판을 구축하라.

3. 모닥불을 피운다.

맥킨지에서 엘레나의 멘토였던 커트 스트로빈크Kurt Strovink는 어느 날 엘레나를 앉혀놓고 이렇게 말했다.

"당신은 일을 잘하면서도 그에 상응하는 평판을 얻지 못하고 있어요. 오늘은 미디어 기업과 일하다가 내일은 금융서비스 기업과 일하고, 모레는 다시 소비자 프로젝트에 손을 대는 식이죠. 마치 몇 달에 한 번씩 도시를 바꿔가며 이사를 다니는 것 같아요. 이래서는 강력한 지원망을 구축할 수 없습니다."

그러면서 우주선에서 자기 경력을 내려다본다고 상상하라고 덧붙였다.

"당신이 서로 다른 장소에 자그마한 불을 100만 개 피웠다고 쳐봅시다. 누가 신경이나 쓰겠어요? 우주에서 볼 수 있는 정말 거대한 불을 피워야 해요. 그래야 당신이 기울인 노력에 대해 진정한 보상을 받을 것입니다."

커트의 조언을 정리하면 이렇다.

'불꽃만 튀기며 여기저기 돌아다니지 마라. 마을을 고르고 모닥불을 지펴라.'

경력의 특정 시점에서 관계를 형성하기 위해 의도적으로 노력하는 것은 매우 중요하다. 이때 핵심은 어디에 시간과 에너지를 투입해야 자신을 부각시키는 관계를 구축할 수 있느냐이다.

직위 이상으로 두각을 나타내는 좋은 방법은 자신보다 몇 단계 위의 직위에 있는 사람을 보좌하는 역할을 맡는 것이다. 그렇게 하면 초기 경력 단계에서 가시성을 효과적으로 높일 수 있다. 영업이익 관리직을 맡고 싶어 하는 운영 리더들은 비서실장이나 전략국장 같은 역할을 간과하는 경우가 많다. 하지만 그러한 역할은 사내에서 고위직 리더의 눈에 띄는 동시에 정상에 있는 성공적인 리더들의 업무 수행 과정을 지켜보며 통찰력을 키울 수 있는 더없이 좋은 기회를 제공한다. 설령 '보좌 역할'이 없는 중소기업에 다니더라도 자신의 직책에서 벗어나 있는 중요한 다기능 프로젝트에 참여하겠다고 자원하면 가시성을 높일 수 있다.

앞에서 언급한 CEO 후보자 크리스토퍼는 머크에서 일했던 경력 초기에 마케팅 부서를 떠나 업무 개선 관리자로 자리를 옮겼을 때 정신이 나갔다는 소리를 들었다. 야심이 많은 사람들은 마케팅 부서와 판매 부서에서 승진하고 싶어 했고, 업무 개선 부서의 인기는 한참 떨어졌기 때문이다. 하지만 크리스토퍼는 자신이 맡을 역할이 사업·기술·인맥에 대한 생각의 폭을 넓혀줄 것이라고 정확히 예측했다.

"업무 개선 관리자가 되고 나서 상황을 바로잡기 위해 여러 부서를 여기저기 돌아다닐 수 있었습니다. 그 덕택에 사업 전반과 서로 다른 기능을 동료들보다 훨씬 잘 파악할 수 있었어요. 회사에 중요한 업무 개선 계획을 주도했으므로 내 상사의 상사도 알게 되었죠."

그러면서 크리스토퍼는 지대한 영향력을 행사하는 무리에 들어가 즉각적으로 가시성을 확보할 수 있었다.

"그 역할을 맡았기에 어느 누가 생각한 것보다 훨씬 큰 가시성을 얻었습니다."

'당신이 최대 가치를 덧붙일 수 있는 동시에 조직이 매우 가치 있게 생각하는 목표에 기여할 수 있는 교차 지점에서 일하면, 훨씬 많은 산소를 공급하는 셈이어서 불길을 더욱 활활 타오르게 할 수 있다.' 판매에 사활을 걸고 있는 조직이라면 당신이 IT 프로젝트를 수행하느라 지하실에서 엄청나게 애쓰고, 설령 그렇게 수행하는 프로젝트가 20개라도 전혀 주목받지 못할 것이다. 회사의 성공을 견인하는 주요 동력이 아니라 '낙오 부서'로 알려진 곳에서 일하면 조직 전반에 걸쳐 두각을 나타내기가 훨씬 힘들다. 어쩌다 낙오 부서에 속하게 되었다면 수평 이동하는 위험을 감수해서 경력의 지평을 넓히거나, 자신의 전문적 기술과 지식이 회사의 우선순위에 더욱 적합한 곳으로 직장을 옮겨야 할 수도 있다.

제6장에서 소개했던 3D 시스템스의 사장이자 CEO인 비요메시 조시는 경력 초반에 이 교훈을 매우 고통스럽게 깨달았다. 휴렛팩커드에서 이미징 및 프린팅 그룹에서 일했던 비요메시는 연구개발 관리자로 승진하고 싶었다. 그는 자신에게 주어진 업무 목표를 모두 달성했고 이미 유능한 동료로 알려져 있었다. 인사고과가 시작되자 무난히 승진할 것이라고 추측했다. 하지만 충격적이게도 승진에서 누락되었다. 크게 실망한 비요메시는 상황을 파악하고 교훈을 얻기 위해 자기 부서의 상사를 찾아

갔다.

"상사는 훌륭한 조언을 해주었습니다. 믿기지 않을 정도로 멋진 조언이어서 오늘날까지도 다른 사람에게 얘기하고 있죠. 이렇게 말하더군요. '자네 수준의 직위에서 승진을 하려면 그저 목록에 있는 업무를 하나씩 처리해가며 기대를 충족시키는 선에 머물러선 안 되네. 회사를 발전시키는 데 기여해야 해. 회사에 가치를 안겨줄 수 있는 핵심적인 활동을 가시적으로 유의미하게 펼치도록 하게.'"

이러한 조언을 들은 비요메시는 당시 휴렛팩커드의 '왕관 보석'에 해당하는 이미징 및 프린팅 사업 부문에서 매우 까다로운 임무를 맡았다. 당시 프린터 시장은 침체의 늪에 빠져 있었다. 성공 개연성이 낮다고 훈수를 두는 사람이 주위에 많았지만 비요메시는 휴렛팩커드의 핵심 부문을 변화시키면 승산이 있다고 판단했다. 그래서 2000~2008년 저가 모델을 개발하고, 확장형 프린팅 기술을 활용하고, 프린터를 인터넷에 직접 연결해 성장형 플랫폼을 구축했다. 이로써 휴렛팩커드는 회원제 기반 모델을 구축할 수 있었다. 비요메시가 노력해 거둔 결실은 눈부셨다. 영업이익을 10퍼센트에서 16퍼센트로 끌어올리고, 이미징 및 프린팅 그룹의 기업 가치를 190억 달러에서 280억 달러로 증가시켰다. 처음에는 승진하지 못해 실망했지만 결국 소중한 교훈을 얻으면서 가장 중요한 업무에 집중할 수 있었고 3D 시스템스의 CEO 자리에 도달하는 길을 닦을 수 있었다.

당신이 모닥불을 지필 때 사람들이 다음 질문에 그렇다고 기꺼이 대답할 수 있으면 당신은 두각을 나타낼 가능성이 높다.

'이 사람은 기업에 중요한 무언가로 잘 알려져 있는가?'

예를 들어 인수와 합병처럼 기업을 바꿀 주요 계획에 관여하는 것은 기술을 연마할 뿐 아니라 경력을 발전시키는 훌륭한 기회이다. 인수하는 기업에 속해 있든 인수되는 기업에 속해 있든 마찬가지다. 인수되는 기업의 중역은 원래 기업에서 맡고 있는 직위보다 훨씬 높은 수준의 경험을 쌓는다. 또한 인수하는 기업의 중역에게 합병·통합 관리는 사업 전체를 파악하고 대부분의 고위직 인사와 정기적으로 대화할 수 있는 집중 훈련 과정이다.

적합한 방식으로 자신을 가시화하라

1. 자신이 원하는 것을 요청한다.

올바른 기회를 잡아 두각을 나타내는 데 유용한 방법이 하나 있다. 그것은 터무니없이 단순하다. 너무 단순해서 매우 유능한 고위직 중역조차도 놓치기 십상이다.

'당신이 원하는 것을 요청하라.'

경력 발달을 가속화하는 방법으로 이보다 중요한 사항은 거의 없다. CEO나 온갖 종류의 리더로 향하는 길목에 있는 사람들은 자신이 원하는 것을 요청하는 방식으로 자신감과 신념을 과시한다. 우리가 연구한 단거리 주자들 중 약 60퍼센트는 주도권을 잡고, 경력의 특정 시점에서 자신이 맡을 다음 책임을 적극적으로 요청했다.[2] 기대보다 빨리 정상에 오른 사람들에게 들은 대표적인 사례를 살펴보자.

- "경력을 시작했을 때 나는 누구의 눈에도 띄지 않았습니다. 6개월이 지나면서 상사에게 일을 더 달라고 말했어요. 회사는 추수감사절 연

휴 동안 생산라인 전체를 다른 시설로 옮겨야 했죠. 나는 그 프로젝트를 맡으려고 정말 열심히 움직였습니다. 회사에 상당히 중요한 프로젝트라는 사실을 알고 있었거든요."

- "회사는 내가 영업이익 관리 부서를 운영하고 싶어 한다는 사실을 알고, 자리가 나면 기회를 주겠다고 약속했습니다. 그래서 몇 달 동안 기다렸는데 품질관리 부서에 더 높은 자리가 비었어요. 고위직 인사를 더 많이 만날 수 있는 자리였죠. 나는 그 자리에 지원하고 싶다고 요청했습니다. 그러면서 영업이익 관리 부서로 가는 길은 더 멀어졌지만 궁극적으로는 CEO까지 가는 길이 짧아졌죠."

이때 한 가지 주의할 사항이 있다. 강력한 성과를 달성해서 자신이 원하는 것을 회사에 요청할 권리는 스스로 획득해야 한다는 것이다. 그러한 권리를 얻지 못하면 당신은 회사나 조직의 이익을 진심으로 추구하기보다는 지나친 야심을 품고 높은 자리를 좇는 사람으로 보일 것이다. 지금 이 글을 읽으면서 자신이 요청할 권리를 획득했는지 못했는지 걱정한다면 아마도 권리를 얻었을 가능성이 높다. 지나치게 야심찬 사람들은 너무 욕심을 품을까봐 걱정하는 일이 거의 없기 때문이다.

그런데 자신이 정확히 무엇을 원하는지 확신할 수 없으면 어떻게 해야 할까? 그럴 때도 요청해야 한다. 구체적인 장기 도착지가 어딘지 몰라도 괜찮다. 다른 길을 걸을까 생각하고 있더라도 괜찮다. 대부분의 사람들이 그렇다. 과단성 근육을 사용해서 다음 단계를 선택하고 거기에 전념하면서 다른 사람의 도움을 받아라. 방향은 나중에 바꾸면 된다.

자신이 원하는 것을 어떻게 요청하느냐는 누구에게 요청하느냐만큼 중요하다. 이때 요청하는 말투에는 절망이 아니라 열망을 담아야 한다. 사람들이 가장 흔하게 저지르는 실수는 요청이 아니라 문젯거리를 가지고 후원자를 찾는 것이다. 경영진이 '내게 문제를 가져오지 말고 해결책을 가져오라'고 입버릇처럼 하는 말은 후원자에게 갈 때도 똑같이 적용된다. 공감을 원하면 친구에게 가라. 후원자에게 갈 때는 불평하지 말고 요청하라.

요청할 때는 당신과 후원자의 목표를 조율하고 긍정적 에너지를 발산해 지지를 이끌어내는 데 목표를 두어야 한다.

'나는 그 일을 정말 하고 싶습니다. 그러니 사업에도 유익할 것이고, 내가 그 책임을 맡을 적임자입니다. 가능하다면 당신의 도움을 받고 싶습니다.'

2. 평지풍파를 일으킨다.

눈에 띄게 부상하는 인물을 보고서, 권력을 쥐고 있는 사람들을 만족시키려고 열심히 일한다고 추측할지 모르겠다. 하지만 실제로는 정반대이다. 결과를 산출하려고 노력하는 과정에서 발생하는 갈등은 생산적인 경우가 많기 때문이다. 갈등은 부정적으로 인식될 때가 많지만, 방식과 이유가 적합하다면 오히려 관계를 강화하고 강력한 평판을 구축하므로 신념과 권한을 지닌 리더로서의 입지를 굳혀준다. 그렇다면 갈등은 언제 생산적으로 작용할까? 회사에 소중한 결과를 창출하려는 데 목표를 둘 때이다.

CEO 후보자 '칼리Carly'가 경력을 급속도로 끌어올린 비결은 문제를 바로잡아야 할 때 기꺼이 위계질서를 무너뜨리고 규칙을 깬 것이다. 칼리가 경력 초반에 텍사스의 통신 기업에서 말단 웹 개발자로 근무할 때였다. 자사의 네트워크 기반시설에 결함이 있어서 자료를 해킹당할까 걱정스러웠다. 하지만 아무도 귀를 기울이지 않자 칼리는 자신의 주장을 확실히 들리게 해줄 방법을 찾았다. 독자적으로 행동해 보안 상태가 부실한 서버를 해킹한 것이다.

회사 중역은 몹시 화를 내며 칼리를 즉시 해고했다가 신속하게 다시 불러들였다. 칼리의 독자적 행동이 회사의 이익을 위한 것이었다는 사실을 깨달았기 때문이다. 더욱이 칼리가 방어체계를 개선할 유일한 적임자라는 사실이 입증되었다. 이내 칼리는 보안팀장으로 임명되었고, 이를 계기로 고위직에 도달하는 지름길에 발을 들여놓을 수 있었다.

칼리가 처음부터 갈등을 일으키려 한 것은 아니었다. 회사에 적합한 업무에 전력을 기울이기 위해 대담하게 일을 벌였던 것이고 이를 계기로 집중 조명을 받았다. 햇살이 더욱 눈부시게 내리쬐는 해안으로 조직을 끌고 나아가기 위해 배를 흔드는 것은, 다시 말해 생산적으로 업무를 추진하기 위해 갈등을 조장하는 것은 당신이 앞으로 나아가는 데 유익하게 작용할 수 있다. 하지만 더 좋은 자리에 앉기 위해, 다시 말해 개인적인 야심을 채우기 위해 배를 흔들면 조만간 물에 빠져 헐떡일 것이다. 우리는 정치적 공작을 수없이 목격했다. 정작 공작을 벌이는 사람들만 자신의 공작이 밖으로 얼마나 빤히 드러나 보이는지 모를 때가 많다.

야심만만한 최고재무책임자인 '제이슨Jason'이 좋은 예다. 제이슨은 이사 네 명과 친분을 쌓고, 직원에게 자신을 지지하는 편지를 쓰게 하는 등 CEO직을 승계하기 위해 적극적으로 작업을 펼쳤다. 제이슨은 똑똑했고 탁월한 상업적 본능을 갖추었으며 직업의식도 투철했다. 승진할 것이 거의 분명해 보였다. 이때 한 발을 지나치게 멀리 내디뎠다. 현직 CEO나 이사회에 알리지 않고 주요 인수·합병 협상을 타결해 승진에 쐐기를 박겠다고 마음먹었던 것이다. 그래서 회사가 너무 느리게 움직이는 바람에 전략적 기회를 놓치고 있다고 주장했다. 이사회는 제이슨이 돌출 행동을 한다고 판단하고 1주일 후 그를 해고했다.

나중에 한 이사는 우리에게 이렇게 전했다.

"세상에, 그를 CEO로 임명하지 않아 천만다행이었어요. 회사에 최선이 무엇인지 생각하지 않고 개인적인 계획을 추진하는 데만 온통 신경 썼으니까요."

이제 다음과 같은 질문을 던져보자.

'내 행동이 승진하기 위한 무모한 노력으로 비치지 않고 집단 이익에 기여하는 용감한 행보로 받아들여지려면 어떻게 해야 할까?'

우리는 앞으로 이 질문에 대한 대답을 생각해볼 것이다. 평지풍파를 일으키고 싶지 않다면 아마도 당신은 CEO 자리로 향하는 길을 걷고 있지 않을 가능성이 있다.

사리사욕 어뢰

이 책의 공저자인 킴이 최근에 인터뷰한 '필Phil'은 자사의 CEO 후계자 명단에 올라 있었다. 언뜻 보기에는 완벽한 후보자 같았다. 자신이 맡은 임무마다 목표를 달성하거나 초과 달성했다. 수십억 달러 규모의 건설 사업과 사회기반시설 사업을 맡고 복잡한 합병·통합 과정을 성공적으로 이끌었다. 카리스마가 있었고 강력한 비전을 설득력 있게 펼쳐 보였다. 겉으로는 회사가 자랑스러워할 만한 리더로 보였다.

하지만 안타깝게도 필과 함께 일하는 사람들의 생각은 크게 달랐다. 필은 무엇보다 개인적인 성공에 몰두했다. 필이 정복에 '성공하고' 떠난 전쟁터에는 어김없이 부상자들이 생겨났다. 필은 자신의 목표를 달성하기 위해 다른 사람의 도움이 필요하면 적극적으로 협동심을 발휘했다. 하지만 자신이 원하는 것을 손에 쥐고 나면 복도에서 마주쳐도 인사조차 하지 않았다. 다른 사람의 계획을 결코 도와주지도 지지하지도 않았다. 다른 사람의 계획이 자신의 의제에 맞지 않으면 뒤도 돌아보지 않고 자기 길을 갔다.

얼마 후 필의 자기중심적 행동이 널리 알려지면서 주요 팀원들이 떠나기 시작했다. 우리가 자사의 CEO 후보자들을 평가해달라는 의뢰를 받고 전체 중역진에 요청한 피드백에서 필은 최하 점수를 받았다. 이 점을 주시한 이사회는 결국 필을 CEO 후보자 명단에서 제외했다.

이기심을 발동하거나 야단스럽게 자신을 부각시키려고 노력하면 앞으로 나아갈 때 단기적으로는 이로울 수 있지만 결국 역풍을 맞는 경우가 많다. '윗사람에게 아부하고 아랫사람을 함부로 대하는 태도'는 장기적으로 통하는 전략이 아니다. 이사진은 개인의 출세나 자아를 위해서가 아니라 회사를 위해 의욕적으로 일하는 CEO를 찾는다.

3. 역할에 걸맞게 말하고 행동한다.

당신은 회사의 이익을 위해서라면 기꺼이 문제아로 낙인찍힐 각오를 한다. 하지만 어떻게 하면 옆으로 내쳐지지 않고 거만하다거나 괴짜라는 소리를 듣지 않으면서 자기주장을 할 수 있을까? 첫째, 당신이 제안한 아이디어를 실행해 약속한 결과를 창출해야 한다. 실적이 신뢰를 쌓아주는 법이다. 하지만 실적을 거두려면 시간이 걸린다. 둘째, 당신과 당신의 아이디어가 신뢰를 얻으려면 역할에 걸맞게 말하고 행동해야 한다.

우리가 최근에 평가한 '프레드Fred'는 언뜻 보기에 확실히 해고될 만한 갈등을 일으킨 전력이 있었다. 예를 들어 판매 부서에서 일할 때 조직을 활성화시키는 데 필요하다고 생각한 주요 업무 변화와 개인적인 결정을 둘러싸고 상사와 필사적으로 싸웠다. 프레드에게 그렇게 할 권한이 있었을까? 그렇지 않았다. 상사가 프레드의 말을 들었을까? 그랬다.

상사는 어째서 프레드의 주장을 수용했을까? 첫째, 프레드가 시도한 변화가 통했기 때문이다. 프레드는 자신이 주장한 접근 방법으로 회사의 수익을 성장시켰다. 하지만 자신의 방법을 시도해 성공 가능성을 입증하기 전에 상사의 동의를 구해야 했다. 그는 변함없이 겸손한 태도로 조언을 구하고 '제 방식대로 6개월 동안 계획을 추진해보고 실패하면 당신의 의견에 따르겠습니다'처럼 상사가 동의할 수 있는 협상안을 내놓으며 갈등을 풀어나갔다. 프레드는 우선 소규모 판매팀을 대상으로 인센티브를 바꾸는 등 위험성이 낮은 방식으로 자신의 아이디어를 시험하는 계획을 세워 동의를 얻어냈다. 이 계획이 성공하면 가장 수익성이 높은 제품을 판매한 판매팀으로 변화를 확대하는 데 매진할 생각이었다. 프레드의 매우 노골적이고 공격적인 행보는 언제나 조직을 위해 가치를 창출하는 것으로 정당화되었다. 그는 조직의 생명력을 확대하고 가치를 창출하는 것을 자신이 정상에 오를 수 있는 최상의 길이라고 생각했다.

프레드가 처신하고 의사소통하는 방식은 그에게 신뢰를 쌓아주었다. 프레드는 CEO, 왕족, 고위 정부 지도자들을 돕는 유명한 대중 연설

코치 린다 스필레인Lynda Spillane이 가리키는 '영원한 대중 연설 방식'의 대가이다. 이 방식을 사용하면 거의 틀림없이 중역으로서의 존재감을 나타낼 수 있다. 린다의 주장에 따르면 리더는 다음과 같이 행동할 때 강력하고 유능한 사람으로 존재감을 발휘한다.

- **좀 더 크게 말한다.** 그러면 개인의 실제 모습과 상관없이 권한, 능력, 자신감이 즉시 전달된다.
- **좀 더 천천히 말한다.** 이것은 자신이 전달하는 메시지를 소화할 시간을 주므로 청중에게 너그러운 행동이다. 또 화자가 연설 시간을 소중하게 생각한다는 표시이므로 신뢰를 얻는 방식이기도 하다.
- **말하다가 의도적으로 잠시 멈춘다.** 리더로서 존재감을 보이는 사람은 의도를 명쾌하게 전달하거나 이따금씩 극적 효과를 내기 위해 연설하다가 잠시 멈춘다.
- **중요한 단어만 사용한다.** 미국인이 말할 때 일반적으로 사용하는 단어의 수는 필요한 정도의 세 배이다. 불필요한 단어의 수가 적을수록 청중은 주의를 기울인다.
- **회의실에 들어가기 전에 시작하는 말과 끝맺는 말을 기억한다.** 강력한 리더들은 인사를 하고 나서 결코 말을 더듬지 않는다. '좋은 아침입니다', '안녕하세요', '반갑습니다' 등과 같은 말은 누구나 한다는 사실을 인식하고 있다. 그래서 자기 자신과 자신이 말하려는 요점을 청중에게 인상 깊게 각인시킨다.
- **자신이 전달하는 메시지가 청중의 마음을 끌고 있다는 단서를 계속 찾는다.** 이렇게 하면 자신의 접근 방식을 청중에게 맞춰갈 수 있다.
- **프랭크 시나트라Frank Sinatra가 말한 것처럼 한다.** 린다는 매우 강력한

CEO들에 대해 다음과 같이 즐겨 말한다. '프랭크 시나트라가 부른 「마이 웨이」의 가사처럼 그들은 자기 본연의 방식대로 일한다.'

리더의 존재감은 훈련과 성실성을 통해 발달시킬 수 있다는 것을 우리는 경험을 통해 알아냈다. 그것은 자기 인식과 더욱 효과적인 습관을 형성하는 문제일 때가 많다.

적합한 방식으로 적합한 사람들의 눈에 띄는 것은 당신을 정상으로 밀어 올려주는 경력 추진기가 될 수 있다. 앞에서 약속했듯, 이제 오스트리아인 중역 크리스토퍼의 이야기로 돌아가보자. 크리스토퍼는 엘레나의 조언을 받아들여 시간 활용 방식을 다시 설계했다. CEO 자리에 오를 수 있도록 기회의 문을 열어줄 사람들을 만나고 자신의 가시성을 높이기 위해 업계 협의회에 등록했다. CEO직을 맡을 수 있는 기회를 찾도록 전력을 기울여 도와줄 비공식 조언자들로 '사설 고문단'을 결성했다. 그리고 관련 업계에서 활동하는 개인 자산 기업도 적극적으로 포섭했다. 무엇보다 인맥을 넓히고 자신이 원하는 유형의 기회에 대해 의논하는 데 더 많은 시간을 투자했다. 자신에게 그다지 맞지 않는 두 곳의 CEO 자리를 제의받고 난 어느 날, 그동안 관계를 이어온 리크루터에게서 완벽한 기회를 제의받았다. 최근 업계 회의에 CEO 신분으로 처음 참석한 크리스토퍼는 엘레나에게 "내가 늘 우러러봤던 사람들과 이제는 한 테이블에 앉게 되었습니다"라고 말했다.

옐프 효과 Yelp Effect

글래스도어, 트위터, 그 외의 빠르게 돌아가는 소셜 미디어들이 지배하는 시대에 평판은 신속하게 쌓이고 바꾸기 힘들 수 있다. 겉으로 사소해 보이는 실수가 경력을 파괴하는 경우가 발생한다. 사건이 터지고 나서 평판을 깨끗이 하려고 애쓰기보다는 애당초 실수를 피하는 편이 훨씬 쉽다. 피해야 하는 주요 실수 몇 가지를 살펴보자.

• 안내직원, 비서, 그리고 자신보다 지위가 낮다고 생각되는 사람들에게 무례하게 말하거나 행동한다. 불쾌한 대우를 받은 사람들은 밖에 나가 친구들에게 당신에 대해 좋지 않게 말한다. 애석하게도 우버의 CEO 트래비스 칼라닉 Travis Kalanick 은 매우 쓰라린 경험을 하며 이러한 교훈을 배웠다. 한 우버 운전기사에게 막말을 한 동영상이 유포되며 곤욕을 치른 것이다. 이를 계기로 우버의 비우호적인 근무 환경에까지 대중의 이목이 집중되면서 급기야 트래비스는 2017년에 사직해야 했다.[3]

• 권력을 쥔 사람에게 아첨한다. 자신감 있는 리더는 CEO와 청소부를 똑같이 존중하며 예의 바르게 대한다.

• 사소하지만 습관적으로 다른 사람에게 무례하게 행동하거나 괴롭힌다. 우리가 평가했던 한 리더는 약속 시간에 늦는 것으로 정평이 나 있었다. 그녀가 이끄는 중역팀은 지속적으로 무시당한다는 느낌을 받았고 결과적으로 충성심과 사기가 떨어졌다.

- 사람들 앞에서, 특히 드물게 보는 사람들 앞에서 분통을 터뜨리거나 감정을 자제하지 못하고 이성을 잃는다. 대면하지 않고 다양한 형태의 기술을 이용해 의사소통을 하는 팀과 원거리 관계를 유지하는 것은 쉽지 않다. 감정을 절제하지 못한 상태에서 일어나는 상호작용은 편집증 증상으로 해석될 수 있다. 곤란한 상호작용의 영향은 좀처럼 지워지지 않는다.

- 행사에서 만난 동료의 배우자나 자녀를 못 본 척하거나 아랫사람처럼 대한다.

- 소셜 미디어에서 좋지 않은 평가를 받는다. 당신이 이메일과 소셜 미디어에 작성한 글은 무엇이든 미래의 직원이 본다고 생각하라. 당신의 온라인 발자국은 CEO 자리에 오를 리더다운가?

요점

1. 경력 성공 = 결과 산출 × 두각 나타내기. 등식의 두 변수를 관리한다.

2. 상사, 그리고 상사의 상사와 관계를 형성하는 데 투자한다.

3. 적극적으로 후원 관계를 구축한다.

4. 인맥을 지나치게 얇고 넓게 펼치지 말고 주요 인물과 관계의 임계량을 확보한다.

5. 당신이 원하는 것을 요청한다.

6. 사업 결과를 산출하기 위해 배를 흔든다. 즉 평지풍파를 일으킨다.

7. 당신이 중역의 일원인 것처럼 말한다.

제8장

거래를 성사시켜라

죽음은 큰 위안을 안겨줄 것이다. 더 이상 인터뷰를 하지 않아도 되니까.

_캐서린 헵번(미국의 영화배우)

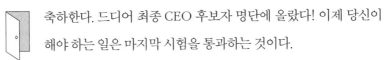 축하한다. 드디어 최종 CEO 후보자 명단에 올랐다! 이제 당신이 해야 하는 일은 마지막 시험을 통과하는 것이다.

'CEO이든 어떤 직위이든 어떻게 회의실로 걸어 들어가 결정권자들에게 내가 적임자라고 설득할 수 있을까?'

이것은 자리를 놓고 경쟁하는 사람이라면 누구나 마음속으로 떠올리는 질문이다. 하지만 자신의 성공 가능성을 높이고 싶은지 묻는 것은 잘못이다. 특정 자리를 놓고 최종 후보자 명단에 올랐다면 이미 채용될 만한 성과를 올렸을 것이다. 그렇다면 어떤 조건을 더 충족시켜야 최종적으로 채용될 수 있을까?

제3장에서 우리는 관점 취득의 영향력을 살펴보았다. 이제 그 방법을 실행할 때다.

'면접에서 우수한 성적을 거두려면 면접관이 당신을 위해 무엇을 해

줄 수 있는지 묻지 말고, 당신이 면접관을 위해 무엇을 해줄 수 있는지 물어라.'

채용되기 위해 갖출 수 있는 최대 강점은 면접관의 마음을 면밀히 파악하는 것이다. 이사진은 CEO직의 승계 과정에서 보통 다음과 같이 느낀다.

오, 맙소사! 매우 위험천만하고 마음이 불편하군! CEO 승계는 자주 일어나는 일이 아니야. 우리는 전문적인 자문을 해주라는 의도로 채용되었지만 대부분 기껏해야 임기 중에 한 번 맡을까 말까한 결정을 곧 내려야 해. 이사로서 내게 주어진 가장 중요한 책임이지. ……몇 년 동안 승계 문제를 논의했지만 이제 결정을 내려야 할 때가 됐군. 정말 어려운 일이야!

만약 CEO를 잘못 뽑는다면 혼란을 수습할 사람을 찾느라 전전긍긍할 테지. 다행히도 나는 운이 좋았어. 현재의 CEO는 여태껏 임무를 잘 수행해왔거든. 하지만 이번에 사람을 잘못 뽑으면 우리가 상황을 망쳤다는 사실이 고통스럽도록 분명하게 드러나겠지.

나보다 자질이 뛰어나고, 나보다 많은 실적을 거두고, 미국의 일류 기업에서 활약했고, 아마도 승계 문제를 훌륭하게 해결한 경험이 있는 이사들도 사람을 잘못 선택할 확률이 50퍼센트에 이르니 걱정이야. 휴렛팩커드, 디즈니, P&G도 그랬잖아…….

게다가 이해관계는 또 어쩌고! 결정을 잘못 내리면 즉시 탄환으로 회사와 나 자신의 평판을 관통하는 격이지. 러시안룰렛이 따로 없군!

이것이 미래의 CEO가 만날 현실이다. 실제로 채용 결정을 내려야 하는 관리자들은 일반적으로 시간이 부족한 데서 느끼는 불안에 직면한다. 완벽한 조건을 갖춘 후보자는 없는 것 같다. 적절한 후보자를 선택하기 위해 활용할 수 있는 전문 지식은 제한적이다. 실패할 확률은 마음이 불편할 정도로 높다. 잘못 선택했을 때 치러야 하는 대가는 엄청나다.

채용 결정을 내려야 하는 사람들은 무엇보다 안전한 후보자를 고르고 싶어 한다. 이 책에서 강조하는 점은 이렇다.

'당신이 적임자라는 사실을 어떻게 입증할지 불안해하지 말고 자기중심적 사고방식에서 벗어나라. 결정하는 사람의 입장에서 안전한 선택을 할 수 있는 수단이 무엇일지 생각하는 것이 왕국의 문을 열 수 있는 열쇠이다.'

늘 경계하면서 자신을 '적임자'로 다듬기 위해 지난 20여 년간 밤잠을 설쳐가며 노력해온 탁월한 능력의 소유자라면 받아들이기 쉽지 않은 개념이다. 이때 CEO로 채용되고 성공할 가능성을 높이는, 통계적으로 의미 있는 유일한 변수가 하나 있다. 바로 신뢰성이다. 당신이 매번 기대를 충족하면서 확실하게 성과를 달성했다면 채용 결정권자들은 앞으로도 당신이 계속 성과를 달성하리라는 안전의식을 느낀다. 그들은 안전하다고 느끼는 후보자에게 찬성표를 던질 가능성이 높다.

최근에 매우 성공적인 투자기업이 CEO를 찾아달라고 의뢰해왔다. 해당 기업은 최대 인수 계획에 따라 한 소비자 서비스 기업을 인수했는데, 새로운 경쟁 기업들에 시장을 빼앗기고 있는 상황을 반전시킬 인물이 필요하다고 했다. 최대 투자자는 젊고 주위의 예상을 뛰어넘어 크게 성공한 사람이었다. 지금까지 개입한 사업마다 황금으로 변했지만 사상 최대로 투자한 회사가 파탄 직전에 놓여 있었다. 모든 관계자의 입장에서 평판과 재정에 얽힌 이해관계는 엄청나게 컸다. 자신들이 필요하다고 생각하는 조건에 대해서는 의견이 분분했지만 공통적으로는 '믿고 의지할 수 있는 사람'을 원했다. 그러면서 누가 들어도 알 정도로 유명하고 인상적인 대기업의 이름이 이력서에 적혀 있는 사람을 채용하고 싶어 했다. 50억 달러 규모의 부서를 운영해본 사람이라면 8억 달러 규모의 기업은 너끈히 운영할 수 있을 거라고 확신하는 것 같았다.

하지만 우리가 판단하기에 대기업 출신 후보자는 전혀 안전한 선택이 아니었다. 새로운 CEO가 필요한 기업은 중산층 시장을 겨냥하고 있으므로, 우리는 비슷한 규모의 기업에서 훌륭한 실적을 거둔 과단성 있고 업무 수행에 전력을 기울이는 몇몇 후보자 중에서 선택하라고 투자자들을 설득했다. '브랜드명'을 선호하는 투자자들이 꼽는 후보자에게는 상황을 반전시키는 데 필요한 몇 가지 중요 행동이 부족했다. 그럼에도 그날 오후 우리의 제안은 폐기되었다.

어느 막강한 영향력을 가진 이사이자 CEO는 우리에게 최근 자신의 심정을 솔직하게 털어놓았다.

"현실을 직시해봅시다. 이사회는 뛰어난 장점을 가진 사람이 아니라 안전한 사람을 선택하고 싶어 합니다."

왜 그럴까? 뛰어난 장점을 가진 이들은 종종 높은 변동성을 일으키므로 대부분의 이사들은 그러한 위험을 감수하고 싶어 하지 않는다.

1년 후, 해당 기업의 투자자들이 전화를 걸어왔다.

"엘레나, 이 이야기를 들으면 틀림없이 '내가 그럴 거라고 말했잖아요'라고 반응할 걸요. 우리가 채용한 CEO는 중소기업을 지휘하기엔 행동이 너무 굼떠서 돈만 축내고 있어요. 취임한 지 1년이 지났는데 팀을 정비하지도 않고 고객을 만나러 외부에 나가지도 않아요. 똑똑하기는 하지만 정보를 모두 입수하지 못했거나 거대 사업을 운영하는 데 필요한 자원이 갖춰지지 않으면 결정을 내리지 못하고 쩔쩔맵니다. 원점으로 돌아가 CEO를 다시 찾아야겠어요."

이 사례가 가리키는 핵심은 이렇다.

'사람들은 결과에 따라 해고되고, 인식에 따라 채용된다.'

이 장에서는 당신이 완벽한 이력을 갖추었든 갖추지 못했든 간에 꿈에 그리던 직위에 선택받을 수 있는 방법을 제시할 것이다.

행복한 전사가 되어라

빌 프라이Bill Fry는 자신이 운영하는 기업의 주주들에게 수천만 달러의 수익을 배당했다. 경제 침체기에 진공청소기 제조업체인 오렉을 성장시킨 것은 결코 쉬운 일이 아니었다. 그 전에는 벨 스포츠를 경영하면서 주요 인수 작업을, 그리고 합병을 이끌었다. 기업에서 경력을 쌓기 전에는 ROTC 장학금을 받고 미시시피 대학교를 졸업했으며 해군에서 8년간 복무했다. 빌은 경쟁심이 강하고 아주 예리하다. 위협적인 인물처럼 들리지 않는가? 오렉의 CEO로 적합한지 여부를 평가하는 임무를 맡은 엘레나는 빌이 틀림없이 매우 격렬한 성격일 것이라고 추측했다.

하지만 빌을 만나자마자 엘레나는 자신의 추측이 빗나갔음을 알았다. 빌은 낙천적인 분위기로 상대방을 편안하게 해주었다. 상대방과 눈을 맞추고, 친근한 질문을 던지고, 겸손한 유머를 구사하는 동시에 차분하지만 자신감이 넘쳐 보였다. 빌이 CEO이든 우편물실 사환이든 상대방의 말에 열심히 귀를 기울이므로 상대방은 존중받는다고 느꼈다. 빌은 두말할 필요 없이 결과를 내놓는 사람이다. 그리고 누구에게서든 여태껏 만나본 사람들 중에서 인정이 가장 넘친다는 평가를 받을 것이다.

이 책의 앞부분에서 사람 좋은 CEO가 되려는 함정에 빠지지 말라고 경고했다. 사람들이 업무 완수에 대해 어떻게 느끼는지를 우선적으로 생각하는 것은 결과를 산출하는 데 도움이 되지 않는다. 심지어 해고될 수도 있다. 하지만 의외의 사실이 있다! 채용되는 데는 유용하다! 인터뷰 과정에서는 사람 좋은 남녀가 선두에 선다.

이사회와 대부분의 면접관은 채용 결정을 내릴 때 소프트 스킬soft skill(다른 사람과 협력하는 능력, 문제 해결 능력, 감정을 조절하는 자기 자제력, 의사소통 능력, 리더십, 회복탄력성 등을 가리킨다 - 옮긴이)을 꾸준히 과도하게 강조한다. 데이트 상대의 마음을 끄는 태도가 채용 과정에도 유리하게 작용할 수 있을까? 대부분 사업 관련 문제를 처리할 때만큼이나 복잡하지만 이사진과 사업 리더들은 직감에 강하게 영향을 받아 후보자를 평가하고 채용하는 경우가 많다. 직감은 더 호감이 가는 후보자에게 마음이 기울게 한다.

스티브 캐플런과 모튼 소렌센이 분석한 후보자 2,600명 중에서 호감도가 클수록 직위 종류와 상관없이 리더로 채용될 가능성이 높았다.[1] 호감도가 큰 후보자가 자질 면에서 반드시 최고는 아니었지만 가장 친근하게 느껴지는 건 사실이었다. SAS 분석가들은 매우 자신만만한 후보자가 채용될 가능성은 2.5배였다고 발표했다.[2] 호감도와 자신감이 높다고 성과 달성에 유리하지는 않지만 원하는 직위에 오르는 데는 확실히 유리하다.

빌 프라이는 '행복한 전사'의 자신감과 호감을 발산한다. 행복한 전사는 자신만만하게 '나는 당신이 고민하는 문제를 해결하고 싶습니다. 과거에도 해결했고, 그 과정을 즐겼습니다. 당신을 위해 기꺼이 다시 나서보겠습니다!'라고 말한다. 이러한 리더들은 자신이 정말 추진하기 어려웠던 프로젝트와 힘들었던 결정에 대해 말할 때 기쁨과 열정, 에너지를 내뿜는다. 달리 표현하면 정서적 안전과 실질적 안전을 동시에 달성한다. 당신이라도 행복한 전사가 회의실에서 나가기가 무섭게 그를 채용하고 싶어 조바심을 낼 것이다.

궁극적으로는 진심을 다해 따뜻한 마음을 품고 맹렬하게 역량을 펼치며 조직을 이끄는 사람이 채용된다. 인터뷰에서 좋은 성적을 거두는 후보자는 걸어 들어가자마자 회의실 분위기를 읽고 그곳의 에너지 수위를 반영한다. 자신의 말이 어떻게 작용하는지 파악하기 위해 면접관의 몸짓언어를 주의 깊게 살핀다. '면접관의 눈동자가 반짝거리는가? 말투가 망설이는 것처럼 들리는가? 시계를 들여다보고 있는가?' 인터뷰를 할 때 후보자는 상대와 교감하고, 상대가 안전하다고 느끼게 만드는 것을 목표로 삼는다.

당신은 채용 여부를 결정할 면접관과 비슷한 점이 전혀 없을 수 있다. 같은 학교를 나오지도 않았고, 같은 스포츠를 즐기지 않을 수도 있다. 하지만 면접관을 인터뷰 전보다 더 안전하고 활력에 넘치도록 느끼게 만들 수 있으면 채용 가능성이 높아진다.

안전한 언어를 사용하라

이사진을 포함한 이해관계자들은 일련의 인터뷰를 실시해 차기 CEO를 결정한다. 이것은 안타까운 현실이다. 시간이 제약되어 있고 부자연스러운 환경에서 스트레스에 눌린 개인 사이의 대화이므로 인터뷰는 가장 어처구니없는 종류의 편견을 끌어내는 완벽한 시험적 환경이기 때문이다. 고위직을 채용할 때 인터뷰에 따르는 정신적 압박은 더욱 크고 효과는 더욱 떨어진다. 질레트와 나비스코의 전직 CEO이고 17개 이사회에서 이사로 활동하는 짐 킬츠Jim Kilts는 이 상황을 '단 한 번의 회의로 CEO 자리를 획득할 수는 없지만 확실히 잃을 수는 있다'라고 말끔하게 정리했다.

그렇다면 인터뷰 과정에 묻혀 있는 지뢰를 어떻게 피할 수 있을까? 우리는 CEO 채용 인터뷰 내용을 담은 각본 212건을 SAS의 텍스트 마이닝text-mining(문자 데이터에서 유용한 정보를 찾아내는 과정이나 기술 - 옮긴이) 소프트웨어에 넣어서, 채용된 후보자와 채용되지 못한 후보자의 언어 유형을 찾았다. 결과적으로 채용을 가로막는 고약한, 숨은 장애물 몇 가지를 찾아냈다. CEO의 업무 수행과 거의 또는 전혀 관계없는 피상적인 요소이지만 편견을 불러일으켜 채용 가능성에 영향을 미치는 장애물들이었다.[3]

• **외국어 억양**: 미국 기반 기업에 지원한 CEO 후보자들 중에서 두드러지게 외국어 억양을 쓰는 사람이 채용되지 못할 가능성은 그렇지 않은 사람의 열두 배였다. 그렇다, 다양성을 장려하는 계획에 수십억 달러를 투자하는 21세기에도 내부 집단의 편견은 고위직에 계속 적용된다. 편견이 존재한다는 사실만도 곤혹스러운데 현실은 더욱 가혹하다. 한 단계씩 직위가 올라가는 동안 아무리 똑똑한 사람이라도 외국어 억양을 구사한다는 이유로 다른 사람에게 능력을 의심받을 수 있다는 말은 어느 누구도 해주지 않을 것이다. 예의에 벗어날 뿐 아니라 위험할 수도 있기 때문이다. '의사소통 기술'을 연마하거나 '중역의 존재감'을 다듬어야 한다는 말을 들은 고위 중역은 그 말에 주의 깊게 귀를 기울여야 한다. 더욱 깊이 우려되는 사항을 정중하고 완곡하

게 돌려 표현한 것일 수 있기 때문이다. 이러한 말을 듣고 '그게 뭐 대수라고'라는 반응을 보이며 무시하면 경력에서 이탈되는 도화선이 될 수 있다.

이민자 신분으로 기업의 지휘권을 잡고 싶은가? 의사결정권자들 중에서 당신과 같은 국가 출신이 많지 않다면 한 계단씩 승진하는 동안 억양을 다듬어 없애도록 노력해야 한다. 많은 고위직 중역의 억양을 장애 요인에서 자산으로 바꾸도록 돕는 린다 스필레인에 따르면 집에서도 영어를 사용하는 것이 외국어 억양을 줄이고 원어민처럼 유창하게 말할 수 있는 가장 빠른 길이다.

• **고상한 척하거나 가식적으로 말하거나 허세를 부리는 태도** : 과도하게 멋을 부리는 언어도 억양과 마찬가지로 장애물이다. 면접관에게 사전에나 나올 법한 어휘를 사용해서는 채용되기 어렵다. 너무 난해하거나 지적이거나 '현실과 동떨어진' 어휘를 사용하는 후보자가 채용될 가능성은 그렇지 않은 후보자보다 여덟 배 작다. 이와 대조적으로 좀 더 구어적인 언어(예를 들어 성급하게 반응한다는 뜻을 나타내는 'shooting from the hip' 같은 표현)를 구사하는 후보자가 채용될 가능성은 여덟 배 크다. 우리가 경험한 사실로 미루어보더라도 지적이고 학구적인 말보다는 실용적인 스토리텔링이 더 강력한 영향을 미치면서 인상적인 결과를 이끌어낸다.

• **상투적인 말, 약어, 컨설턴트용 전문용어의 사용** : 내용이 없는 유행어를 사용하면 인터뷰를 망칠 수 있다. 이 책의 공저자인 킴이 인터뷰했던 한 후보자는 '모두 진폭의 문제이고', '자신은 사람들을 고양시키고 싶어 한다'는 표현을 반복해서 사용했다. 그러면 구체적이고 정량화할 수 있는 예를 들 필요가 없다고 생각하는 것 같았다. 포괄적인 언

어를 사용하는 후보자의 말을 들으면 이사진은 진정성이 없다는 인상을 가질 수 있고, 정보를 놓친 듯이 보이는 사람을 피하고 싶어질 수 있다. 따라서 신뢰성을 잃을 수 있으므로 정확한 언어와 사례를 사용해 말해야 한다.

- **'우리'와 '나'의 사용** : 리더는 팀을 움직이면서 '나'와 '우리'의 균형을 맞추려 한다. 평가 목적으로 우리가 인터뷰한 후보자들은 자신이 달성한 성과를 설명할 때 '우리'보다 '나'를 더 많이 사용하기는 했다. 하지만 채용될 확률이 가장 낮은 후보자들이 '나'를 사용하는 경우가 다른 후보자보다 두 배 많았다. 채용 확률이 가장 높은 후보자들은 '나'를 남용하지 않으면서 개인의 공헌을 분명하게 언급했다. 의사결정권자들은 자기 자랑을 계속 늘어놓는 후보자보다 '팀이 대박을 치기 시작한 순간 가장 크게 자부심을 느꼈습니다'라고 말하면서 팀이 성과를 달성하는 과정에서 자신이 맡았던 역할을 분명하게 설명하는 후보자에게 더 후한 점수를 주었다.

'우리'와 '나'의 사용에 관해 흥미로운 사실이 있다. 뉴욕 대학교 연구자들은 우리의 데이터베이스에서 남녀의 언어 사용 유형을 비교한 뒤에 CEO로 채용된 여성이 '나'라는 단어를 사용하는 경우가 동등한 지위의 남성보다 조금 더 많았다고 밝혔다.[4] CEO 자리까지 올라간 여성들은 여전히 경고 수준을 밑도는 정도로 '우리'보다 '나'를 사용하면서 자신이 지닌 탁월한 점을 알렸다. 자신을 공격을 지휘하는 쿼터백으로 보지 않고 쉽게 스타 포지션 플레이어로 보는 이사진과 상사에게 반격할 필요를 느끼는 것 같았다.

당신이 여성이든 남성이든 다른 사람이 성공할 수 있도록 도왔던 사례를 들려줘라. 당신의 팀·멘토·상사를 자랑하라. 그러면 이사진은 당신이 자신을 돋보이게 하려는 것이 아니라 사실을 말한다고 생각할 것이다. 당신의 말은 권위와 겸손을 드러낸다. 인터뷰가 상사나 동료를 깎아내리는 자리가 아닌 것은 두말할 필요도 없다. 면접관들은 당신이 인터뷰 자리에서 말하고 행동하는 대로 다른 곳에서도 그러하리라고 추정할 것이다. 당신은 실수를 인정하고 해결책을 찾기 위해 열심히 노력하는 리더가 아니라 불만을 드러내는 리더로 비치고 싶지 않을 것이다. 더욱이 미래의 당신 상사는 당신에게 언젠가 배신당할까봐 당연히 두려워한다!

깊은 인상을 주고 적합하게 말하라

최고의 후보자들은 어떻게 자신의 메시지를 전달해 자리를 제의받을까? 그들이 전달하는 이야기와 세부 사항은 적절한 동시에 깊은 인상을 준다. '적합성'은 면접관에게 안전성을 안긴다. '나는 전에 이 일을 해봤고 잘 처리했습니다. 그러므로 당신도 좋은 결과를 기대할 수 있습니다.' '깊은 인상'은 면접관에게 자신을 깊이 인식시킨다.

당신의 메시지를 전달하고 싶다면 상대방이 무슨 말을 듣고 싶어 하는지 알아야 한다. 그러려면 인터뷰를 하기 오래전부터 숙제를 해야 한다. 즉 말할 대상과 내용을 연구해야 한다. '나는 누구를 만나고 있고, 그들은 내가 어떤 문제를 해결해주길 바라는가?'

한 이사는 인터뷰를 하고 나서 고개를 절레절레 흔들었다. 후보자가 많은 시간을 들여 회사가 사전 계획한 기업공개를 취소하고 대안을 생각해야 한다면서 그 이유를 쏟아냈다고 했다. 후보자는 다양한 자본 구조의 장단점에 대해 인상적인 주장을 많이 펼쳤다. 그런데 후보자가 지원하는 직위가 CEO가 아니라 인적자원 관리 부서의 책임자라는 것이 문제였다. 후보자는 자신의 뛰어난 금융 지식이 다른 후보자와 자신을 차별화하는 특징으로 생각한 게 틀림없었다. 사실 그러했다. 이사회는 해당 후보자를 인적자원 관리에 대해 전혀 할 말이 없는 인적자원 관리 부서 지원자로 기억하면서 적임자가 아니라고 판단했다.

무엇이 적합한지 판단하고 나서 해당 정보를 어떻게 인상 깊이 부각시킬까?

우리가 특히 효과적이라고 판단한 몇 가지 접근 방법을 살펴보자.

- **의미 있는 숫자** : 맥락이 없는 자료는 통찰이 없는 정보다. 아무리 화려한 숫자로 실적을 제시하더라도 걸어 다니고 말하는 스프레드시트 같아서는 어떤 사람의 마음도 사로잡을 수 없다. 당신이 달성한 실적을 정량화할 때는 먼저 실적을 해석해야 한다. '나는 어느 자리에 있든 목표를 달성했습니다. 특히 그 자리에 있을 때는 목표를 20퍼센트 초과 달성했습니다.' 이때 비교 대상을 거론하면 좋다. 목표와 비교해서, 전년도와 대비해서, 동료나 경쟁사와 비교해서 어떻게 목표를 초과 달성했는가? '나는 2008년 경쟁사 중 3분의 1이 파산한 시기에 기업의 총소득을 유지하고 이윤을 증가시켰습니다.' 정량화할 수 있는 결과를 말할 때 가장 강력하면서 주의를 사로잡을 수 있는 표제는 무엇일까?
- **진실성을 입증해주는 증거와 생생한 이야기** : 업계의 거물에게 승인을 받으면 깊은 인상을 남길 수 있고 안전하다. 유명한 기업에서 일한 이력이 없는 경우에 좋은 대용품이다. 엘레나는 몇 년 전 자신이 평가

하고 강력하게 추천했던 후보자에게 당시에 들었던 이야기를 지금도 기억한다고 했다. 월마트 창업주 샘 월튼이 회사를 그만두지 말라고 자신을 설득하기 위해 비행기에 올라탔다는 사연이었다. 엘레나가 해당 후보자를 추천할 때 이 이야기에 영향을 받았을까? 뇌리에 깊이 박힌 것만은 사실이다. 면접관은 생생하고 의미 있을 뿐 아니라 유명한 승자와 개인적으로 인맥이 있다는 사실을 기억하는 경향이 있다. 상을 받은 적이 있는가? 언급하라!

- **실패 사례의 생산적 거론** : 인터뷰에서는 자신의 강점을 중심으로 말하되 실패나 실수 사례를 두려워하지 말고 거론하라. 실패를 만회하고 실수를 바로잡고 교훈을 배운 이야기는 제대로 전달하기만 하면 믿기지 않을 정도로 강력하고 긍정적인 효과를 미치기 때문이다. 우리가 수행한 연구에 따르면 실패에 잘 대처하는 CEO 후보자는 채용 추천을 받을 확률이 통계상으로 높다.[5] 하지만 이야기가 실패나 실수를 나열하는 정도에 그쳐서는 안 된다. 무엇을 배웠는지, 그때부터 어떻게 접근 방법을 바꿨는지를 밝혀야 한다. 수천 시간을 인터뷰하면서 머릿속에 가장 생생하게 남은 이야기는 안타까운 사연이기도 했다. 한 CEO 후보자가 항공사에서 조종사 트레이너로 근무할 때 수습 조종사가 비행기를 몰다가 격납고를 들이받은 이야기를 자세히 들려주었다. 그는 두 눈을 반짝이며 위험 상황을 설명하고 연료에서 불길이 타오르는 장면을 실감나게 묘사했다. 그런 경험을 하면서 그가 어떤 교훈을 얻었는지 우리에게 들려주리라 기대했지만 그뿐이었다. 회사는 100만 달러가 넘는 거액을 손해 보았지만 다행히 다친 사람은 없었다. 인터뷰 후반에 그 후보자는 업무를 수행하면서 저지른 실수를 비슷하게 솔직한 어투로 서술했다. 하지만 이번에도 다음에 절대

실수를 반복하지 않도록 무엇을 배웠는지 명확하게 말하지 않았다. 인터뷰가 끝난 뒤 면접관들의 기억에 남은 것은 비행기 충돌 사고뿐이었다. 다시 한 번 강조하지만 우리가 연구한 CEO 후보자들 중 거의 절반은 경력을 쌓는 기간에 한두 차례의 큰 실수를 저질렀다. 하지만 큰 실수를 했다고 채용되지 않은 것은 아니었다.[6] 우선 실수에서 자신의 몫만큼 책임을 인정하고, 실수를 계기로 무엇을 배웠는지, 그때 이후 리더로서 어떻게 발전했는지 말할 수 있어야 한다.

인터뷰를 할 때 면접관의 뇌리에 박히도록 깊은 인상을 남기는 방법은 더 있다. 인터뷰에서 말할 이야기의 처음과 끝에 과도하다 싶을 정도로 정성을 기울이는 것이다. 인터뷰에 들어가기 전에 이야기를 전달하는 연습을 한다. 말하고 싶은 내용, 특히 처음과 끝을 자세하게 정리한다. 인터뷰의 처음과 마지막의 몇 분은 면접관의 기억에 남을 가능성이 크므로 특별히 부각시킨다. 얼굴 표정, 목소리, 손동작으로 '나는 적임자입니다, 준비된 사람입니다, 실망시키지 않겠습니다!'라는 메시지를 전달한다. 다시 말해 안전한 선택이라는 뜻을 전달한다.

의제를 정하라

당신은 열심히 일해서 현재의 자리에 올랐다. 그러니 당신의 운명을 면접관의 방식과 능력에 맡기지 마라. 의제는 스스로 정해야 한다.

세계적으로 유명한 식품 브랜드 기업 CEO인 후안Juan이 어떻게 직업을 구했는지 살펴보자. 이사진은 테이블 정도가 아니라 이탈리안 레스토랑을 통째로 예약했다. 조명이 희미하게 비치고 휑한 레스토랑으로 들어가 이사진이 앉아 있는 둥근 테이블까지 발걸음을 옮길 때마다 후안은 점점 더 두려움이 몰려왔다.

이사진은 점심식사를 하는 내내 자신의 관심사를 불쑥 던져 화제를 두서없이 바꿔가며 질문 공세를 펼쳤다. 후안은 열심히 대답했다. 자신의 대답에 이사진이 만족해하는 듯했지만 인터뷰 장소를 나오면서 자신이 차기 CEO가 되어야 하는 포괄적이고 물리치기 힘든 이유를 제대로 전달하지 못했다는 생각을 떨칠 수 없었다. 점심식사 장소에는 낯설고 모호한 분위기가 감돌았고 대화는 활기를 띠지 못했다. 이사진에게서 다시 연락을 받지 못할 것이 분명했다.

그런데 놀랍게도 연락이 왔다. 후안은 이번에는 믿을 만한 몇 명에게 조언을 듣고 나서 다른 전략을 구사하기로 마음먹었다. 이사진이 잘 짠 의제를 내세워 질문하기를 기다리지 않고 스스로 의제를 정해 인터뷰에 적극 개입하기로 한 것이다. 후안은 이사들에게 자신의 입장을 설명했다. '여기, 내가 있습니다. 여러분의 회사가 성장할 수 있는 기회가 있습니다. 나는 그 기회를 잡기 위해 이러이러한 일을 하겠습니다.' 후안은 그날 당장 채용되었다.

성공적인 첫 인터뷰는 앞서 설명한 두 가지 극단적 경우의 중간이 좋다. 밀고 당기는 힘이 정교하게 균형을 이뤄야 한다. 물론 이사진의 권한을 빼앗는 것이므로 후보자가 전적으로 인터뷰를 통제할 수는 없다. 하지만 후보자가 주도권을 쥐고 이사진의 관심을 예리하게 포착하면서 길을 보여주면 채용 가능성이 훨씬 커질 것이다.

면접관이 대화에서 무엇을 얻고 싶어 하는지 잘 생각한 뒤에 회의실에 들어가야 한다. 면접관이 당신에 대해 무엇을 알고 기억하기를 원하는가? 면접관의 질문에 대답만 하는 것은 자신의 미래를 운에 맡기는 태도이다. 영향력을 확대하기 위해 관계를 형성하는 근육을 활용해 면접관이 인터뷰 후에 어떻게 생각하고 느끼고 행동하면 좋을지 곰곰이 생각해야 한다. 그런 다음 이러한 목표를 달성하기 위해 세 가지 화두를 간단하게 정하고 각 화두에 맞는 생생한 사례를 준비한다. 대화가 주춤한 시점에서 살짝 이야기의 방향을 바꿔 당신이 미리 준비해온 의제를 꺼낼 수 있는 기회를 잡는다.

당신이 역할을 어떻게 수행할지, 결과를 어떻게 산출할지 아주 분명하게 밝히는 경우에도 불가피하게 몇몇 기업에 채용될 수 있는 문이 닫힐 수 있다. 지원하는 직장마다 채용될 수는 없는 법이다. 이것은 실패가 아니라 당신의 접근 방법이 통한다는 증거이고, 당신에게 적합한 역할이 아닐 가능성이 크다. 직업을 잡지 못하는 것보다 유일하게 바람직하지 않은 경우는 잘못된 직업을 잡는 것이다.

더그 시프먼은 미국에서 세 번째로 큰 우드러프 아트센터의 사장이자 CEO다. 아칸소 주의 시골에서 성장한 시프먼은 일류 경영컨설팅 기업인 보스턴 컨설팅 그룹에 속해 세계를 돌아다녔고, CEO로 세계적인 창조산업 컨설팅 기업인 브라이트하우스를 이끌었다.

시프먼은 모든 CEO의 역할이 자신의 독특한 관심과 경험에 적합하지 않으리라는 사실을 여느 중역들보다 잘 인식했다. 따라서 공식적으로 CEO직을 구할 때는 의제를 의식적으로 선택했다. 인터뷰가 종료되기 전에 자신이 말했던 내용을 이사진에 명쾌하게 상기시켰다. 그가 추구하는 목표는 이사진의 기대와 자신의 계획 사이에 언제라도 거리가 없어야 한다는 것이었다. 한번은 자신이 어떻게 조직을 이끌 것인지를 열 장짜리 메모지에 명확하게 기록해 제출하기도 했다.

시프먼은 CEO를 선정하는 자리에 다섯 번 도전해 세 번 성공했고 매번 적합한 결과를 얻었다. 그는 이렇게 강조했다.

"자신이 이끄는 방식으로 면접을 봐야 합니다. <u>스스로 기대치를 설정해야 해요</u>."

CEO 채용 면접의 화두

아래에서 한 가지라도 자신에게 해당하는 항목이 있다면 당신의 화두에 틀림없이 포함시킨다. 이사진은 CEO 후보자에게서 다음과 같은 속성을 보고 싶어 한다.

- **산업 경험이 있다.** 이사들은 '그곳에 있었습니다. 그것을 해봤습니다'라고 말하는 후보자에게 안전감을 느낀다. 적합한 산업에서 경험을 쌓으면 채용될 확률이 커진다. 별로 관련되지 않은 경험을 쌓았더라도 반드시 언급한다.
- **보병이 아니라 장군이다.** 적극적으로 주요 변화를 시작하고, 사업을 추진하기 위해 목표와 전략을 수립한 경험을 확실히 부각시킨다. 이사진은 당신이 상부에서 내리는 지시를 따르는 데만 급급하지 않고 사업의 방향을 설정할 수 있다는 점을 확인하고 싶어 한다.
- **정확한 사업 방향성을 갖추었다.** 2013년 엘레나는 200군데 이상의 치과에서 환자 수천 명에게 적정가격으로 치료 서비스를 제공하는 웨스턴 덴탈의 이사회 이사였다. 투자자들은 새로운 CEO를 영입하고 싶어 했다. 우리가 후보자들을 평가할 때 당시 이사

회 의장이었던 톰 에릭슨Tom Erickson은 계속 같은 질문을 던졌다. '이 후보자의 사업관은 포괄적인가? 그들은 다양한 의견을 수렴해 방향을 설정할 수 있는가?' 톰은 지역 관리자에서 규모만 커진 CEO가 아니라 회사 전체와 회사에 영향을 미치는 모든 요소를 파악하고 있는 CEO를 찾고 있었다.

4가지 유형 : 당신은 CEO의 역할에 적합한가?

손에 땀을 쥐게 하는 순간이 발생한다. 자신이 원했던 자리를 제의받는다. 채용 여부가 도마 위에 오른다. 자연스럽게 아드레날린이 솟구친다. 매우 기쁜 나머지 사무실에서 춤을 출지도 모른다.

이제 가장 내리기 힘든 결정에 직면한다. 신임 CEO에게도, 어느 직위에 있는 리더에게도 최대 성공 요소는 적합한 기회를 잡는 것이다. 우리는 중요한 채용 결정을 앞둔 중역들에게 20년 넘게 자문해오면서 세가지의 유효한 요인을 찾아냈다. 첫째, 그 회사·부서·팀은 당신이 있을 때와 당신이 없을 때, 어느 경우에 성공할 가능성이 있는가? 둘째, 당신의 강점이 그들의 필요에 진정으로 부합하는가? 셋째, 당신의 방식과 가치가 그들의 문화와 맥락에 부합하는가?

CEO의 역할이라고 무조건 받아들이지 마라. 자신의 기술·강점·가치에 적합한 역할을 맡아야 한다.

자리 제의를 받아들이지 말아야 하는 경우

- 당신의 직감이 아니라고 말한다. CEO 자리가 아니었다면 이 역할을 맡거나 이 회사에 들어가지 않았으리라 생각한다.
- 회사가 건전하고 문제를 바로잡을 수 있다고 믿을 만한 타당한 근거가 없다.
- 전임자들이 퇴사하거나 해고된 이유를 명쾌하게 파악할 수 없다.
- 채용하거나 해고할 결정권이 없다.
- 이사회에서 그만둘 가능성이 없는 중요한 이사 한 명이나 일부 주요 이사들과 사이가 좋지 않다.
- 회사의 재정 상태, 특히 현금 유동성을 파악하기 힘들다.
- 그 자리에서 성공하기 위해서는 당신 자신을 많이 바꾸어야 할 것 같다.

보석 기업 존 하디의 CEO 로버트 핸슨도 첫 CEO의 역할이 자신과 맞지 않았고, 그 제의를 수락하기도 전에 그렇다는 사실을 이미 알았다고 털어놓았다. 당시 로버트는 샌프란시스코에 거주하면서 리바이스의 글로벌 브랜드 사장으로 근무했다. 그때 아메리칸 이글이 침체한 브랜드에 새로운 활력을 불어넣어달라면서 CEO 자리를 제의했다.

"피츠버그에 있는 호텔 방 창가에 서서 강 너머를 내려다보며 아내에게 '내게 맞지 않는 자리야'라고 말했던 기억이 납니다."

자신이 필요하다고 생각하는 변화를 시도하면 설립자가 저항하리라는 직감이 들었다. 뼛속까지 도시인인 로버트는 샌프란시스코에서 누리는 대도시 생활이 좋았다. 하지만 CEO가 될 준비가 되었다고 생각했고 그 자리를 잡고 싶었다. 게다가 CEO 제의는 날마다 오는 기회가 아니었다. 그래서 걱정을 억누르며 제의를 받아들였다. 하지만 2년이 채 지나지 않아, 계약 기간이 끝나기도 전에 로버트는 우려했던 사항들을 둘러싸고 갈등을 빚으며 결국 회사를 떠나야 했다.

CEO가 해고되는 70가지 사례를 분석한 결과 그중 약 40퍼센트는 직업이 요구하는 조건에 잘 맞지 않기 때문이었다.[7] 마이클 조던이 프로야구 경기에 출전했던 시기를 기억하는가? 그의 성적은 그다지 좋지 않았다. 세계 수준급 운동선수라도 기량을 최대한 발휘하고 싶다면 자신에게 적합한 종목을 선택해야 한다. 이사회는 사업 방침을 단호하게 끌고 나갈 인물을 원하는 반면 CEO는 실적을 개선하기 위해 혈기왕성하게 변화를 추구한다면 갈등을 겪을 것이다. 이사회는 18개월 안에 회사를 매각할 조건을 갖춰주기를 원하는 반면 CEO는 앞으로 10년간 회사를 10억 달러 가치의 업계 선두주자로 성장시키겠다는 목표를 세운다면 갈등을 겪을 것이다. 이와 마찬가지로 영리한 마케팅 전략과 판매 전략으로 브랜드를 되살려 인기 있는 리더가 될 수도 있지만, 혼란스러운 회사를 이끌라고 영입되었다가 완전히 실패할 수도 있다.

제의받은 자리에 자신이 맞을지 어떻게 알 수 있을까? 우리는 CEO 수백 명을 평가하고 코칭한 후에 공통적인 CEO 유형 네 가지를 발견했다. 대부분의 리더는 어느 한 유형에 완벽하게 들어맞지 않지만, 하나 혹은 두 개의 유형에서 자신을 발견할 수 있을 것이다. 이와 마찬가지로 기업도 시간이 흐르면서 CEO가 다양한 기술을 구사해주기를 바랄 수 있지만 실제 역할은 대부분 네 가지 유형 중 하나로 기우는 경향이 있다. 한 회사에 적합한 CEO 후보자라도 다른 회사를 이끌기에는 부적합할 수 있다.

당신은 다음의 유형 중 어디에 해당하는가? 이 점을 파악하면 잘못된 도전을 받아들이는 실수를 피할 수 있다.

1. **한계에 도전한다.** 이 유형에 속하는 CEO는 상당한 창의성과 기업가 정신을 발휘해 공격적으로 성장을 추구한다. 때로 신뢰성을 희생하면서까지 과단성과 적응성을 추구한다. 그들은 급속하게 변화하는 산업과 고도로 성장하는 중소기업에서 활동하기에 적합하다. 신중하고 예측 가능한 방식으로 사업을 수행하기보다 일반적으로 돌파구를 뚫는 기회를 잡는 데 강하다. 많은 설립자와 사업가가 이 유형에 해당한다. 테슬라 모터스와 스페이스 엑스의 CEO 일론 머스크Elon Musk가 여기에 속하는 전형적인 인물이다. 일론이 추구하는 스페이스 엑스 사업은 화성을 식민지로 개척하는 것이다.

    에바 모스코위츠Eva Moskowitz도 마찬가지다. 그녀는 할렘에서 석세스 아카데미 차터스쿨을 설립해 뉴욕 시에 있는 46개교 1만 5,500명이 재학하는 최대 자율형 공립학교 체제로 키워냈다. 노조의 맹렬한 반대, 시 정부와 벌인 투쟁, 살해 위협, 그 외의 수없이 많은 장애에도 굴복하지 않고 야심찬 비전을 원동력으로 무작위 추첨 방법을 사용해 저소득 소수집단 아동을 주로 선발하는 자율형 공립학교 체제를 세운 뒤 뉴욕 주에서 학업성취도가 가장 높은 학교로 키워냈다.

2. **낭비하지 않고 인색한 업무 기계이다.** 여기에 해당하는 CEO는 효율성의 본보기다. 가치를 최대화하고 비용을 절감하기 위해 과정을 재설계한다. 이러한 기술은 비용 측면에서 경쟁 우위인 기업에 가장 적

합하다.

다나허의 CEO 래리 컬프Larry Culp가 눈에 띄지 않으면서 전형적인 예다. 래리는 새로 인수한 기업에 다나허의 사업 시스템을 일관성 있게 주입하고 장기적으로 꾸준하게 실적을 내서 주주들에게 보상하는 방식으로 다나허를 능률적인 기업으로 성장시켰다. 다나허만큼 인상적으로 장기 수익을 거두는 기업은 많지 않다. 2000년 래리가 CEO로 취임할 당시 주당 10달러 미만이었던 다나허의 주가는 그가 퇴임할 때 거의 80달러까지 올랐다.[8]

3. **응급실 외과 의사이다.** 전형적으로 실적개선형 CEO다. 절박한 상황에서 빛을 발하고 어려운 결정을 내릴 때 망설이지 않으며 아드레날린이 솟구치는 사람이다. 노련한 협상가인 경우가 많다. 출중한 과단성과 상황을 역전시키기 위해 행동하는 성향이 있으므로 문제가 많은 회사로 자주 옮겨 다닌다.

   데이비드 시걸David Siegel이라는 이름은 생소할지 모르지만 콘티넨털 항공, 프론티어 항공, US 항공, 에비스 버젯 그룹 등 그가 살려낸 기업들의 이름은 들어보았을 것이다. 대개 상황이 악화된 기업에서 지원 요청을 받는 데이비드는 수술용 메스와 망치를 솜씨 좋게 휘둘러 비용을 대폭 절감하고(어느 기업에서는 1년간 20억 달러를 절감했다!), 인력을 줄이고, 공급업체와 재협상하고, 상황을 역전시키기 위해 필요한 일이라면 무엇이든 한다.[9] 충격요법이 더 이상 필요하지 않으면 다음 기업으로 자리를 옮긴다. 데이비드가 한 기업에서 CEO로 일하는 평균 기간은 대략 3년이다.

4. **믿고 의지할 수 있다.** 이 유형에 속하는 CEO는 신뢰성을 추구하고 종종 영향력을 확대하기 위해 관계를 형성하는 능력이 뛰어나다. 직

원의 동의를 구하고 의견에 귀를 기울이며 꾸준히 변화를 추구한다. '믿고 의지할 수 있는' CEO는 신중하고, 조직의 가치를 보호하기 위해 문화와 과정을 모두 중요시한다. 급속하게 변화하는 산업이나 사모펀드 기업보다는 비영리 기관처럼 사명을 추구하는 조직이나 저성장 산업에서 주로 활동한다.

자신의 기술이 직업과 잘 맞는 경우에 CEO는 탁월한 결과를 달성할 수 있다. 하지만 기업이나 부서가 필요한 종류의 리더를 채용하는 데 실패하면 실망스러운 결과를 얻기 십상이다. 그러한 상황에 빠지지 않으려면 면접 과정이라는 제한된 기회를 활용해야 한다. 면접은 기업이 후보자를 진단하는 기회이자 후보자가 기업을 진단하는 기회이다. 이때는 무엇보다 맥락이 중요하다. 당신이 잠재력을 최대로 발휘해 성과를 달성할 수 있는 맥락과 환경은 무엇인가? 이는 자신의 사업 가치, 리더십 방식, 삶의 우선순위 사이의 함수관계로서 그 대답은 사람마다 달라 보인다.

아메리칸 이글을 떠난 뒤 로버트 핸슨은 6개월 동안 '몹시 영악한 사람들과 80차례의 흥미진진한 대화'를 하면서 앞으로 사신이 어떤 종류의 역할을 추구해야 하는지 곰곰이 생각했다고 말했다. 어쨌거나 고정관념에서 벗어나 믿을 수 있는 사람에게 자신을 평가해달라고 부탁하면 자신의 강점과 리더십 방식을 더욱더 분명하게 파악할 수 있다.

로버트는 자신이 CEO로서 이끌고 싶은 기업을 글로 작성했다. 고성장 잠재력을 지니고 사명을 동력으로 삼으며, 가치에 근거해 고성과를 추구하고 사업가 정신을 높이 사는 문화를 지닌 진정한 글로벌 브랜드 기업에서 일하고 싶었다. 기업을 이끌고 성장시키는 방법에 관해 뜻을 함께하는 현명한 동업자들과 더불어 자신의 강점을 활용해 이끌 수 있는 기업에서 일하고 싶었다. 로버트처럼 자신이 원하는 사항을 기록하는 것이 중요하다. CEO나 고위직 리더를 채용하려 할 때 따르는 아첨과 흥분에 가려 주의가 산만해지기 쉬운 환경에서 분명하게 참조할 수 있는 근거가 되기 때문이다. 그러면 기업을 향한 열망과 역할에 대한 기대를 잘 조율할 수 있는지를 드러내는 까다로운 질문을 던지는 훈련을 할 수 있다.

로버트의 체계적인 탐색은 2014년에 결실을 맺었다. 자신이 설정한 기준을 모두 충족하는 소형 사모펀드 기업인 존 하디의 CEO가 되었기 때문이다. 재임 기간에 로버트는 브랜드 이야기를 풍성하게 만들고 제품의 질을 높이기 위해 노력했다. 또한 마케팅과 유통, 매장 개설, 전자상거래와 국제 거래의 확대, 영업 향상 등에 주력했다. CEO로서 2년간 험난한 장애를 무사히 넘기면서 팀을 이끌고, 전략 플랫폼을 구축해 브랜드 변화를 가속화하는 한편 순탄치 않은 소매시장 환경에서 수익과 시장점유율을 증가시켰다. 적합한 맥락에서 리더십을 발휘했다는 사실을 알 수 있는 시금석은 무엇일까? 설립자로서 좀처럼 다른 사람에게 감동을 받지 않는 존 하디와 신시아가 자신들이 설립한 브랜드에 충실하면서도 오늘날의 시장에서 경쟁하기 위해 브랜드를 현대화했다며 칭찬을 아끼지 않았다는 사실이다.

리더의 자리에 오르더라도 스스로 통제할 수 없는 요소가 많다. 하지만 어떤 직업을 선택할지는 전적으로 자신이 선택할 수 있다. 직위보다는 기회가 중요하다. 그러므로 속단하지 말고 결정하는 속도를 늦추면서 자신에게 적합한 성공 조건을 선택하라.

요점

1. 면접관이 어떤 생각을 하고 있는지 파악한다. 면접관에게 '안전한 선택'은 무엇인가?

2. 당신이 안전한 선택이라는 점을 명쾌하게 전달한다.

   • 자신감, 능력, 편안하고 긍정적인 에너지를 발산한다.

   • 인상 깊고 적합한 이야기를 전달한다.

   • 의제를 세운다.

3. 가장 중요한 점은 자신에게 적합한 직업을 선택하는 것이다!

제3부

결과를 산출하라

역할에 따르는 도전을 통과하라

1	2	3
강해져라	정상에 올라라	결과를 산출하라

• 정상에 오르는 것을 방해하는 5가지의 위험

• 그냥 아무 팀이 아니라 자신의 팀을 구축하라

• 거물인 이사진과 함께 춤을 추어라

제9장

정상에 오르는 것을 방해하는 5가지의 위험

"멋진 장소로 떠나자!
오늘은 너의 날이다!
너의 산이 기다리고 있다.
그러니…… 길을 떠나자!"

_닥터 수스, 『네가 갈 곳』

화창한 2015년 6월의 어느 날 매들린 벨은 필라델피아 아동병원의 12층 사무실에 앉아 있을 때 전화를 받았다. CEO로 내정되었다고 했다.

매들린은 뛸 듯이 기뻤다. 32년간 헌신적으로 일한 결과, 아동의 생명을 구하고 소아 의료 서비스의 세계적 기준을 세우는 일에 기여하는 세계 일류 소아과 전문 병원의 수장으로 선출되었기 때문이다. 감정이 솟구쳐 울컥한 그녀는 올림픽 경기장의 트랙에 오른 세계 정상급 선수가 된 것만 같았다. 그녀는 "이 순간을 맞으려고 평생을 보냈다는 생각이 들었습니다. 기쁨, 의심, 두려움, 희망이 뒤섞여 밀려왔어요"라고 회상했다. 누구에게나 숨이 막힐 정도로 기쁜 순간이겠지만 매들린에게는 필라델피아 아동병원의 160년 역사에서 여성으로서도 간호사로서도 최초로 가장 높은 자리에 오르는 것이었으므로 획기적인 성취였다.

6주 뒤 매들린은 CEO로 취임하자마자 곤란한 문제, 긴급한 질문, 요청이 홍수처럼 쏟아지는 진원지에 자신이 놓였다는 사실을 깨달았다. 최고재무책임자와 자문위원들은 매들린이 전혀 파악하지 못하고 있는 임무들을 신속하게 부각시켰다. 예를 들어 매들린은 필라델피아 아동병원에서 분리되어 연간 20억 달러의 매출을 거두는 유전자 치료 기업 스파크 테라퓨틱스의 주요 주주로서 병원을 대표하는 역할을 하게 되었다. 게다가 감쪽같이 몰랐던 현상이 벌어졌다. 조직 안팎에서 행사에 참석해달라는 요구가 빗발쳤던 것이다. 매들린이 나타날 때마다 사람들은 단 몇 분이라도 관심을 끌려고 줄을 섰다.

매들린은 곧 자신의 역할을 새로운 시선으로 보기 시작했다.

"전에는 일하기가 사실 쉬웠어요. 상사가 한 명뿐이었거든요. CEO가 되면 상사가 없을 거라고 생각했는데 정작 CEO 자리에 오르고 나니까 상사가 한 명도 아니고 수천 명인 거예요. 전체 직원 1만 4,000명, 전체 지역사회, 기증자들, 이사회 이사들, 병원에 관심 있는 온갖 사람들이 전부 상사인 셈이죠. CEO로 취임하고 나서 첫해 동안 한밤중에 깨어나면 불안감이 파도처럼 밀려왔어요. 모든 사람이 성과 달성을 전적으로 내게 의존하니까요. 일이 크게 잘못되기라도 하면 어쩌지? 책임감이 어깨를 짓눌렀습니다."

신임 CEO의 뇌에서 감정을 추적할 수 있는 MRI가 있다면 매들린과 비슷한 생각과 반응을 포착해낼 것이다. 처음에는 감정이 고조되며 쾌재를 부른다. 내가 드디어 해냈어! 내가 정말 CEO가 된단 말이야? 그러다가 불안 쪽으로 감정이 기운다. 맙소사! 대체 내가 어떤 구덩이로 들어간 거지? 병원이 바닥을 치고 일어서느냐가 이제 모두 내게 달렸어. 나는 준비가 되었을까? 실패하면 어쩌지?

매들린은 많은 CEO를 대변하는 입장에서 그 역할에 대해 말했다.

"사람들이 리더에게 거는 기대가 생각보다 훨씬 큽니다. 그런데 그 책임감의 무게를 제대로 알고 있는 사람은 거의 없어요. 외로운 자리입니다."

매들린은 하룻밤 사이에 유명 인사가 되었다. 이제는 어디를 가든 사람들 앞에 선다.

"참석하는 모임마다 내가 현미경 아래에 놓이는 셈이랄까요? 사람들은 'CEO는 어떻게 반응할까? 그녀의 몸짓은 무슨 뜻이지? 무슨 말을 하고 있지?'라며 주시합니다. 나는 아침에 눈을 뜨면 일정표를 보고 생각합니다. '이사회의 감사위원회 회의에 참석해 중요하면서도 성가신 주제를 다뤄야겠군. 그런 다음 급히 자리를 옮겨 대형 모금활동 행사를 주최해야 해' 등등이요. 처리해야 할 일이 줄을 서 있습니다. 장소를 옮길 때마다 나는 어떤 모습으로 등장하고 싶을까요?"

우리의 경험으로 미루어 판단해보면 일반적으로 CEO가 자기 역할을 편안하게 수행하기까지는 대략 2년이 걸린다. 그렇다면 이사회가 치명적인 결함을 보이는 CEO를 파면하기까지는 보통 얼마나 걸릴까? 그것도 대략 2년이다. 따리서 CEO가 자신의 능력을 입증해 보인 시간은 길지 않다. 신임 CEO나 새로운 역할을 맡은 사람들의 머릿속에는 '내가 모르는 사이에 내 목을 조를 수 있는 문제는 무엇일까?'라는 중요한 질문이 떠오른다.

우리는 이 질문에 대한 근본적인 대답을 찾기 위해 CEO가 해고된 70가지 사례를 분석했다. 처음 CEO 자리에 오른 사람들이 흔히 저지르는 실수의 유형도 면밀히 검토했다. 투자자, 이사진, 팀원 등을 인터뷰해 실수한 원인과 상황, 결과를 분석했다. 이 책의 제3부에서는 리더들이 처음 CEO가 된 뒤에 저지르는 큰 실수를 피할 수 있는 비결을 알려주려 한다. 이 비결은 굳이 CEO가 아니더라도 어떤 역할을 새로 맡은 사람이라면 누구나 적용할 수 있다.

많은 첫 CEO가 훗날 과거를 돌아보고 나서야 비로소 깨닫는 점이 있다. CEO라는 새로운 역할은 이전에 수행한 리더 역할보다 조금 더 어렵고 규모가 큰 정도에 그치지 않는다. 자신의 습관, 추측, 주의, 시간, 여과 장치, 관계 등을 전환해야 하는 완전히 다른 직업이다. 첫 CEO가 저지르는 실수의 유형을 분석한 자료에 따르면 새로운 직위의 독특한 속성에 신속하게 적응하지 못해 허덕이는 리더가 전체의 40퍼센트 이상이었다.[1]

당신은 이미 이 책을 제8장까지 읽었으므로 이제 CEO의 역할을 감당할 준비가 되었을 것이다. 제9장에서는 첫 CEO나 고위직 리더가 새로운 역할에 적응하기 위해 피해야 하는, 가장 흔한 다섯 가지 위험을 밝히고 그것을 헤쳐나갈 수 있는 무기를 제공할 것이다. 그런 다음 제10장에서는 신임 CEO가 가장 흔히 저지르는 실수, 다시 말해 팀을 신속하게 정비하지 못하는 실수에 대해 깊이 살펴볼 것이다. 제11장에서는 대부분의 신임 CEO에게 최대 걱정거리인 이사회라는 새로운 세계를 어떻게 헤쳐나갈 것인지를 살펴볼 것이다. 제3부에 서술한 교훈을 적용하면 미리 실수를 막을 수 있으므로 회사를 성공으로 이끌고 업무를 추진하는 과정에서 불가피하게 발생하는 사건을 다루는 데 더욱더 많은 에너지를 쏟을 수 있다. 또한 무엇을 걱정하고, 무엇을 걱정하지 말아야 하는지를 알면 정신이 자유로워져 승리라는 목표를 향해 나아갈 수 있다.

미국의 코미디언 그루초 막스Groucho Marx는 다른 사람의 실수에서 배워야 하고, 그러지 않으면 실수를 하기도 전에 그 직장에 다니지 못할 수도 있다고 말했다.

위험 1 : 벽장에 숨어 있는 귀신

당신이 한 기업의 지휘권을 손에 쥐었다고 해보자. 무엇보다 정상의 직위에 걸맞은 능력을 입증해 보이고 싶을 것이다. '비전 운운하는 이야기'를 들었으므로 미래를 여는 감동적인 비전을 제시해 이사회와 팀의 찬사를 받고 싶어 조바심이 난다. 아니면 업무를 처리하는 자신의 능력에 자부심을 느끼고 무수히 열거한 우선 과제 목록을 따라 내려가며 하나씩 신속하게 해결해나가는 모습을 보이고 싶은 마음이 굴뚝같다. 자신의 업무 스타일이 어떻든 강력하고 인상적으로 출발하고 싶은 열망이 들끓는다. 그러므로 우리의 첫 조언에 귀를 기울이기가 매우 힘들지도 모르겠다.

멈춰라.

잠시 한숨을 돌려라.

밝은 미래를 그리기 전에, 심지어 탐스럽게 '낮은 가지에 달린 열매'를 따기 전에 자신이 걸어 들어가고 있는 장소를 자세히 살펴라. 사내에서 승진했든 외부에서 영입되었든, 새롭고 낯선 집 안으로 이동하는 것이므로 수리 작업에 착수하기 전에 자신이 물려받은 환경에 친숙해져야 한다. 그렇다면 먼저 무엇을 해야 할까? 공포영화마다 빠지지 않고 등장하는 끔찍한 장면을 재현해보자. 영화 속 주인공이 등에 칼이 꽂히기 전에 귀신을 찾아 제압하려고 문을 열고 커튼을 젖히며 한 발짝씩 집 안으로 걸어 들어간다.

이사회가 업무에 관해 아무리 상세히 보고했더라도 샤워커튼 뒤에 연쇄살인범이 숨어 있다는 말은 하지 않았을 것이다. 이사들도 모르고 있을 가능성이 있다. CEO 자리에 올라 가장 먼저 내려야 하는 지시는 어두운 구석을 샅샅이 뒤져 그 연쇄살인범이 진짜 위협인지, 아니면 섬뜩할 뿐 해롭지 않은 그림자인지 판단하고, 이를 가장 잘 다룰 수 있는 방법을 결정하는 것이다.

재활용 회사에 CEO로 취임한 '폴Paul'을 예로 들어보자. 폴은 회사가 더러운 플라스틱을 재사용할 수 있는 깨끗한 플라스틱으로 바꾸는 획기적인 신기술을 갖고 있다는 말을 들었다. 멋진 이야기였지만 정작 근무하기 시작하면서 첫 귀신을 만났다. 제품이 현장에서 예상했던 만큼의 기능을 발휘하지 못하고 있었던 것이다. 결과적으로 매출 주기가 늘어지면서 현금이 바닥나기 시작했다. 폴은 해고되지 않았지만 더 이상 급여를 받을 수 없었으므로 회사를 떠나야 했다. 귀신을 모두 물리칠 수 있는 것은 아니다. 하지만 귀신을 일찍 발견할수록 살아남을 가능성이 높아진다.

그렇다면 CEO는 어떤 종류의 위협에 직면할까? 흔히 부딪히는 예를 몇 가지 들어보자.

- 이사회의 기대와 사업 현실 사이에 큰 차이가 있다.
- 예를 들어 주요 고객의 이탈, 거대 프로젝트의 비용 초과, IT 수행 문제처럼 재정이나 운영에 숨어 있는 폭탄이 이제 CEO의 손 위에 놓인다.
- 사업을 성장시키는 데 필요한 변화를 방해할 가능성이 있는 신성화된 관습이나 문화적 맹점이 존재한다.
- 자신에게 중요한 한두 직위 아래의 직원이 직무를 완수하지 못하거나 회사를 떠나려 한다는 신호가 발생한다.

귀신을 물리치는 최고의 방법은 무엇일까? 빛을 끌어들이자. 이사진과 팀에 귀신들을 펼쳐 보이며 '이것이 우리가 직면한 현실이고 맞붙어 싸워야 할 대상입니다. 이제 어떻게 대처할 것인지 방법을 강구해봅시다'라고 말한다. 시간이 얼마 남지 않았다. 역할을 새로 맡고 나서 처음 6개월 안에 빚을 끌어들여 해결한 문제는 당신에게 주어진 조건의 일부로 간주된다. 그 후에는 당신의 문제가 된다. 귀신을 일찍 꺼내 보이지 않으면 언제라도 동행해야 한다. 그러므로 배운 교훈을 활용해 현실적인 기대를 세우고, 그 기대를 충족하기 위해 정보를 충분히 활용해 계획을 발전시켜라. 정신이 번쩍 들게 하는 소식을 내세우며 새로운 CEO의 역할을 시작하는 것이 힘들기는 하지만 애초부터 현실성이 전혀 없는 기대는 물리칠 수 있다.

정수기를 제조하는 기업으로, 사모펀드 기업에 인수된 컬리건에 CEO로 취임한 스코트 클로슨은 회사의 재정 상태를 점검하고 나서 사업 진행 속도가 계획보다 늦어지고 있다는 사실을 발견했다.

"예전 경영진은 기업을 투자자들에게 매각할 때 EBITDA(이자 비용, 세금, 감가상각비를 빼기 전의 순이익 - 옮긴이)가 6,000만 달러일 거라고 예측했습니다. 하지만 내가 세세하게 따져보자 4,500만 달러에 가까웠습니다. 나는 즉시 뉴욕으로 날아가 이사진과 이 문제를 진지하게 의논했습니다. 결국 이사들은 내 의견을 지지해주었습니다."

CEO 자리에서 같은 투자자들과 두 번째로 일하게 된 것이 스코트에게는 행운이었다. 스코트는 바로 전 직장에서 같은 사모펀드 기업의 편에 서서 CEO로 일하며 수익을 거의 네 배로 늘렸다. 그래서 취임 첫해에 성장을 기록하지 못했는데도 이사회의 지지를 받을 수 있었다.

"우리는 상황을 이해하고 당신을 믿습니다. 계획대로 밀고 나갑시다."

다음 3년 동안 스코트는 한때 누가 들어도 아는 유명 브랜드의 매출을 끌어올리고 실적을 눈에 띄게 개선하면서 EBITDA를 연간 약 1,000만 달러나 성장시켰다.

　새로운 직무를 맡아 잠시 멈춰 서서 한숨 돌릴 때 밟는 첫 단계는 주요 이해관계자의 말을 끝까지 경청하는 것이다. 당신이 CEO이든 중간급 관리자이든 개인 투자가이든 마찬가지다. 제11장에서는 이사회와 효과적인 협력 관계를 구축하는 방법을 자세히 살펴보고, 이사회가 CEO의 업무에 대해 생각하는 방식과 이사회가 지닌 필요와 미래에 대한 기대를 명쾌하게 설명할 것이다. 이러한 점을 파악하고 나면 자료를 수집해 자신의 관점을 발달시켜야 하는 훨씬 더 힘든 일이 기다리고 있다. 이제 다른 사람의 생각을 듣기 시작해야 할 때다. 제3장에서 처음 소개했던 빌라봉의 CEO 닐 피스케는 취임하고 나서 처음 몇 주 동안 매일 한 시간씩 적어도 두 단계 이상 직위가 낮은 관리자들과 중역팀을 만났다. 그는 이렇듯 대화하려고 노력해서 얻은 피드백에 대해 "다뤄야 하는 문제와 해결해야 하는 질문을 지적하는 풍부한 지침이었습니다"라고 언급했다.

　다음 단계로 나아가보자. 사무실을 서성이고, 현장 사무실을 찾아가고, 직원에게 어떤 방법이 통하고 어떤 방법이 통하지 않는다고 생각하는지 묻는다. 외부로 나가 자신이 몸담고 있는 산업에 대해 좀 더 광범위한 관점을 얻는다. 외부인, 그리고 누구보다 중요한 전문가인 고객을 인터뷰한다.

　큐뮬러스 미디어의 CEO 메리 버너는 2007~2011년 리더스 다이제스트의 CEO로 일할 당시 다른 사람의 의견을 듣기 위해 자신이 어떤 노력을 기울였는지를 설명하면서 "내가 어떤 이야기를 들었는지 믿지 못할 겁니다"라고 덧붙였다. 메리는 50여 개국에 흩어져 있는 현장 사무실을 정기적으로 방문해 우편물실 직원부터 시작해 무작위로 열 명을 모아 비공식 대화를 진행했다. CEO의 입장에 선다면 무엇을 하겠냐고 직원들에게 물었다. 회사를 훨씬 더 발전시킬 수 있다고 생각하는 방법이 무엇이냐고도 물었다. 그러면서 직원의 대답을 듣고 계속 메모했다. 이러한 방식으로 메리는 엉뚱한 의견("회사 잔디에 거위 똥이 너무 많습니다")부터 심각한 의견("부정한 방식으로 비용이 지출되고 있습니다")까지 직원들이 지적하는 문제에 귀를 기울였다.

예를 들어 연소자 관람 불가 등급의 폭력물이 아니라 부모 동반 등급의 스릴러물 영화처럼 CEO가 기본적으로 안정된 회사를 물려받을 만큼 운이 좋더라도 이사회, 중역, 말단 직원, 고객에게서 서로 충돌하는 의견을 자주 들을 것이다. 그 어떤 의견이든 사업의 현실적인 기준치를 정하고, 현실에 뿌리내려 목표를 설정하고, 주의를 기울여야 하는 위험을 식별해내는 데 유용하다.

맞닥뜨리는 모든 귀신을 쫓아내지 못할 수도 있다. 하지만 문제를 해결하기 힘들더라도 파악하고 있기만 해도 기습을 당하는 일은 막을 수 있으므로 경력에 오점을 남기지 않는 동시에 해결책을 찾을 여유를 누릴 수 있다. 당신이 제시하는 인상적인 새로운 계획에 모두 흥분할 수 있도록 벽장에 숨어 있는 위험을 환한 불빛 밑으로 꺼내라.

CEO가 된 첫해에 해야 할 일

- 회사의 상태를 평가하고 숨어 있는 위험을 벽장에서 꺼내놓는다.
- 비전과 전략을 세운다.
- 계획·예산·예측에 관한 기준치와 새로운 기대치를 이사회(해당한다면 시장)와 함께 설정한다.

- 초기에 거둔 두 건의 승리를 평가한다.
- 필요하다면 팀을 평가하고 정비한다.

위험 2 : 번개같이 흐르는 시간

이메일, 기조연설 기회, 미디어 요청, 회의, 기금 모금, 축하 행사, 크고 작은 결정, 새로운 정보, 책임……. 이제 화장실에 들어가도 사람을 맞닥뜨리고 인사를 나누고 대화하게 된다. 아메리칸 익스프레스의 최고인사책임자로서 현재 몇몇 기업의 이사로 활동하면서 리더십에 관해 자문해주는 케빈 콕스Kevin Cox는 첫 CEO의 역할을 새로 쿼터백이 된 것에 비유했다.

"신참 쿼터백의 눈에는 경기가 엄청나게 빨리 돌아가죠! 좋은 코치는 경기의 체감 속도를 늦추기 위해 경기를 단순화하려고 합니다. 새로 취임한 CEO가 보기에는 게임이 빨리 진행되죠. 그래서 즉시 일에 치이고 맙니다. 기량을 제대로 발휘하며 뛸 수 있도록 경기의 속도를 늦출 필요가 있어요. 그러지 않으면 기회를 너무나 많이 얻었는데도 벤치 신세를 면할 수 없거든요."

이처럼 시간적 압박을 느끼며 극도로 긴장하는 경향은 특히 CEO에게 강렬하게 나타나지만 규모가 더 큰 조직으로 자리를 옮기는 리더라면 누구라도 이러한 경향을 어느 정도 경험할 것이다.

우리는 정상에 올랐을 때 시간을 사용하는 초점이 어떻게 바뀌었느냐고 CEO들에게 물었다. 판매 부서를 제외하고 CEO가 아닌 중역들은 평균적으로 업무 시간의 80퍼센트를 사내 업무 처리에 사용했다. 그와 달리 CEO의 경우 그 비율이 55퍼센트로 떨어졌다.[2] 외부에서 보내는 시간은 20퍼센트에서 45퍼센트로 두 배 이상 증가했다. 상당히 많은 이해관계자는 CEO가 이사진, 주주, 규제기관, 정부, 고객, 협력업체 등에 관심을 기울이고 업계와 언론을 포함해 활동 영역을 더 넓혀주기를 바란다. 달리 표현하면, 기업을 운영하는 가장 도전적인 임무를 맡은 데 반해 정작 투입할 수 있는 시간은 이전 직위에서 임무 수행에 사용했던 시간보다 훨씬 적다는 뜻이다. 과거에 들인 시간의 3분의 2만 사용하면서 CEO의 임무를 수행할 수 있을까? 수행할 시간이 물리적으로 부족해 보이는 임무를 어떻게 하면 완수할 수 있을까? 시간을 어떻게 늘릴 수 있을까?

그 첫 단계는 주의를 집중해야 할 대상이 아니라 시간을 바꾸는 것이다. 시간은 더욱 빨리 움직이고 있으므로 앞을 내다보라. 번개 같은 속도로 원하는 목적지에 도달할 수 있도록 미래에 좌표를 맞춰라. 시간 지평을 더 멀리 확장하는 CEO는 조직을 더욱더 성공적으로 변화시킨다. 일반적으로 말해서 CEO가 아닌 중역들이 앞으로 맞이할 12개월에 영향을 미치는 문제에 초점을 맞추느라 업무 시간의 약 80퍼센트를 소비한다면, CEO는 앞으로 1년이 넘는 시간대에 초점을 맞추느라 집중력의 40퍼센트 이상을 쓴다.[3] 이러한 사실은 시간을 할애해달라는 외부의 요구를 거르는 필터 역할을 한다. '지금부터 1~2년 동안 이 문제가 중요할까?' 따라서 이러한 필터 기능은 새로운 역할에 따라오는 인지적 부담을 처리할 수 있는 주요 요소이다.

두 번째로 중요한 필터는 사무 비서이다. CEO는 사람과 시간, 자본을 적절히 배치해 결과를 창출한다. 비서는 전략적 도구인 CEO의 시간을 조정하는 임무를 수행한다. 매들린 벨은 CEO 자리에 오를 때 비서를 데려갔다. 자신이 최고운영책임자로 재임하는 동안 비서가 유능하게 업무를 보조했기 때문이다. 매들린은 새로운 역할을 둘러싼 혼란의 소용돌이 한가운데에 있으면서도 작지만 중요한 안정감을 누리고 싶었다. 하지만 애석하게도 매들린의 역할과 우선순위가 극적으로 바뀌었는데도 비서는 여러 해 동안 사용해온 방식대로 일정을 관리했다. 예를 들어 사내 인사들과 일대일로 만나는 것을 일정에 우선적으로 배정하고, 이사회와 다른 외부 인사들의 요구는 CEO의 집중을 방해하는 요소로 다루었다. 그래서 매들린은 비서에게 지시했다.

"나는 CEO이므로 예전과 다른 방식으로 시간을 사용해야 합니다. 지금은 이사회와 외부 인사에 우선권을 줘야 해요. 현재 내 사무실로 들어오는 사람들 중에서 많은 사람은 내가 아니라 최고운영책임자에게 가야 합니다."

매들린은 강력한 신뢰성 근육을 사용해서 비서를 코칭했고 자신과 상호 작용하는 방법을 다른 직원들에게 훈련시키도록 했다. 예를 들어 최고운영책임자 자리에 있을 때는 합병계약서를 전부 읽고 법무자문위원들에게 자기 생각을 말할 시간이 있었다. 하지만 지금은 더욱더 중요한 업무에 집중해야 했다.

"내가 결코 시도해보지 않은 방식으로 거르고 포장하는 인적 시스템을 구축해야 했습니다."

준비가 되지 않은 서류가 들어오면 비서가 퇴짜를 놓는다. CEO에게 올라오는 모든 서류는 요약된 형태로 제출해야 한다.

좀 더 높은 직위에 올라 새로운 임무를 맡으면 자신과 함께 일할 수 있도록 주위에 있는 직원을 훈련시켜야 한다. 한 CEO는 직속 부하직원과 일대일 회의를 하기 전에 구체적인 형식을 전달해주라고 비서에게 지시했다. 회의 의제로는 주요 계획의 진행 상황, 중요한 결과, 직업 만족도를 포함해 사전에 정한 여섯 가지의 우선순위 영역을 다룰 수 있다. 부하직원에게는 회의를 하기 이틀 전에 의제를 항목별로 정리해 제출하라고 지시한다.

지나치게 까다로우면서 형식에 얽매인다는 생각이 드는가? 새로운 규칙이 성가시다고 생각할 수도 있지만 CEO와 효율적으로 일할 수있는 방식을 명쾌하게 알려주었다며 고마워하는 사람이 많을 것이다. 2,000만 달러 가치의 기업을 경영하면서 이틀 전에 준비하는 것조차 버겁다면 자신의 시간과 주의를 중요한 우선 과제에 할당하기 위해 무엇을해야 할지 자문하라. 일정을 관리하는 권한을 비서에게 위임하는 등 간단한 방법을 사용하면 시간과 에너지를 크게 절약할 수 있지만, 특히 사업가의 경우에는 실천하기 힘들 수도 있다. 급속도로 성장 중인 소형 소프트웨어 기업의 CEO 롭 웽거는 이렇게 말했다.

"모든 업무를 직접 챙겨 버릇했다면 비서에게 권한을 위임하기가힘들 수 있지만, 그렇게 하면 사실 삶을 바꿀 수 있습니다. 도움을 받으면자신의 삶이 바뀝니다. 하루를 효율적으로 보낼 수 있고, 자신에게 닥치는 일에 반응하는 데 그치지 않고 목표와 연결된 일에 시간을 쓸 수 있습니다."

우리는 빠른 속도로 사업을 회생시키는 방법에 대해 CEO 수십 명을 훈련시키고 인터뷰한 뒤 신속한 속도로 업무를 추진하는 전술을 몇가지 더 생각해냈다.

문제의 비중에 맞게 시간과 주의를 분배한다 : 회의를 준비하기 위해 투입할 수 있는 시간이 15분이든 30분이든 문제의 우선순위와 복잡성 수준에 맞춰 시간과 주의를 분배할 수 있도록 일정을 적극적으로 관리한다. 회의에 들어가거나 대화를 시작해 요점을 지적하고 마치는 일련의 과정을 체계적인 습관으로 만든다. 이 책의 공저자인 킴과 일했던 CEO는 킴과 통화할 때 매우 복잡하고 중요한 문제가 발생하지 않는 한 15분을 넘기는 법이 없었다. 오전 6시에 캘리포니아에서 킴에게 전화해 서두르지 않고 꼼꼼하게 대화했다. 나중에 알고 보니 매일 개를 산책시키는 오전 6시를 좀 더 깊이 생각할 여지가 있는 대화를 하거나 결정을 내리는 시간으로 삼았다고 했다.

일정표의 현실성을 점검한다: 비서들과 함께 일정표를 검토하자 많은 CEO가 충격을 받았다. 스스로 일정의 우선순위를 알고 있고, 그 순위에 적극적으로 초점을 맞추고 있다고 믿으면서 어디에 시간을 소비하고 있는지 파악하고 있다고 확신했기 때문이다. 하지만 실제 일정표는 매우 다른 경우가 많았다. 우리는 모든 약속을 분석하고 나서 어떤 이해관계자와 우선 과제가 CEO의 시간과 주의를 가장 많거나 가장 적게 차지하는지 정확하게 도표로 작성했다.

이렇게 검토한 결과는 언제나 의외이다. 예를 들어 한 CEO는 중국으로 사업을 확대하는 것이 '최우선 과제'라고 말했지만 정작 거기에 투입하는 시간은 3퍼센트에 불과했다. 그러니 해당 기업이 목표에서 멀리 동떨어져 있는 것도 전혀 의외가 아니었다. 일정표 검토는 어떤 업무 수행 단계에서든 시간·주의·행동을 사전에 정한 우선 과제에 일치시키는 유용한 방법이다. 가능하다면 먼저 우선 과제에 시간을 어떻게 분배할지 자문한다. 그리고 목표에 견주어 시간을 실제로 사용하는 방식을 점검하라고 비서에게 지시한다. 우리는 CEO로 근무하는 첫해에 이 방법을 두 차례 실시하고 그 후에는 매년 실시하라고 추천한다. 이때 다음 네 가지 질문을 염두에 둔다.

   (1) 일과 삶의 우선순위를 얼마나 충실히 구현해 업무 시간을 분배하는가?

   (2) 관계의 우선순위를 얼마나 충실히 구현해 업무 시간을 분배하는가?

   (3) 단기적인 문제와 장기적인 문제에 시간을 얼마나 쓰는가?

   (4) 내부 문제와 외부 문제에 시간을 얼마나 쓰는가?

정중하게 거절한다 : 앤디 실버네일이 아이덱스 코퍼레이션의 CEO 자리를 제의받자 70대의 현명한 멘토가 그를 점심식사 자리에 데려가 말했다.

"나는 이러한 광경을 예전에도 몇 차례 본 적이 있지. 조언을 해줄 테니 받아들일지 말지는 스스로 판단하게나. CEO의 역할은 종류가 다른 짐승이야. 상당히 부담스러운 동시에 유혹적이지. CEO직이라는 짐승을 제대로 움직이려면 두 가지만 명심하면 되네. 첫째, 팀보다 중요한 것은 없네. 하지만 둘째, 자네가 언제 모습을 드러내고 언제 모습을 드러내지 말아야 하는지를 알아야 하네."

CEO로 임명되면 인기지수가 순식간에 상승한다. 비즈니스 세계와 사회의 엘리트 계층이 모이는 곳에 접근할 수 있다. 부유층이 모이는 구미 당기는 행사에 초대를 받는다. 여러 이사회에 참석해달라거나 회의에서 연설을 해달라는 요청을 받는다. 어제만 해도 다른 CEO들이 강연하며 지혜를 들려줄 때 뒷좌석에 앉아 메모를 했다. 그러니 CEO 자리를 제의받으면 귀가 솔깃하기 쉽다. 하지만 멘토의 조언을 들은 덕택에 앤디는 자리를 탐내며 허겁지겁 달려들지 않고 까다롭고 노련한 태도로 제의를 냉정하게 분석하는 태도를 누구보다 빨리 배웠다. 어제까지만 해도 CEO 자리가 손에 닿지 않아 조바심을 냈지만 이제 더 이상 그러지 않았다. 새로운 CEO들 중에는 자신에게 쏟아지는 인기를 체감하고 지나치게 눈을 낮춰 선뜻 제의를 받아들이는 경우가 너무 많다. 우리는 첫 CEO들에게 제의를 받아들이거나 거절하기 전에 자신이 신참이라는 생각을 벗어버리고 이미 업계를 주도하고 있는 CEO로 관점을 전환하라고 코칭한다. 그러면 중요도가 떨어지는 약속에 소비했던 귀중한 시간과 에너지를 돌려 자신을 일급 CEO로 만들어줄 결과를 산출하는 데 사용할 수 있다.

제의를 받고 유혹에 넘어가기 전에 자신의 목표가 무엇인지 분명하게 파악해야 한다. '내가 진심으로 원하는 것은 무엇일까? 사업을 발전시키고 싶은가? 최고 자리에서 배우고 싶은가? 높은 자리에 오르고 싶은가?' 한 CEO는 취임한 지 몇 달 되지 않아 회사 전용기를 타고 백악관을 방문했다는 이유로 이사회의 견책을 받았다. 그 일로 회사는 실적을 개선하기 위해 허우적거리는 와중에 현금을 지출해야 했고, CEO는 세간의 이목을 끄는 초대를 받아들여 자사의 사업을 돕기보다는 자신의 의제를 진행시키는 데 급급한 인물이라는 평가를 들었다. 사람마다 상황과 판단 기준이 조금씩 다르겠지만 취임 첫해에는 구체적인 목표를 추진하거나 더욱 좋은 CEO로 자리매김해줄 수 있는 초대만 받아들이는 것이 안전하다. 앤디 실버네일은 이러한 기준을 사용하는 동시에 개인적인 기준도 추가로 활용한다. 가족과 보내는 시간을 방해하는 일을 최소화하는 것이다.

위험 3 : 확대 해석과 영구적인 집중 조명

"CEO가 하는 일은 무엇이든 확대 해석됩니다. 직원의 등을 두드릴 때마다, 이메일을 보낼 때마다, 칭찬을 할 때마다 그렇습니다. 더 이상 직원의 책상에 무심코 들를 수가 없습니다. 실제로는 화장실에 가는 길에 들렀을 뿐인데도 직원들은 자신들의 업무 수행을 평가하려는 의도로 들렀다고 생각합니다. 아이가 아파서 CEO가 직원회의에 참석하지 않았다고 합시다. 직원들은 CEO가 자신들의 아이디어를 싫어하기 때문에 나타나지 않았다고 생각합니다. 모든 현상은 CEO라는 역할을 통해 해석됩니다."

이것은 우드러프 아트센터의 사장이자 CEO인 더그 시프먼이 들려준 이야기다. 상사가 되어 겪은 가장 예상치 못했던 사건이 무엇이었냐고 물으면 틀림없이 이러한 종류의 이야기를 들을 수 있다.

우리는 이러한 현상을 가리켜 '확대 해석'이라 부른다. CEO는 기업의 얼굴이고 미래이며 기업 가치의 구현이다. CEO의 아주 작은 행보도 조직 전체에 파문을 일으킨다. 직원들은 CEO를 계속 집중 조명하면서 당신이 눈썹을 찌푸릴 때마다 신경을 쓰고, 당신이 사용하는 단어와 시간 사용 방식을 속속들이 살핀다. 단순히 호기심 때문이 아니라 자신이 어떻게 행동할지 알려줄 단서를 찾는 것이다. 심지어 어제까지 동료였던 직원이라도 지금 상사의 자리에 오른 당신과 관계를 형성하는 방식은 완전히 달라진다. 이러한 점을 이해한 뒤에 자신의 리더십 방식을 적용하면 확대 해석은 더 이상 위험한 요소로 작용하지 않고 오히려 가장 설득력 있는 도구가 된다.

가장 기본적으로 CEO는 몸짓언어를 세밀하게 조정할 필요가 있다. 조직 전체가 CEO의 기분에 영향을 받는다면 긍정적인 태도를 보이거나 최소한 감정을 숨기고 무표정한 태도를 유지해야 한다. 파티 시티의 CEO 짐 해리슨Jim Harrison은 25년 동안 소위 '미소 규칙'을 실천했다.

"우리 리더팀은 한데 모여 논쟁을 벌이고 토론하지만 회의실을 나설 때는 어쨌거나 미소를 짓습니다."

모든 직원이 자신의 노려보는 것 같은 얼굴 표정을 마주칠 때 예외 없이 두려움을 느낀다는 말을 어느 직원에게 듣고 나서 미소 짓는 습관을 들였다고 했다.

"회사에 있을 때는 여기저기 돌아다니며 인사하고 안부를 묻습니다. 그렇게 하고 나니까 직원들은 내가 고약한 사람이 아니라고 인식하는 동시에 회사 상황이 잘 돌아가고 있다고 짐작합니다."

미소 규칙이 모든 문화와 상황에 들어맞지는 않으므로, 신뢰를 전달하는 몸짓언어와 조직에 대한 긍정적 관점도 활용한다.

화가 나서 이성을 잃고 자기도 모르게 감정을 그대로 드러내면 끝장이다. CEO가 감정에 휘둘리지 않고 원하는 결과를 달성하고 싶으면 부정적인 감정을 조심스럽고 정확하게 전달해야 한다. 감정을 폭발시키는 단서가 무엇인지 파악하고 이를 다룰 수 있어야 한다. 기술 서비스 기업인 CSRA의 CEO 래리 프라이어Larry Prior는 'CEO는 의도하지 않게 이성을 잃기에는 지나치게 높은 자리다'라고 자주 언급한다. 우리가 자문 서비스를 제공하는 한 중역은 어려운 대화를 하는 동안에는 주머니에 손을 넣고 살을 꼬집는다고 했다.

"화가 날 것 같은 상황이 다가올 때 날카로운 통증을 가하면 흥분하지 말라고 자신을 다독일 수 있습니다."

CEO의 언행을 확대 해석하는 현상이 미치는 영향은 CEO의 감정 변화보다 크다. 직원들은 CEO의 모든 언행을 잠재적인 행동 요청으로 받아들인다. 비즈니스 정보 제공 기업 CEB에서 설립자 이외의 인물로는 처음으로 CEO 자리에 오른 톰 모나한은 보스턴 사무실에서 하루를 보내면서 팀원 한 명과 향수에 젖은 대화를 했다.

"내가 보스턴에서 성장했기 때문에 사무실 창문에 서니 내 삶 전체가 보인다고 직원에게 말했습니다. 내가 다녔던 고등학교, 등교할 때 탔던 기차, 아버지가 다니던 사무실 등등. ……창가에서 모두 내려다볼 수 있었거든요."

몇 년 후 CEB는 보스턴 사무실을 남겨두기로 결정했다. 톰은 보스턴 사무실이 잠정적 폐쇄 목록에 없는 것을 확인하고 놀랐다. 나중에 사실을 파악해보니 모두들 보스턴 사무실의 현재 위치가 'CEO의 마음속에 특별한 장소로 남아 있으므로' 건드릴 수 없다고 추측했던 것이다.

몇 년 전 톰이 잠시 향수에 젖었던 순간은 이제 의도와 달리 값비싼 결정을 내리게 되는 근거로 되살아났다. "이런 식으로 진행되는 일이 얼마나 많을까요?"라고 톰은 반문했다.

확대 해석의 영향력이 믿기지 않을 정도로 크다는 사실을 인식한다면 그 영향력을 활용해 긍정적인 효과를 최대로 끌어낼 수 있는 기회를 찾아라. 예를 들어 톰슨 로이터의 CEO 짐 스미스는 브렉시트Brexit, 즉 영국의 유럽연합 탈퇴를 묻는 투표가 실시된 다음 날 전화 회의를 했다. (참고로, 하버드 대학교 경제학과 교수이자 전직 재무부 장관인 래리 서머스Larry Summers는 브렉시트를 가리켜 제2차 세계대전 이후 영국에서 발생한 최악의 단일 사건이라고 언급했다.[4]) CEO인 짐이 런던 사무실 직원들에게 "요즘 그곳 분위기는 어떤가?"라고 묻자 직원들은 "마치 핵폭탄이라도 떨어진 것 같습니다"라고 대답했다. 이것은 진짜 사업 이야기를 꺼내기 전에 격의 없이 주고받은 대화였지만 짐의 머릿속에는 '이렇게 혼란한 시기를 무사히 통과하도록 직원들을 이끄는 것이 내 일이야'라는 생각이 들었다. 그래서 직원들의 가라앉은 분위기에 동승하지 않고 긍정적인 말투로 "어떤 혼란한 시기에도 기회는 늘 있다는 사실을 명심합시다"라고 말했다. 그러면서 고객이 그러한 기회를 찾을 수 있도록 돕는 것도 자사의 임무라고 덧붙였다.

"계속 고객에게 초점을 맞춰야 합니다. 스스로 통제할 수 있는 대상에 지속적으로 집중하고 최선을 다합시다."

짐은 간단한 몇 마디로 직원들을 위로했다. 외부에는 격변이 발생하고 있지만 직원들이 지닌 힘은 실재하고 중요한 것이라고 안심시켰다. 그것은 앞으로 다가올 시간, 며칠 혹은 몇 주 동안 직원들이 행동하는 데 영향을 미쳤을 것이다.

CEO가 직면할 새로운 현실은 이렇다. 모든 행보가 중요하다. 모든 몸짓이 심오하다. 말은 더 이상 사색·농담·조언·격의 없는 생각이 아니라 미래를 형성하는 영향력 있는 선언이다. 따라서 자신의 말을 사용해 스스로 원하는 사업의 미래를 창출하라.

위험 4 : 계산기로만 쓰는 스마트폰

미국에서 오래전에 방영했던 드라마 「사인필드」를 보면 제리는 자신이 사다준 위저드 전자수첩을 아버지가 팁 계산기로만 사용하는 광경을 보고 이성을 잃는다. (제리 : "그 물건에는 다른 기능도 있다고요!") 중역이 CEO 자리에 올라도 비슷한 현상이 발생하지만 치러야 하는 대가는 훨씬 크다. CEO가 해고된 70가지 사례를 검토하면 5분의 1은 결과에 영향을 미치기 위해 CEO만 구사할 수 있는 사업 수단을 온전히 활용하지 않았기 때문에 해고되었다.[5] 많은 CEO는 금융이나 마케팅처럼 구체적인 전문 영역에서 활동하다가 CEO 자리에 처음 오른다. 그러다 보니 자신이 운영해본 적이 없는 기능을 포함해 사업 전체를 갑자기 책임져야 한다. CEO는 특유하고 자주 낯선 가치 창출 수단을 마음대로 구사할 수 있다. 무엇보다 사업을 추진하기 위한 전략과 비전을 세우는 역할을 맡는다. CEO 자리에 오르기 전에는 단일 기능이나 단일 사업 부문에서 전략을 수행하는 데 비중을 두었다. 하지만 CEO가 되고 나면 가장 먼저 외적·내적 조건을 이해하고 사업 전체를 아우르면서 기업이 나아갈 전략적 방향을 설정해야 한다.

한 투자기업은 자사가 운영하는 소매 기업의 CEO가 심각하게 기대 이하의 성적을 거두는 원인을 파악하고 어떤 대책을 강구해야 하는지 알려달라고 우리에게 의뢰했다. CEO인 '샌디Sandy'는 몇 개 지역에서 총괄 관리자로 뛰어난 실적을 거두며 인상적인 성장세를 이끌어냈다. 그녀가 성공할 수 있었던 원동력은 미세 조정 제품과 판매, 홍보, 고객의 구매를 부추기는 인사 관리 등 사내 경험이었다. CEO가 된 뒤에도 업무의 초점을 여전히 외부가 아닌 내부에 맞추었다. 하지만 진짜 위협은 외부에 도사리고 있었다. 신용대출 시장이 경직되면서 필요한 자금을 조달하기가 더욱 힘들어졌던 것이다. 일부 산업 경향이 내리막길에 들어서면서 '퍼펙트 스톰perfect storm'(복수의 크고 작은 악재들이 동시다발적으로 발생하는 절체절명의 초대형 경제 위기 - 옮긴이)을 일으켜 성장을 방해했다. 예전에 활용하던 전문 지식에만 의존해 조직을 이끌었던 샌디는 고전을 면치 못했다. 하지만 뒤로 물러서서 사업을 재정비하지도 않았다. 기업에 필요한 것은 유능한 총괄 관리자가 아니라 강력한 CEO였던 것이다.

일부 CEO는 자신의 과거에 도움이 되었던 강점에 의존하기 때문에 비틀거린다. 예를 들어 전직 최고재무책임자가 필사적으로 성장해야 하는 사업을 수행하면서 원가절감에 치중한다. 작업 전문가가 생산성 이익을 증가시키지만 결국 환율 때문에 수억 달러를 잃는다. 판매 부서의 리더가 고객층을 확대하지만 생산력을 증가시키지 못하고 순식간에 벽에 부딪힌다. 망치를 손에 쥔 사람은 모든 것이 못으로 보인다는 사실을 명심하라.

CEO가 되었다면 이제 개인의 기능을 뛰어넘어 위에서 내려다보며 사업 전체를 조망하고, 문제점을 포착하고, 가장 크게 영향력을 미칠 수 있는 곳에 자원을 집중해야 한다.

그렇다면 CEO가 구사할 수 있는 새로운 도구는 무엇일까? 신임 CEO가 주의를 잘 기울이지 못하는 도구 세 가지를 살펴보자.

도구 1 : 문화 형성

자문을 해주면서 우리가 자주 놀라는 점이 있다. 임기를 성공적으로 마치고 자리를 물려줄 준비를 마친 CEO와 첫 CEO의 생각이 크게 다르다는 것이다. 퇴임하는 CEO들 중 다수는 과거를 돌아보면서 자신이 시도했던 변화 중에서 문화적 변화가 단연코 가장 달성하기 힘들었지만 가장 파급력이 컸다고 회고한다. 그러면서 좀 더 일찍 문화에 관심을 쏟았다면 좋았을 것이라고 말한다. 지휘권을 넘겨줄 준비를 할 때도 기업의 문화와 가치를 강화해서 자신의 재임 기간 이후에도 존속시키고 싶어 한다.

하지만 최근에 임명된 CEO들은 문화가 중요하다는 데에 기꺼이 동의하면서도 더욱 긴급하고 '힘든' 과제를 우선적으로 처리하느라 일찍부터 문화에 주의를 기울이지 않는다. 기업 문화를 무시하는 것은 공기가 위험수위까지 오염된 도시에서 마라톤 훈련을 하면서 정해놓은 훈련량을 따라잡느라 경고를 무시하는 것과 같다. 자신을 다그치며 훈련해서 무덤으로 내모는 셈일 수 있다. 이와 대조적으로 일찌감치 문화에 우선순위를 둔 CEO는 자신이 기울인 노력에 대해 기하급수적인 보상을 받을 때가 많다.

2010년 이안 리드Ian Read는 재정적으로 곤경에 빠져 있던 파이저의 CEO로 임명되었다. 신뢰와 혁신이 결여된 부패한 정치적 문화에 젖어 있던 파이저는 수익성이 가장 높은 약물에 대한 특허가 만료되는 시점을 맞이했고 2006년 주당 24달러였던 주식이 주당 약 15달러 선에서 거래되고 있었다. 주의를 기울여야 하는 난해한 문제가 널려 있었다. 이안은 가장 먼저 어떤 지시를 내렸을까? CEO로 취임한 날 이안은 실적을 개선하기 위한 근본적인 요소라고 믿는 문화적 지침을 발표했다. 이안과 최고인사책임자 척 힐Chuck Hill은 기업 문화를 향상시키고 행동으로 그 문화를 뒷받침하기 위해 노력을 아끼지 않았다. 두 사람 덕택에 파이저에는 '솔직한 대화Straight Talk', '과감한 시도Dare to Try' 같은 용어가 점차 뿌리를 내렸다.

이안과 척은 모든 상호작용과 주요 결정을 바람직한 문화를 강화하는 기회로 여겼다. 2014년 파이저는 아스트라제네카를 1,180억 달러에 인수하는 거래를 추진했다. 하지만 아스트라제네카 이사회가 가격을 10퍼센트 높이자 이안은 인수를 포기하기로 결정하고, 다음 날 아침 전 세계적으로 회사 전체를 아울러 타운홀 회의를 개최했다. 이안은 거래가 성사되지 않아 실망스럽다고 솔직하게 인정하고 다음과 같은 문화 메시지를 강화하는 기회로 삼았다.

"선도적인 제약회사가 되려면 '과감하게 시도'해야 합니다. 위험을 감수해야 합니다. 이 거래는 과감한 시도 중 하나였습니다. 원하는 결과를 얻지는 못했지만 시도하는 것이 옳았고, 가격이 지나치게 높을 때는 포기하는 것이 옳습니다. 여러분은 내가 매일 시도하고 실패하고 투쟁해오는 모습을 보아왔습니다. 여러분도 좀 더 나은 기업을 만들기 위해 각자 위험을 무릅쓰라고 권고합니다. 과감하게 시도하십시오!"

이안이 제시한 명쾌한 메시지와 역할 모델은 성과를 거두었다. 파이저의 재정 상태는 이안이 처음 지휘권을 잡았던 7년 전보다 훨씬 더 건전해졌다. 주가는 두 배 이상 올랐으며 기업 문화는 실망에서 자부심의 원천으로 바뀌었다.

기업 문화를 다룬 책이 많이 발간되었으므로 여기서는 그 내용을 되풀이하지 않겠다. 하지만 이 점은 반드시 명심해야 한다. '집중하겠다고 의도하든 의도하지 않든 기업 문화는 마치 공기처럼 사업 결과에 늘 영향을 미칠 것이다. 그렇다면 집중하겠다고 마음먹는 것이 좋다.' 바쁜데다 새로 역할을 맡아 아마도 살짝 압도당한 리더들이 조직에 문화적 흔적을 남길 수 있는 세 가지 방법을 살펴보자.

1. 내가 추구하는 행동을 어떻게 일관성 있게 말로 표현하고 본보기를 보일 수 있을까?
2. 어디에 시간과 주의를 쏟을까?
3. 누구를 채용하고, 해고하고, 승진시킬까?

기업 문화를 구축하기 위해 특별한 일을 하지 않더라도 자신이 CEO로서 어떤 열렬한 의도를 품고 있는지, 위에서 말한 세 가지 행동으로 그 의도를 얼마나 잘 구현하고 있는지 1년에 한 번씩 자문한다.

도구 2 : 재정 전략

CEO 자리에 오를 정도라면 사업을 운영하는 측면에서는 전문가일 가능성이 높다. 부서 사장이나 총괄 관리자로 일할 때는 최종 결산 결과를 산출하느라 총력을 기울였다. 하지만 CEO는 대차대조표와 영업이익 관리를 모두 사용해 주주 가치를 창출해야 한다. 자본 배분 결정은 어떻게 내리고 있는가? 현금 흐름은 어떻게 관리하고 있는가? 세금은 어떻게 최적화하고 있는가? 자본은 어떻게 투자하고 있는가? 인수 가능성이 있는 기업은 어떻게 찾고 있는가?

5년 전 우드버리 프로덕트 이사회는 엘레나의 추천을 받고 세스 세걸Seth Segel을 CEO로 영입했다. 세스가 CEO 자리에 오른 것은 처음이었다. CEO가 새로 취임해 처리해야 하는 매우 중요한 임무 목록에서 거의 상위를 차지하는 것은 영업이익, 대차대조표, 현금 흐름 등을 파악하고 보조를 맞출 수 있도록 최고재무책임자와 함께 있는 시간을 내는 일이다. 그래서 다음 질문에 대한 대답을 찾아야 한다.

'최대 비용 지출 항목은 얼마나 통제할 수 있는가? 현금전환주기와 계획된 자본적 지출CapEx(미래의 이윤을 창출하기 위해 지출되는 비용 - 옮긴이)은 무엇인가? 수익 인식과 감가상각 같은 주요 항목에 대한 정책은 무엇인가? 회사가 주요 채권자들에게 제시한 조건은 무엇인가?'

재정이 전문 분야가 아닌 CEO는 배울 수 있도록 도와줄 사람을 찾아야 한다. 애로우 일렉트로닉스에서 부서 사장으로 근무하다가 CEO로 승진한 스티브 코프먼은 "월스트리트와 관련된 업무를 수행할 준비가 전혀 되어 있지 않았습니다"라고 털어놓았다. 전형적인 운영자였던 스티브는 영업이익 관리에 대해서는 잘 알고 있었다.

"하지만 대차대조표에 얽힌 금융공학을 이해하지 못했고, 투자분석가와 투자자를 다루는 방법도 몰랐습니다."

스티브는 당시 최고재무책임자를 만나 금융공학과 투자자 관계에 관해 집중 특강을 받았다.

도구 3 : 기업 외교

CEO가 시야를 넓혀 위에서 산업 전체를 내려다본다면 자사의 경계 너머로 영향력을 확대할 수 있다. 기업의 성공은 CEO가 서식하는 생태계와 그 안에서 맡은 역할에 영향을 받는다. 자사가 업계를 선도하는 글로벌 기업이든, 균형을 깨며 새로 진입한 기업이든, 눈에 띄지 않게 사업하는 방법을 모색하는 지역 중소기업이든 간에 위험을 각오하고 해당 산업과 더욱 광범위한 지정학적·규제적·거시경제적 역학을 무시하라. 올바른 방향을 설정하여 회사를 이끌기 위해서 CEO는 자사가 속한 영역과 맥락을 이해해야 하고 때로는 그에 영향력을 행사하려고 시도해야 한다. 지역, 산업, 국가 혹은 세계적 수준까지 연합 관계를 구축하고, 홍보활동을 조직하고, 정부와 상호 작용하는 것은 CEO가 계획을 수행하기위해 영향력을 집결할 때 사용하는 도구이다.

2001년 9월 15일 델타 항공사의 CEO 레오 뮬린Leo Mullin은 9월 11일 테러 공격이 발생하고 나서 델타 소속 비행기가 처음으로 이륙하는 장면을 사무실에서 지켜보았다. 비행기가 공중에 안전하게 진입했지만 자사를 포함해 항공 산업 전체가 깊은 곤경에 빠졌다는 사실을 인식하고 있었다. 기가 막히고 끔찍한 사건이 터지자 사람들은 비행기를 타려 하지않았다. 비행기 표 판매가 급감하면서 수익이 고갈되었다.

막대한 고정비용을 지출하는 산업에서 이러한 현실은 급격한 상황악화로 이어졌다. 업계에서 재정이 가장 튼튼한 델타마저도 곧 들이닥칠 거대한 영업 손실을 보전하기 위한 현금이 단 몇 개월 치만 남아 있을 뿐이었다.

다음 날 새벽 5시에 눈을 뜬 레오는 거울을 들여다보며 혼잣말을 했다. "이 문제를 해결해야 해. 내가 감당해야 할 책임이야."

문제의 규모를 생각할 때 델타만 노력해서 해결할 수 있는 일이 아니라고 깨달았다. 다른 주요 항공사의 상황도 델타와 같거나 더 나빴다. 시급하게 문제를 해결해야 했고, 그러려면 CEO들이 회사나 개인적 이해관계라는 벽을 넘어 협력해야 했다. 오전 10시에 레오는 다른 항공사 CEO들과 전화 통화를 했다. 1주일이 채 지나지 않은 시점에서 레오는 고통스럽지만 필요한 해결책을 강구하기 위해 업계와 정부의 주요 인사들을 이끌어, 항공업계를 대표해 상원과 하원에서 증언했다. 레오가 이렇게 신속하게 행동한 덕택에 항공업계는 150억 달러 상당의 정부 보조금을 받고 회생할 수 있었다.

이것은 비상시에 특이한 수단을 강구한 사례였다. 포춘지 선정 500대 기업을 지휘하는 동안 전국적 위기에 직면하든, 의료비 상환이나 부동산 허가에 대해 지방 정부 당국과 협상하든 간에 CEO는 외부 세계에 회사를 대표하는 수석대사의 역할을 수행할 준비를 갖춰야 한나.

자신의 힘을 재정비하라

CEO의 역할은 과거에 수행했던 역할과 다를 뿐 아니라 새롭고, 과거에 자신에게 힘을 제공했던 원천이 반드시 작용하지는 않는다. 무엇이 당신을 지금의 CEO 자리에 오게 했는가? 그 사업을 매우 잘 알고 있어서인가? 회의실에서 가장 똑똑한 사람이어서인가? 주요 고객과의 관계가 돈독해서인가? 전임 CEO의 사랑을 받아서인가? CEO라면 누구나 자신의 역량과 현재까지 자신을 지탱해준 힘의 원천을 정직하게 평가하고, CEO라는 새로운 역할에 적합하게 집중하기 위해 시간·주의·팀을 포함한 도구를 의도적으로 재정비해야 한다. 기업도, CEO의 역할도 각각 다르지만 공통적으로 적용되는 몇 가지 경향이 있다.

- **지식과 통찰** : CEO에게 힘을 실어주는 지식은 기능이나 사업 부문에 관한 전문 지식이 아니라 사업에 대한 광범위한 이해이다.

- **정보 접근** : CEO에게 힘을 실어주는 정보는 무엇보다도 기업 내부에서 발생하는 자세한 정보가 아니라 기업 외부에서 발생하는 큰 그림과 그 그림이 사업에 미치는 영향을 해석한 것이다.

- **공식 인맥과 비공식 인맥** : CEO는 기업 외부의 인맥을 구축하는 데 집중하고, 기존의 내부 인맥에 대한 견해를 재정비한다.

- **충성** : 이제는 팀의 유대와 충성이 상사에 대한 충성보다 훨씬 더 중요하다.

- **지위에 따른 권한** : 최고의 CEO는 지위에 따른 권한을 아껴서 사용한다.

위험 5 : 고위 경영직은 심리적 격변기

벽장에 숨어 있는 귀신. 번개같이 흐르는 시간. 집중 조명. 폭발할 것 같은 압박감. 지금까지 살펴보았던 격렬한 요소가 한데 모여 다섯 번째 위험을 형성하는 완벽한 조건이 된다. CEO는 매일 엄청난 심리적 소용돌이에 휘말린다. CEO는 매일 시험대에 오른다. 업무에 걸려 있는 이해관계가 크다. 수많은 직원과 고객의 운명이 CEO가 매일 내리는 결정에 영향을 받는다. 칼날 위에 서서 성공과 실패 사이를 아슬아슬하게 걷는 것 같다고 자주 느낀다. 겉보기에 궁극적인 권한과 힘을 가진 것 같지만 통제할 수 없는 요소가 여전히 많다.

CEO가 전적으로 통제할 수 있는 한 가지는 업무를 수행해 승리하기 위해 절대적으로 최상의 조건을 갖춰 위험한 장애물에 맞서는 것이다.

일부 CEO의 사례를 보면 권력과 인기가 결국 자아를 부풀리고 특권의식을 부추긴다. 그들은 역할에서 오는 압박과 책임에 매여 정중한 태도를 잃고, 심지어 윤리까지도 내팽개치는 위기를 맞이한다. 최근 우리가 코칭한 리더는 자사 CEO 최종 후보자 명단의 상위에 올랐지만 권력이 부패하는 광경을 가까이서 지켜보고 나서 승진하는 것에 회의를 느꼈다. 그러면서 이렇게 말했다.

"미친 짓을 너무 많이 봤습니다. 술에 취하고 싶지도 않고, 의자를 집어던져 거울을 깨고 싶지도 않고, 최근의 CEO처럼 비서와 잠자리를 함께하고 싶지도 않습니다. 더더군다나 과거의 세 CEO처럼 감옥에 가고 싶지도 않습니다."

어떤 CEO는 일하는 동안 결혼 생활을 소홀히 한 탓에 결국 이혼했다고 말했다. 자신이 회사 일에 파묻혀 살았기 때문이 아니라 아내에게서 얼마나 멀어지든 상관없이 중대한 사건이 터질 때마다 회사 전용기에 올라탔기 때문이라고 덧붙였다.

끝으로 CEO는 무엇보다 지속적으로 발생하면서 구석구석 배어드는 심리적 어려움인 외로움을 느낀다. 우리는 이 책을 쓰기 위해 CEO들을 인터뷰하면서 '정상은 외롭다'는 고정관념을 피할 목적으로 그들에게 외롭냐고 묻지 않았다. 그런데 CEO들은 질문을 받지 않았는데도 여전히 외로움에 대해 말을 꺼냈고, 역할에서 오는 무거운 고립감을 다른 사람들이 알고 준비하도록 돕고 싶어 했다. 회사라는 벽 안에서 일하는 사람들은 같은 행동 양식을 공유하는 집단이다. 어제만 해도 동료였던 사람들이 이제 당신에게 공손한 모습을 보이거나, 더욱 심하게는 자신들이 원했던 자리를 차지했다는 이유로 당신과 거리를 두고 냉랭하게 대한다. 많은 사람이 당신에게 의존하고, 당신은 누구에게도 감정을 여과하지 않은 채 완전히 솔직해질 수 없다. 톰슨 로이터의 CEO 짐 스미스는 이렇게 설명했다.

"이따금씩 모든 직원이 어떤 의도를 품고 CEO를 움직이는 것처럼 느낍니다. 자신이 속한 사업 단위에 좀 더 투자를 받기 위해 공작을 벌이는 것일 수도 있습니다. 아니면 CEO의 기대치를 낮추려고 애쓰는 것일 수도 있습니다. 어쨌거나 일단 CEO가 되고 나면 '그냥 대화'하는 일은 있을 수 없습니다."

CEO는 이처럼 압력솥 같은 곳에서도 성공할 수 있지만 자기 규제가 무엇보다 중요하고 이러한 태도를 유지하기는 무엇보다 힘들다. 성공적인 CEO가 효과를 입증한 몇 가지 접근법을 살펴보자.

1. 승리를 거두는 습관을 만든다.

메이저리그의 야구선수들은 정교한 미신을 믿는 것으로 유명하다.

터크 웬델Turk Wendell은 양말을 신지 않고 검은색 감초를 씹으며 공을 던지고 이닝마다 어김없이 이를 닦는다. 애틀랜타 브레이브스의 엘리엇 존슨Elliot Johnson은 수비할 때는 포도 향 껌을 씹고 타석에 들어설 때는 멜론 향 껌을 씹는다. 올림픽 수영선수 마이클 펠프스Michael Phelps는 주요 대회에 출전하기 전 두 시간 동안 동작의 범위를 제한하는 습관을 실천한다. 이러한 행동은 미신 이상의 의미가 있어서 세계 정상급 운동선수들이 최고의 기량을 발휘하기 위해 정신을 가다듬고, 경기장의 온갖 소음과 정신을 분산시키는 요소를 잠재우고, 경기에 집중하기 위해 사용하는 의식이다.

CEO의 경우도 전혀 다르지 않다. CEO에게도 일관성과 현실성을 유지하고 삶을 단순하게 만들기 위한 의식과 습관이 필요하다. 이러한 도구를 사용하면 불쾌한 고객 회의를 마친 뒤에 정신적 '리셋' 버튼을 누르고 나서 즉시 이사회 회의실에 경쾌한 발걸음으로 걸어 들어갈 수 있다. 또 매일 밀려드는 불안감을 떨쳐버리고 밤잠을 푹 자는 조건을 갖출 수 있다. 운동선수와 마찬가지로 CEO도 자신의 상태를 최상으로 꾸준하게 유지해주는 일관된 습관을 실천하면 혜택을 입을 수 있다.

소프트웨어 기업인 아빌라의 전직 CEO 크리스타 엔슬리는 자기 대화 방법을 즐겨 사용해서 자신에게 줄곧 '나는 사무실 냉장고에 간을 놓아두지 않았다. 이것은 죽고 사는 문제가 아니다'라고 상기시켰다. '미국을 위한 교육'을 설립한 웬디 콥Wendy Kopp은 아침마다 달리기를 했다. 웬디에게 CEO 자리를 물려받은 매트 크레이머는 이렇게 전했다.

"웬디는 얼마나 피곤하든 시간이 몇 시이든 달리려고 몸을 일으킵니다. 새벽 4시에 일어나야 한다면 어김없이 그때 일어나 뛰기 시작합니다. 그것은 모든 문제를 옆으로 밀어놓고 세상에 대해 생각하기 위해 웬디가 떼어놓는 시간입니다."

우리가 코칭하는 어떤 CEO는 끊임없이 질문을 쏟아내는 사람들에게 방해받지 않고 조용하게 시간을 보낼 필요가 있을 때 찾아가는 장소가 있다고 했다. 바로 치과였다!

당신에게 효과적인 습관이 무엇이든 지금 당장 만들어라. 그것을 매일 실천하는 습관으로 삼으면 스스로 가장 필요할 때 도움을 받을 수 있다.

2. '정체성 도둑'에게서 자신을 보호한다.

맥킨지의 글로벌 담당 회장 돔 바튼Dom Barton은 전설적인 맥킨지 파트너 테드 홀과 싱가포르에서 택시에 20분 동안 동승한 덕택에 자신이 '정체성 도둑'의 피해자였다는 사실을 깨달았다. 아침 7시 30분, 두 사람은 8시에 싱가포르 재무장관과 회의하기로 한 장소에 가려고 호텔 로비에서 만나기로 했다. 그런데 테드가 나타나자 돔의 입이 쩍 벌어졌다.

돔은 그 당시를 이렇게 회상했다.

"테드 홀은 몸집이 크고 탄탄했습니다. 거기에 커다랗고 빨간 하와이언 셔츠를 입고 나타났어요."

돔은 테드에게 제발 옷을 갈아입고 오라고 즉시 부탁했다.

"재무장관과 회의하는 자리에 그런 옷차림으로 갈 수는 없지 않습니까!"

하지만 테드는 요지부동이었고 돔은 선택의 여지가 없었다. 택시에 오르자 돔은 회의 준비를 하고 싶었다. 그래서 테드에게 그가 가져오기로 했던 문서가 있느냐고 물었다. 테드는 돔의 질문에 아랑곳하지 않고 "돔, 내게 서류가 있더라도 조각조각 찢어서 문밖으로 던져버릴 걸세"라고 대꾸했다. 그 말에 충격을 받은 돔은 투덜댔다.

"아무래도 이 회의를 취소해야겠습니다. 당신이 지친 것 같아요. 시차에 아직 적응하지 못해서⋯⋯."

테드가 돔의 말을 끊었다.

"수사적인 질문을 하나 해보지. 자네는 흥미진진한 인물인가? 대답은 '아니다'이지. 자네는 흥미 있는 인물이 아니야. 오히려 내가 여태껏 만나본 이들 중에서 가장 지루한 사람이라고 생각하네. 우리 회사에 합류할 당시에는 취미가 있었던 것으로 알고 있네만, 일하면서 모두 버렸지. 그것이 문제일세. 나는 음악가라네. 프렌치 호른을 연주하거든. 재즈 음반 회사도 세웠지. 요트를 타고 태평양을 횡단하기도 했다네. 자네는 일과 관계없는 어떤 일을 했나? 그래서야 사람들이 자네 주위에 있고 싶어 하겠나?"

자신이 존경하는 사람에게서 듣는 말치고는 고약하고 모질었다. 하지만 진실이 분명히 드러났다. 너무나 많은 현재의 CEO들, 미래의 CEO들과 마찬가지로 돔은 '정체성 도둑'에 무릎을 꿇었던 것이다. 자신의 기업 정체성과 업무를 향한 과도한 집중이 인간성을 삼켜버린 것이다.

'정체성 도둑' 현상은 너무나 쉽게 발생하고 지위가 높아질수록 확대된다. 인간으로서 알맹이를 잃은 껍데기만 남으면서 삽시간에 타버린다. 이뿐이 아니다. 직원들이 직책 뒤에 인간적인 모습이 있다는 신호를 보지 못하면 당신은 직원을 효과적으로 이끌 수 없다.

도둑맞지 않도록 자신의 정체성을 보호하라. CEO의 직무와 상관없이 자신을 가꾸는 데 시간을 투자하라. 요즘 돔은 취미 활동에 시간을 쏟는다. 마라톤을 하고, 사랑하는 사람·친구와 함께 시간을 보내고, 사업과 즉각적으로 관계없더라도 세상에 대한 관점을 넓히고 즐거움을 누리기 위해 책을 읽는다. 일류 리더인 돔은 일과 생활의 균형을 잡기 위한 노력을 형식화했다. 사생활을 등한시하지 않으려고 몇 가지 행복지표를 포함해 열여섯 가지의 척도를 개발한 것이다. 프렌치 호른을 연주하거나 최근에 테드 홀이 시도했듯 나파 밸리에서 러더퍼드 포도를 재배할 필요는 없다. 돔 바튼은 자기 자신이 되는 일에 시간과 관심을 집중한다. 또 자신의 공적 모습을 구축하기 위해 성장과 배움을 좇는다. 자신이 전능한 초인이 아니라고 자신과 다른 사람에게 인정할 수 있으면 CEO를 덮은 장막은 그다지 무겁지 않다. CEO도 약점이 있고 실수를 하는 법이다.

그날 택시 안에서 테드 홀은 돔에게 다음과 같은 리더십의 진리를 들려주었다.

"리더가 쌓는 경력에는 세 가지 단계가 있지. 첫째, 리더가 할 수 있는 일로 외부에 알려진다. 둘째, 리더가 보유한 지식으로 외부에 알려진다. 셋째, 사람들은 리더 본연의 모습 때문에 리더를 따르고 싶어 한다."

이것은 모든 리더와, 특히 CEO에게 진리이다.

많은 리더들이 CEO 직위에 접근했을 때 그 역할이 자신의 정체성에 어떤 의미가 있는지 파악하려 애쓰고, 인간으로서 자기 모습과 CEO의 역할이 요구하는 모습을 일치시키려고 끊임없이 노력하는 모습을 목격할 수 있다. 예를 들어 프린스턴 신학대학교 총장 크레이그 바니스는 처음에 총장직을 수락할지 말지를 놓고 고민하면서, 이렇게 명망 높은 조직을 운영하는 것이 기독교도로서 가져서는 안 될 자부심과 교만을 안길까봐 걱정했다고 말했다. 불경한 유머와 즉흥적 언행으로 유명한 한 리더는 CEO의 역할을 맡으면 부자연스럽게 경직된 가면을 써야 한다고 걱정했다. 궁극적으로 CEO로서 자신에게 진실한 목소리를 찾은 리더는 가면을 쓴 리더보다 훨씬 더 바람직하게 활동한다.

3. 비밀을 털어놓을 수 있는 친한 친구와, 상담할 수 있는 사람을 찾는다.

자신이 몸담은 사업의 외부에서 당장이라도 조언자 인맥을 구축하기 시작하라. 이들은 당신이 한밤중에 깨어나 자신에게 생계가 달려 있는 수많은 직원과 그 가족들을 생각할 때 어떤 기분에 빠지는지 이해하는 사람들이다. 또 당신의 직함에 담긴 권한이나 자신들의 의제에 영향을 받지 않고 사업에 관련된 조언을 해줄 수 있는 사람들이다. 당신이 CEO 자리에 오르고 나면 여러 해 동안 전혀 소식이 없었던 수많은 조력자, 예를 들어 컨설턴트, 은행가, 변호사, 코치, 사업상의 지인이 조언을 하며 모여들 것이다. 당신에게 필요한 것은 조력자 군단이 아니라 소수의 믿을 만한 집단이다. 이때 다음과 같은 필터가 유용할 수 있다.

- **의제** : 잠재적 조력자가 건네는 조언은 그들의 개인적 이익과 상관없는가? 그렇지 않다면 잠재적 조력자는 자기 의제에 관해 적어도 당신과 자신에게 투명성을 유지하는가? 그들의 의제는 당신의 의제와 충돌하는가, 아니면 일치하는가? 예를 들어 당신과 거래하는 은행가나 변호사가 훨씬 큰 규모의 기업을 인수하라고 조언한다고 해보자. 그들이 거래수수료를 더 많이 받기 위해서인가, 당신을 신속하게 시장을 점유하는 리더로 만들기 위해서인가? 당신이 솔직한 대화를 할 수 없고, 잠재적 조력자들이 자신의 의제에 관해 기꺼이 투명성을 유지하지 않는다면 그들의 의견을 무시하라.
- **화학반응** : 자신이 좋아하지 않는 사람을 신뢰하기는 힘들다. 실질적 지지만큼이나 감정적 지지를 찾는 경우에는 특히 그렇다. 한 CEO는 '함께 시간을 더 많이 보내고 싶어 조바심이 나는' 사람을 발견했을 때만 조언자로 삼는다고 말했다. 화학반응을 일으키는 기준이 무엇이

든 자신이 선택한 조언자에게서 화학반응을 느낄 수 있어야 한다.

- **역량** : 잠재적 조력자들은 '훌륭하다'는 것이 어떤 모습인지 알고 있는가? 그들은 당신에게 도전하고, 새롭거나 더 광범위한 관점을 제시할 수 있는가? 그들은 자신이 활동하는 분야에서 최고 인물에 속하는가? 당신이 CEO의 역할을 맡을 시점에 이르면 신뢰할 만한 조언자가 이미 있을 확률이 높다. 이때는 그 조언자들이 당신을 앞으로 밀어줄 정도로 강력한 인물인지 세심하게 생각해야 한다.

이 장은 필요해서 넣은 '옥의 티'였다. 이 책의 제1부와 제2부에서는 당신이 꿈에 그리던 직위에 오르는 데 유용한 내용을 집중적으로 다루었다. 제3부에서는 CEO 자리에 올랐을 때 마주할 수 있는 흔한 실수와 지뢰에서 당신을 보호하는 방법을 설명했다. 잘못될 가능성이 큰 상황을 제시하고 예방 방법에 의도적으로 초점을 맞추었다. 관리해야 할 것이 워낙 많으므로 CEO가 자신의 일을 실제로 좋아할 수 있을지 의심스러울 수도 있다. 하지만 우리가 수없이 들은 대답은 물론 좋아한다는 것이었다. 매들린 벨을 예로 들어보자. 현재 매들린의 상황은 처음 CEO로 일하기 시작한 해에 처한 상황과 크게 달라 보인다. 요즘 매들린의 삶은 '꿈인지 생시인지 분간할 수 없는' 순간의 연속 같다. 예를 들어 병원 소속의 유전과학자들이 공개 행사에 모습을 드러내면서 슈퍼스타가 연이어 탄생하고 있다. 그녀는 이렇게 말했다.

"요즘 이러한 일이 자주 일어나고 있어서 마음이 뿌듯하고 무척 설렙니다. 이사회 의장이 약 18개월 전에 내게 언급했던 감정을 마침내 느끼고 있어요. 경력의 절정에 도달한 것 같아 마음이 설레고 정말 행복합니다."

우리는 CEO들에게 '꿈인지 생시인지 분간할 수 없는' 순간이 언제였느냐고 물으면서 백악관에서 회의를 했을 때, 세계경제포럼의 초대 전용 모임에 참석했을 때, 회사 전용기로 개인 소유의 섬에 갔을 때 등의 대답을 예상했다. CEO들은 역할에 따라오는 특전과 특권을 철저하게 누린다. 하지만 최고의 순간이 언제였느냐는 질문을 받은 CEO들은 몸담고 있는 기업이 5,000만 달러 가치의 기업이든 포춘지 선정 500대 기업이든 상관없이 대부분 비슷하게 대답했다. 최고의 순간은 자기 팀이 승리에 젖어 환호하는 모습을 볼 때이고, 자신이 리더로서 팀의 자부심을 고양하도록 도왔다는 사실을 깨달을 때였다.

이제 다음 장에서는 첫 CEO가 빠질 수 있는 함정 중에서 가장 흔하게 언급되는 '적합한 팀 선택하기'에 대해 살펴볼 것이다.

요점

1. 축하한다! 드디어 해냈다! 그 정도가 어떻든 기분이 설레거나 스트레스를 느끼는 것은 정상이다. CEO의 역할에 편안해지려면 2년가량 걸린다.

2. 당신이 걸어 들어가려는 역할이 무엇인지 파악하는 데 넘치도록 투자하라. 모르고 덤벼들면 다칠 수 있다.

3. 일정과 시간을 내달라는 요청에 끌려 다니지 말고 주도적으로 결정하라.

4. 지속적으로 집중 조명을 받는 생활에 익숙해져라. 미소를 지어라! 그것은 좋은 사업이다.

5. CEO의 역할이 구사할 수 있는 모든 수단을 사용하라. 오래된 렌즈로 세상을 보고 있다면 자신의 임무를 제대로 수행하고 있지 않는 것이다.

6. 호흡하라. CEO 자리에 앉아 시험과 고난의 바다를 항해할 수 있도록 자신을 도와줄 사람을 찾아라.

제10장

그냥 아무 팀이 아니라 자기 팀을 구축하라

당신을 곤경에 빠뜨리는 것은 당신이 모르는 사실이 아니다.
그냥 그렇지 않다고 당신이 확신하고 있는 것이다.

_마크 트웨인(미국의 소설가)

CEO가 지금의 자리에 오를 수 있었던 것은 최소한 부분적으로는 세계 정상급 팀을 구축했다는 평판을 쌓았기 때문이다. 실제로 자신이 채용하고 멘토링해준 리더들은 CEO에게 자부심을 안기는 훌륭한 원천일 수 있다. CEO는 직장을 옮길 때마다 자신을 따라온 헌신적이고 재능 있는 사람들을 보유하고 있다. 누군가를 해고하기는 무척 고통스럽지만, 반면에 기량을 발휘하지 못하는 사람을 제거하지 못하면 누구에게도 유익하지 않다. 우리가 만난 거의 모든 CEO가 임무를 시작하면서 팀을 구축해야 한다고 느끼는 것도 이러한 이유이다. 현실은 어떤가? 팀 구축은 신임 CEO가 가장 흔하게 실패하는 도전이다. 우리가 인터뷰한 CEO들 중 75퍼센트는 많은 경영 경험을 쌓고 CEO가 되었는데도 팀을 구축하는 과정에서 고통스러운 실수를 저질렀다.[1]

자신에게 탁월한 재능이 있다고 생각하면서 경력을 쌓던 대부분의 중역이 마침내 CEO 자리에 오르고 나서 호되게 대가를 치른다. 어떻게 이러한 현상이 일어날 수 있을까? CEO가 직원을 잘못 채용해서 치르는 대가는 예전보다 훨씬 더 심각하고 공개적이다. CEO가 집중 조명을 받는 동시에 기업 운영에 따른 정신적 압박에 계속 시달리다 보면 문제는 더욱더 확대되게 마련이다.

라지 굽타Raj Gupta가 1999년에, 지금은 다우 케미컬의 일부로 흡수된 화학 전문 기업 롬앤하스의 CEO로 취임했을 때를 생각해보자. 라지는 20대 초반에 인도에서 미국으로 건너왔다. 당시 그는 주머니에 달랑 8달러만 가지고 있었고 언젠가 CEO가 될지 모른다고는 전혀 생각지 못했다. 기계공학을 전공한 라지는 화학자들이 주요 구성원인 회사에서 경력을 쌓으면서 강력한 팀의 중요성을 깨달았다. 회사 내부에서 CEO로 승진한 뒤에는 모든 직원을 파악하고 강한 직감을 발휘해 회사에 누가 남아야 하고 누가 떠나야 하는지를 판단했다.

그런데 이러한 직감이 현실의 벽에 부딪혔다. 매우 다루기 힘들어 보이는 문제, 즉 CEO 자리를 놓고 경쟁했던 2위 주자를 어떻게 조치할 것인가였다. '아서Arthur'는 오랫동안 회사에 근무했고 풍부한 경험과 자격을 갖춰 이사회와 직원들에게 존경을 받았다. 라지는 자신이 성장한 문화에서 아서 같은 인물을 해고하는 것은 "사람으로서 할 수 있는 종류의 행동이 아니었고, 특히 이사진이 아서를 계속 근무하게 하고 싶다는 뜻을 분명히 밝혔으므로 더욱더 그랬습니다"라고 회상했다. 아서는 손댈 수 없는 존재였다. 하지만 CEO 자리를 거머쥐지 못해 눈에 띄게 실망한 아서는 직원들의 사기를 떨어뜨리고 결국 성과까지 감소시키는 방해물이 되었다. 라지는 임시 처방과 제2의 해결책을 찾으면서 문제를 그냥 안고 가기로 결정했다.

라지가 근무한 초기에 거센 풍랑에 휩쓸린 롬앤하스는 2001년 금융 위기를 맞아 큰 타격을 입으면서 주가가 폭락했다. 이사회는 결국 손실을 상각 처리해야 했고 고객은 소비를 줄였다. 새로 취임한 CEO라면 누구에게라도 험난한 과제였다. 라지는 이번 과제가 경력의 생사를 가르는 문제라고 느꼈다. 많은 사람이 그렇듯 '적합한 팀을 신속하게 꾸려 정비해야 한다'고 말하기는 쉽지만 실천하기는 매우 어려웠다. 라지는 능력을 입증해야 한다는 엄청난 압박에 시달렸지만 아서를 해고할 자유가 자신에게 없다고 느꼈다. 그래서 성과 미달인 아서를 그대로 팀에 놔두었다가 급기야 이사진에서 "라지, 당신이 이 사람을 해고하겠소, 아니면 우리가 해고해야 하겠소?"라는 말을 들었다.

라지는 위기 상황을 무사히 넘기고 9년 동안 회사를 성공적으로 이끌었다. 2008년 7월 금융 위기가 기승을 부리는데도 롬앤하스를 다우 케미컬에 180억 달러에 매각하는 계약을 성사시키고 CEO 임기를 마쳤다. 하지만 과거를 회상할 때 초기에 발생했던 인사 문제에 대한 라지의 판단은 명쾌했다.

"우리가 추진력을 잃었느냐고요? 견인력을 잃었느냐고요? 맞습니다. 그랬어요. 지금이라면 그 문제를 다르게 처리했을 겁니다."

당시 라지는 올바른 방법을 알고 있었지만 손을 쓸 수 없다고 느꼈다. 더욱더 신속하게 소신껏 문제를 해결할 수 있었고 그렇게 해야 했다는 사실을 나중에야 분명히 깨달았다.

이러한 각본은 형태를 바꿔 반복해서 등장한다. 구체적인 이유는 제각각이겠지만 결과는 같다. '그렇게 해야 옳다는 것을 알고 있지만 지금 당장은 그렇게 할 수가 없다.' 적합한 인물을 승선시켰을 때 얻는 긍정적인 효과는 일시적이고 불확실하다고 느낄 수 있는 반면에 인사에 변화를 주는 어려운 조치를 시행할 때 따라오는 위험성은 실감나게 강력하다.

CEO가 팀 문제로 겪는 어려움은 매우 커서 이미 앞에서 설명한 다섯 가지의 위험이나 이사회와 맺는 관계를 뛰어넘는다. 이 장을 경력 초기에 읽었다면 인사 문제의 어려움을 뛰어넘어 초반부터 승리하는 팀을 능숙하게 구축함으로써 경력을 얼마나 빨리 발전시킬 수 있었을지 상상해보라.

이 장에서 설명하는 접근 방법은 현실에 존재하는 조건에 맞도록 설계되었다. CEO 자리에 오르자마자 자신에게 유리한 방향으로 실력이 뛰어난 직원을 직접 뽑아 완벽한 팀을 갖추는 것이 현실적으로 불가능할 수도 있지만 필요한 인사 변화는 신속하게 단행해야 한다. 우리가 인터뷰한 성공적인 CEO들은 취임하고 물려받은 직속 부하직원 중 40~60퍼센트를 첫 18~24개월 안에 바꾸면서 팀을 적극적으로 정비했다.[2]

인재 문제에 관해 새 리더라면 누구나 던져야 하는 가장 중요한 질문은 이렇다.

'어떻게 하면 그냥 팀을 내 팀으로 가능한 한 신속하게 바꿀 수 있을까?'

취임 연설을 활용하라

미국의 경영사상가 짐 콜린스Jim Collins가 말해서 사람들의 입에 꾸준히 오르내리는 격언이 있다.

'가장 중요한 것은 사람이고, 할 일은 그다음으로 중요하다.'[3]

인재의 중요성을 강조한 콜린스의 말은 옳지만 우리가 신임 CEO에게 조언할 때는 실제로 콜린스의 말을 뒤집는다. 인재가 누구인지 판단하는 최선의 방법은 팀에 할 일을 말하는 것이다. 당신은 리더로서 어떤 태도를 표명하는가? 당신의 취임은 조직과 각 조직원에게 어떤 의미가 있는가?

누구나 알고 있듯 새 리더는 조직에 자신의 자취를 남긴다. 새 리더의 취임은 새로운 에너지를 불러일으키고 긍정적 변화를 달성하는 속도를 부채질할 때가 많다. 새 리더는 사무실에서 화장실 가는 길도 아직 파악하지 못했는데 직원들은 이미 새 리더가 누구인지, 어떻게 조직을 이끌지, 그것이 자신들에게 무슨 의미일지에 대해 오랫동안 검색하고 연구하고 추측한다. CEO의 취임은 불확실성과 잠재적 위협을 뜻하므로 유능한 직원들이 즉시 이탈할 위험성도 있다. CEO가 직원에게 첫인상을 남기는 기회는 한 번뿐이고, 팀은 CEO의 말과 행동을 하나부터 열까지 지켜보고 해석한다. 불확실한 상황에서 대부분의 사람들은 생산적인 결과 추구에서 재앙 발생으로 관심을 옮기면서 최악의 사태를 예상한다. CEO의 역할을 시작하는 방식은 엄청난 영향력을 지녀서 재임 기간에 필요한 추진력과 경향을 결정한다. 최고의 CEO는 취임 연설을 통해 처음부터 자신의 리더십 이야기를 형성한다.

2006년 실리콘밸리의 전설적인 투자자 메이너드 웹Maynard Webb은 콜센터 서비스 제공 기업인 리브옵스의 CEO로 취임할 당시에 까다로운 리더라는 평판을 들었다. 이베이에서 최고운영책임자로 일할 때는 직원 250명, 수익 1억 4,000만 달러의 기업을 직원 1만 2,000명, 수익 45억 달러 이상의 거대 기술 기업으로 성장시켰다. 맹렬하게 돌진하는 경영 스타일만큼이나 그가 거둔 성과는 유대관계가 긴밀한 기술 사회에서 유명했다. 메이너드가 CEO로 취임할 당시 리브옵스에는 재미의 문화를 높이 평가하는 젊고 역동적인 팀이 존재했다.

CEO로 취임하고 처음으로 공식적인 자리에 나아가 강단에 선 메이너드는 회사를 위한 비전을 제시하고 미래를 향해 자신이 느끼는 흥분을 열렬하게 전달하고 싶었다. 그가 질문할 시간을 주자 팀은 마음속에 품고 있던 다른 관심사를 꺼냈다. 한 선임 엔지니어가 많은 직원을 대표해 물었다.

"당신이 이베이에서 직원들을 혹사했다고 들었습니다. 그러한 경영 방식이 우리에게 어떤 영향을 미칠까요?"

실제로 일부 팀원은 일과 사생활의 균형을 맞추지 못할까봐 두려워서 자기 앞에 놓인 기회조차 놓치고 있었다.

뜻밖의 질문을 받고 놀라기는 했지만 메이너드는 상황을 바로잡을 기회를 놓치지 않았다. 그는 직원들에게 이렇게 말했다.

"리브옵스 직원들의 열망이 크다는 것을 알고 있습니다. 이베이는 엄청나게 성공한 공기업입니다. 우리는 아직 그 수준에 도달하지 못했습니다. 그러므로 우리는 열심히 일해야 합니다. 실제로 이베이 직원들보다 훨씬 더 열심히 일해야 할 것입니다. 그러고 싶지 않다면 신생 기업에서 일해서는 안 됩니다."

메이너드는 커다란 열망, 높은 기준, 기업 앞에 놓인 도전에 대한 솔직한 생각 등 자신의 주장을 선언할 기회를 잡았다. 그러면서 다음과 같은 말로 마지막을 장식했다.

"이베이에는 그동안 열심히 일했으므로 지금은 일할 필요가 없는 사람이 많습니다. 나는 이곳에서도 많은 사람이 그렇게 할 수 있기를 바랍니다."

메이너드가 전달하려는 핵심은 명쾌했다.

'열심히 일하면 집단으로도 개인으로도 매우 놀라운 성과를 거둘 수 있다.'

메이너드는 상당히 압축된 형태로 멋지게 취임 연설을 했다. 사기를 진작하기 위한 구호를 훌쩍 뛰어넘어 자신이 누구인지, 목적지가 어디인지, 그곳에 가려면 무엇을 해야 하는지를 구체적으로 솔직하게 전달한 진술이었다. 매우 중요해서 어느 누구에게도 추측할 여지를 남기지 않는 주장이었다. 취임 연설을 준비할 때 주로 어떤 점을 고려해야 하는지 살펴보자.

- **현재 상태에 대한 평가** : 조직의 현재 건강 상태를 어떻게 생각하는가? 사업에 대해 파악한 사실을 말할 때는 과거의 성과와 승리를 진정으로 존중하는 태도를 보여야 한다. 또 결함과 기회에 대해 말하는 것이 중요하다. 생생한 개인적 이야기와 사례는 당신이 사람들, 그리고 사업과 어떻게 결부되어 있는지를 나타낼 것이다.
- **내일을 향한 비전** : 보통 CEO에게는 수행해야 할 임무 목록이 있다. 위대한 CEO는 도착 지점을 그림으로 그린다. 앞으로 10년 안에 인간을 달에 보냈다가 지구로 무사히 귀환시키겠다는 존 F. 케네디의 대담한 도전은 원대한 동시에 구체적인 열망이었다.[4] 위대한 CEO는 명쾌하고 구체적이면서 강력하게 목적지를 부각시킨다. 따라서 CEO는 열망을 표현할 뿐 아니라 아주 구체적으로 미래를 애타게 바라볼 수 있도록 비전을 전달해야 한다.
- **조직을 위한 가치** : 그 비전을 달성하려면 필수적으로 어떤 가치를 갖춰야 하는가? 예를 들어 리더스 다이제스트에서 일하는 동안 메리 버너는 운영 효율성을 가장 우선하면서 여섯 가지 원칙을 수행하는 데

전력을 기울였다.

- **더욱 광범위한 관점** : 세상에서 벌어지고 있는 어떤 현상이 산업, 기업, 자기 의사 결정에 영향을 미칠 것이라고 생각하는가?

- **행동 촉구** : 난기류에 휩싸인 헬리콥터 기업의 실적을 개선하는 임무를 맡았던 빌 아멜리오를 기억하는가? 그는 취임 초기에 직원들에게 회사를 회생시키기 위해 열심히 일하라고 격려하는 연설을 했고, 실적 개선에 필요한 추진력을 창출해낸 중역팀에 연설의 공을 돌렸다. 회사의 재정 상태가 심각하다는 사실을 밝히고 나서 빌은 이렇게 말했다.

"우리는 시장에서, 채권자의 손에, 이사회의 손에 죽어가고 있습니다. 우리는 함께 전쟁터에 있습니다. 나는 모든 직원이 최상의 아이디어를 내주길 바라고, 서로 등을 찌르지 않길 바랍니다. 우리는 이 전쟁을 치를 것입니다. 여러분은 전쟁에 참전하든지 나가든지 해야 합니다. 결정을 하십시오. 이 전쟁에 참전하고 싶지 않다면 내게 알려주십시오. 그러면 내일 이곳을 나가야 합니다. 이제 최상의 아이디어를 생각해냅시다."

- **자신의 리더십 유형** : 직원들은 어떤 방식으로 당신과 함께 일해야 하는지 궁리하느라 여념이 없다. 이 숙제를 풀어주는 방법은 실제로 간단하다. 직원들에게 말해주면 된다. 당신은 조직에 어떻게 개입하려 하는가? 시간을 어떻게 사용할 것인가? 어떻게 의사소통하기를 원하는가?

최근에 우리는 판매 부문에서 경험을 쌓은 CEO를 코칭했다. 그 CEO가 기술 기업을 지휘하게 되자 다른 고위 중역들은 앞으로 그가 판매에 치중해 기술과 제품의 제약 조건을 무시하고 성과를 내지 못하는 부문은 팔아치울 거라고 추측했다. 초반에 열린 회의에서 CEO는 고위 중역들의 예상을 바로잡았다.

"아마도 여러분은 내가 새로운 거래 파이프라인에만 관심을 쏟으리라고 생각할 것입니다. 그렇지 않습니다. 취임 첫해에는 제품팀, 고객과 시간을 보내면서 우리 제품이 어떻게 작동하는지, 우리가 거둘 수 있는 성과와 거둘 수 없는 성과는 무엇인지 확실히 파악할 것입니다. 내가 이 일을 책임지고 실천할 수 있도록 여러분이 뒷받침해주길 바랍니다."

새로운 CEO는 취임하고 첫 3~6개월 동안 여러 형태의 취임 연설을 여러 차례, 다양한 방식으로 많은 청중에게 전달할 것이다. 메이너드 웹은 지난주에 직원과 주고받은 긍정적 상호작용과 자신이 우선적으로 염두에 두고 있는 주제들을 공유하기 위해 매주 업데이트한 정보를 전 직원에게 보냈다. 자신이 수립한 목표를 제시하고, 자신이 거둔 성과에 대해 분기마다 이사회의 평가를 받은 뒤에 그 결과도 전 직원에게 보냈다. 이 모든 소통이 추구하는 목표는 '내가 접근하기 매우 쉬운 사람이라는 메시지를 보내고, 가능한 한 모든 정보를 직원과 공유하겠다는 분위기를 조성하는' 것이었다. 또 직원을 밀어붙이는 성향이 있을 수 있지만 자신에게도 다른 사람과 같은 기준을 적용하겠다는 점을 직원들에게 분명히 밝혔다.

CEO는 취임 연설로 향후 상황에 대해 조직을 준비시키고, 직원에게 매일 보여주는 행동을 통해 그 메시지를 지속적으로 강화해야 한다.

CEO를 위험에 빠뜨리는 6가지 '안전한' 인사 경영을 피하라

지금까지 자신이 리더로서 어떤 사람인지, 직원들에게 무엇을 기대하는지를 조직 전체에 밝히면서 앞으로 임무를 수행할 토대를 마련했다. 다음으로는 팀을 정비하고 싶을 것이고 또 정비해야 한다. 하지만 매우 단호한 CEO라도 '맞아, 그 직원은 내보내야 해. ……하지만 당장은 아니야'라고 생각하는 위험한 궁지에 몰려 속수무책일 때가 많다. 롬앤하스에서 라지가 경험했듯 직원을 해고하기는 결코 쉽지 않다. 조직의 정치는 마찰과 잡음을 일으킬 수 있다. 정신적 압박도, 단호한 리더들의 내적 인간성도 마찰과 잡음을 일으키기는 마찬가지다. 인사 문제를 신속하게 처리하지 못하는 것은 납득할 만한 동시에 골치 아픈 문제이다.

하지만 조직을 활성화시키는 추진력에 제동을 거는 모든 방해물 중에서도 가장 흔하면서 두드러지는 방해물은 두려움이다. 새 리더는 자신이 공격당하기 쉽다고 느낀다. 이러한 취약성에 사로잡힌 새 리더는 대담하고 단호한 행동이 결정적으로 중요한 순간에 오히려 타성에 젖고 그릇된 판단을 내릴 수 있다. 우리가 판단하기에 대부분의 CEO가 인사 문제에서 저지르는 실수의 핵심은 이렇다. CEO가 안전에 대한 인간적 편견에 휩싸여 길을 잃는다. 원래 사람은 현재 상태가 더욱 안전하다고 느낀다. 하지만 이것은 매우 무모하고 보수적인 태도다. 신속하게 행동하지 않고 갑자기 결정을 번복하거나 넘겨짚거나 안도감을 제공하는 방식에 매달리기 때문이다.

인사 문제는 좋은 와인보다 물고기에 가깝다. 팀에서 보이는 문제들은 시간이 지나도 개선되지 않는다. 중역팀의 성과 미달을 묵인하면 자사, 당신의 직위, 어쩌면 열심히 일하는 유능한 직원들의 일자리까지 위태로워진다. 게다가 문제가 있는 개인에게도 전혀 이롭지 않다.

잘못 판단하도록 유도해서 리더를 거듭 함정에 빠뜨리는 여섯 가지 '안전한' 인사 행태를 살펴보자.

1. **현재 상태를 유지한다.** 리더는 충성스러운 팀원들이 역할에 적합한지 새로 평가하지 않고 안도감에 집착해서, 현재 팀을 고수하거나 자신이 신임하는 직원들을 모은다. 리더는 자신이 모르는 사람보다 '자신이 아는 악마'를 선택한다.

2. **적합한 실적보다 배경을 선호한다.** 후보자가 과거에 거둔 결과를 미래의 필요와 신중하게 맞춰보지 않고 가장 인상적인 이력을 보유한 후보자를 선택한다.

3. **이사회의 뜻에 따른다.** 이사진이나, 심지어 전직 CEO가 직원을 추천하는 경우가 많다. 리더들은 그러한 견해를 수용할 수밖에 없다고 생각하고 온전히 객관적인 접근 방법을 고수하지 못한다.

4. **정상의 자리에 앉도록 자신을 도와준 사람들에게 지나치게 의존한다.** 스스로 탐내던 직위에 오른 리더는 그 역할을 맡도록 도와준 사람에게 고마움을 느낀다. 감사와 충성은 지속적인 개인 관계를 형성하는 데 반드시 필요한 요소이다. 하지만 불행하게도 채용 결정이 위험하게 오염될 수 있다. 어떤 리더들은 감정에 흔들리지 않고 역량에 초점을 맞추기보다 충성심을 발휘해 인재를 채용하고 보유했다가 인사에 실패한다.

5. **자신과 같은 종류의 인재를 채용한다.** 새 리더는 자신을 닮고 배경이 비슷한 인재를 보며 안전하다고 느낀다. 그래서 팀의 재능 포트폴리오에 다양성과 상호 보완적 기술을 추가해줄 수 있는 인재를 물색해

팀의 성공에 결정적으로 중요한 요소를 갖추기보다는 자신과 똑같은 기술과 경험을 보유한 사람을 채용한다.

6. **자신과 '경쟁'할 가능성이 있는 인재를 피한다.** 성공하려는 야심을 품고 뒤를 바싹 추적해오는 사람이 없더라도 리더의 역할은 충분히 고달프다. 따라서 위협적이지 않다는 이유로 적당히 괜찮은 사람을 선택할 가능성이 있다.

여섯 번째의 '안전한' 인사 행태는 최악일 수 있다. 우리가 최근에 코칭했던 첫 CEO는 '경쟁'이라는 함정에 빠지지 않기 위한 훌륭한 기준을 세웠다. 정상의 직위에 오르기 전에 그를 가장 지지해준 사람은 인사부 수장이었다. 이사회를 비롯해 모든 직원은 인사부 수장을 건드릴 수 없는 막강한 인물이라고 생각했다. 하지만 새로운 CEO는 고위 중역 중에서 그를 가장 먼저 내보냈다. 자질이 상당히 풍부한 후보자를 "이 사람을 채용해서는 안 됩니다. 그는 능력이 뛰어나지만 당신의 적이 될 테니까요"라고 말하면서 채용을 반대했기 때문이다. 그 순간 CEO는 인사부 수장의 생각이 자신의 비전이나 가치와 양립할 수 없다고 깨달았다. CEO는 "나는 훌륭한 리더를 단 한 명만 원하지 않았습니다. 훌륭한 직원 50명을 채용하고 싶었어요"라고 설명했다.

적합한 팀을 신속하게 구성하라

우리는 여섯 가지의 '안전한' 인사 행태를 피해 신속하고 성공적으로 팀을 재구축한 CEO들을 인터뷰하고 나서 실패하지 않는 네 가지 원칙을 수집했다. 이 원칙들은 경력의 어느 단계에서도 적용할 수 있다.

1. 인사 계획을 개발하고 글로 작성한다.

기술에 투자할 계획을 세우거나, 새로운 지점을 열거나, 생산 규모를 축소하거나, 다른 중요한 사업 계획을 실행하려 한다면 경영 사례, 성공지표, 실행 계획 등을 문서로 작성할 것이다. 그렇다면 이와 똑같이 엄격한 태도로 '어떤 변명도 용납되지 않는' 탄탄한 인사 계획을 장기·중기·단기로 개발하고 문서로 작성한 적이 있는가?

누구를 팀에 불러들일지 판단하는 것은 단순히 역량 자체를 평가하는 정도에 그치지 않는다. 강력한 팀을 구축하려면 세 가지 요인을 고려해야 한다.

- **비전** : 이 사람은 당신의 비전과 전략을 진척시킬 구체적인 기술을 지녔고, 그것을 입증할 실적을 거두었는가?
- **조율** : 이 사람은 당신이 회사를 위해 설정한 가치와 방향에 일치하는가? 강력한 목소리와 다양한 견해는 어떤 팀에도 반드시 필요하지만, 가치가 일치하지 않거나 당신의 리더십에 동의하지 않는 사람은 회사를 발전시키는 데 백해무익하다.
- **포트폴리오** : 이 사람은 당신과 다른 팀원의 능력과 개인적 스타일을 얼마나 잘 보완하는가?

백미러를 사용해 뒤를 보지 말고 앞 유리로 앞을 내다보면서 팀을 평가하라. 각 개인의 능력과 경험은 당신이 앞으로 1~2년 동안 필요할 능력과 경험에 얼마나 부합하는가? 앞으로 5년 동안은 어떠한가? 당신에게는 그 팀을 이끌어 사업을 미래로 진척시킬 능력이 있는가?

생각이 명쾌해지면 구체적인 중요 단계와 시기를 포함해 인사 계획을 글로 적는다. 이것은 자신의 생각을 정직하고 일관성 있게 유지하는 유일한 방법이다. 확신할 수 없는 팀원이 있다면 팀에 계속 남아 있게 해야 하는지 떠나게 해야 하는지와, 어떻게 그들을 잘 뒷받침할지를 결정할 때 사용할 구체적인 지표와 중요 단계를 글로 적는다.

2. 주역을 맡기려면 스타가 있어야 한다.

톰 모나한은 날카로운 분석론이 대세인 비즈니스 정보 서비스 기업 CEB에서 CEO로 활동했다. 따라서 가족이 카니발 사업을 벌였던 매사추세츠 주 솔즈베리의 해변 판자 산책로에서 인사 문제에 대해 매우 중요한 교훈을 얻었다는 말을 그에게서 듣고 솔직히 의외라고 생각했다. 판자 산책로에는 각종 놀이기구와 게임이라는 두 가지 형태의 오락거리가 있었다. 놀이기구는 기계 자체의 질로 대중의 관심을 끌어야 하고, 팀은 안전과 효율성에 초점을 맞춰야 했다. 하지만 게임은 달랐다. 손님의 발길이 닿지 않아 적자인 부스가 있는가 하면 재주 있는 호객꾼이 있는 부스는 인기가 많아 방문객이 길게 늘어섰다. 특히 '집시 래리'와 '잡화점 제이크'가 인기를 끌었다. 카니발이 성공하려면 이렇게 일류 재주꾼들이 있어야 했다.

기업을 경영할 때 CEO는 '집시 래리' 같은 일류 고성과자가 어디에 필요한지, 여름 아침마다 오전 11시 정각에 기계의 전원을 켜는 것이 적합한지 알아야 한다. 각 직위를 머리에 떠올리면서 자문해야 한다.

'이 역할은 내 비전과 목적을 달성하는 데 얼마나 중요한가? 우리에게 이 사람이 필요한 까닭은 팀에 경쟁 우위를 안겨주기 때문인가, 아니

면 주로 팀을 제때 계속 굴러가게 만들기 위해서인가?'

3. 인사 문제에는 큰 대가가 따른다.

당신이 과거에 한 계단씩 직위가 오를 때는 저성과자를 받쳐주면서도 업무를 완수할 수 있었다. 하지만 CEO가 된 뒤에도 그렇게 하면 회사를 위험에 빠뜨린다. 보통 이하의 성과를 거두는 직원에게 임시 처방을 내리느라 시간을 쓸 때마다 당신은 자신이 채용된 목적, 즉 CEO의 역할을 수행하지 않는 것이다. 더 이상 잡초 덤불로 뛰어들어 다른 사람의 일을 할 시간도 없고 그 일에 대한 경험이 없을 때도 많다. CEO는 예전 직위에 있을 때보다 사업을 움직일 시간이 훨씬 적다. 예를 들어 CEO가 거느린 팀에 저성과 팀원 두 명이 있다고 해보자. 영업이익 관리 담당 사장이나 총괄 관리자를 합해 다섯 명 중 두 명이 성과를 기대치의 80퍼센트만 달성해도 이미 분기별 목표에 훨씬 못 미친다.

우리는 기술의 발달 속도와 품질에 사업 모델의 생사가 달려 있는 기업을 이끌면서 저성과 최고기술책임자cTo를 그대로 보유했다가 직업을 잃은 CEO를 최근에 목격했다. 해당 기업에는 극도로 재능 있는 최고기술책임자가 필요했다. CEO는 스스로 막강한 기술적 재능을 보유하고 있으므로 최고기술책임자의 약점을 보완할 수 있을 거라고 생각했다. 하지만 그 생각은 빗나갔다. 주요 프로젝트의 추진 일정이 늦어지고, 비용이 눈덩이처럼 불어나기 시작했다. 시기적으로 CEO가 고객과 접촉하는 시간이 늘어나야 하는데도 오히려 줄어들었다. 사업이 진통을 겪으면서 CEO는 이사회의 신임을 잃고 취임한 지 19개월 만에 물러나야 했다.

'프로젝트'에 투입할 시간이 없다고 해서 여전히 성장할 여지가 있는 주요 인재들을 보유할 수 없다는 뜻은 아니다. CEO는 상승 잠재력을 지닌 리더를 원한다. 하지만 처리해야 할 인사 문제가 너무 많으면 정신적으로 짓눌릴 수 있다. 매우 중요한 역할을 맡는 직원들은 현재의 역할을 충실히 수행할 준비를 갖춰야 한다. 그리고 CEO가 직원의 역량을 계발하는 유일한 인물이어서는 안 된다. 일류 리더들은 더욱 폭넓은 중역팀 포트폴리오를 평가하고 다음과 같이 묻는다.

'팀 전반에 걸쳐 우리는 필요한 모든 중요한 기술과 경험을 구비하고 있는가? 잠재력을 최대한 발휘해 업무를 수행하도록 우리가 사용할 수 있는 내적·외적 발달 지원 방법은 무엇인가?'

4. 각 역할에서 '훌륭해' 보이는 기준을 더욱 높인다.

특히 자신의 전문 분야가 아닌 영역에서 CEO는 누가 싹트기 시작한 슈퍼스타인지, 누가 인사 문제 대상자인지 언제나 가장 잘 판단할 수 있는 것은 아니다. 현명하게 인재를 쓴다는 평판을 듣고 있는 새로운 CEO '프랭크Frank'는 최근에 팀에 대한 자신의 초기 평가를 엘레나와 함께 면밀히 검토했다. 법무자문위원을 거론하는 자리에서 프랭크는 어깨를 으쓱하며 "음, 최악의 후보자는 아니에요. 그냥 그 자리에 놔두죠"라고 말했다. 그 법무자문위원의 인사고과 점수는 10점 만점에 기껏해야 5점 정도였다. 프랭크는 인수와 장기 고객 계약을 통해 회사를 공격적으로 성장시킬 계획을 세웠다. 두 계획 모두 강력한 법적 기능이 요구되었다. 그러려면 10점 만점인 인물이 필요했지만, 프랭크는 역할의 중요성을 터무니없이 과소평가했다.

7개월 후 한 이사가 프랭크를 불러 취약한 법무팀, 치솟는 법무 비용, 계약 이행 속도가 느린 점 등에 심각한 우려를 나타냈다. 막상 시간이 흐르고 나서 프랭크는 이러한 역행 현상의 대가가 클 뿐 아니라 불필요하게 자신에게 상처를 입혔다는 사실을 깨달았다. 사업을 뒷받침하는 데 법무자문위원의 비중이 얼마나 큰지 인식하지 못했던 것이다.

이와 비슷하게 고성장 기업의 CEO와, 특히 설립자는 눈높이를 높여 단순히 현재 기준으로 업무를 수행하는 데 그치지 않고 미래지향적으로 기업을 이끌 수 있는 인재를 확보하려고 노력한다. 텍사스 주 매키니에 본사를 두고 있는 SRS 디스트리뷰션은 미국에서 매우 빠르게 성장한 지붕 관련 제품 공급업체다. 업계의 베테랑인 론 로스Ron Ross와 댄 팅커Dan Tinker가 이끄는 SRS는 2008~2013년 투자자들에게 7.6배라는 엄청난 수익을 안겼다. 론과 댄은 자신들의 성과에 안주하지 않고 2014년 우리에게 자문을 의뢰하면서 5년 동안 사업을 세 배로 성장시키고 인재 영입 전쟁에서 승리하려면 리더의 관점을 어떻게 바꿔야 하느냐고 물었다. 경영팀은 사업을 평가하는 준비성 측면에 자체적으로 10점 만점에 6.5점을 매겼다. 그들은 그때까지 무서운 성장세였지만 사업을 진척시키려면 새로운 역량이 필요하다는 사실을 인식했다. 전체 팀을 인터뷰하고 분석하는 과정을 거치고 나서 SRS는 자신들이 지향하는 미래 조직을 구축하기 위한 인사 계획을 세웠다. 이러한 작업을 거치면서 론과 댄은 리더팀에 어떤 요건이 필요한지 다시 생각할 수 있었다. SRS는 지금도 계속 번창하고 있으며 론과 댄은 이 장에 수록한 교훈을 활용한 덕택에 인사 문제에서 성공할 수 있었다고 강조한다.

그렇다면 최고의 리더들은 여섯 가지 '안전한' 인사 경영 문제에 휘말리지 않도록 자신을 어떻게 보호할까? 그들은 백지상태에서 인사 문제를 논의하기 시작한다. 현재 보유하고 있는 인물을 그대로 유지할 수밖에 없다고 추측하지 않고, 회사의 비전과 목표를 달성한다는 점에만 초점을 맞춰 팀 전체를 다시 선발해야 한다고 상상한다. 인지한 제약을 모두 제거하고, 조직의 미래 요구를 면밀하게 살핀다. 앞으로 기업이 나아갈 방향을 제시하는 데 필요한 역량·기술·경험 측면에서 CEO의 관점을 재조정한다. 그러고 나서 비로소 팀을 평가해 적합성이나 결함을 파악한다. 이 과정은 CEO 임기를 시작할 때뿐 아니라 매년 의식으로 실천해야 한다.

성공적인 CEO는 이 과정을 혼자 실행하지 않는다. 자신의 생각을 밀어붙이기 위해 언제 외부 관점을 도입해야 할지 안다. 감시 역할을 맡아달라고 다른 사람에게 부탁하거나 자신의 예측이 사실에 반하는지 시험하는 방법이 유용할 수 있다. 깊이 경험해보지 않은 사업 분야가 있다면 자신을 이끌어줄 수 있는 사람을 영입하는 방식을 고려한다. 판매 분야에서 경력을 쌓은 CEO가 기술 기업을 지휘하게 되었을 때 제품팀의 역량을 평가하기 위해 예전 기업에서 믿을 만한 최고기술책임자를 컨설턴트로 영입하는 것도 같은 원리이다.

마지막으로, 비슷한 사업 난제를 해결한 CEO에게 조언을 듣는 것도 유익할 수 있다. 예를 들어 가치가 5억 달러인 기업을 운영하고 있다면 사업 규모를 2억 달러에서 20억 달러로 성장시킨 CEO와 함께 인재 문제를 논의한다.

새 언어를 구축하라

강력한 팀을 새로 조직하려 할 때 부딪히는 또 하나의 난제는 어떻게 팀과 기업에 적합한 수준으로 관계를 유지하느냐이다. 어떻게 하면 사업을 추진하되 당신이 매우 주의 깊게 선택한 직원들이 최선을 다하도록 적당히 물러설 수 있을까?

　CEO가 되기 전에는 자신의 지식과 통찰을 발휘해 회사에 중대한 가치를 안기는 결정을 내렸을 것이다. 하지만 지위가 올라갈수록 자신의 통찰·정보·경험을 발휘해 직접 끌어낼 수 있는 가치는 줄어든다. 몇몇 기업에서 CEO이자 회장을 역임한 톰 에릭슨이 말했듯 'CEO 역할의 90퍼센트는 행동수정이다'. 행동수정은 조직의 목적을 달성하기 위해 직원들을 정렬된 방식으로 행동하게 만드는 것이다. 한 걸음 뒤로 물러서서 직원들이 각자 임무를 수행할 수 있도록 신뢰하되, 직원들이 정직성을 유지하고 목표를 지향하며 움직이게 만들기 위해 CEO의 존재감을 사용할 기회를 찾아야 한다. 직원이나 팀에, 또는 더욱 광범위한 조직에 어떤 신호를 보내야 하는지를 토대로 CEO가 개입해야 하는 시점을 선택한다.

　CEO가 내릴 가장 중요한 결정은 언제 다른 사람을 고무하고 호감을 주는 치어리더가 되어야 하느냐와, 언제 책임이라는 망치를 휘둘러야 하느냐이다. 결정마다 적합한 시간과 목적이 있게 마련이고 최고의 CEO는 대처하는 데 급급하지 않고 깊이 전략적으로 생각한 뒤에 결정한다. CEO의 역할이 주변 사람에게 미치는 영향력이 '확장'되는 까닭에 CEO가 아무리 부드럽게 제안하더라도 무조건 명령으로 느껴진다. 최고의 CEO는 특유의 작은 몸짓으로 큰 신호를 보내는 방식을 의도적으로 발달시킨다. CEO가 사용하는 상징적 언어의 예를 몇 가지 살펴보자.

- **'내게는 이것이 중요하다'**: 톰 모나한은 CEB에서 CEO로 일할 때 회사가 발간한 벤치마킹 보고서를 하나도 빼놓지 않고 읽었다. 그러고는 이따금씩 자신이 읽은 내용에 대한 의견을 구체적으로 제시했다. 하지만 CEO가 지적한 요점 자체보다는 CEO가 제품 품질과 고객 경

험을 최우선 과제로 생각한다는 강력한 메시지를 전달한 것이 중요했다.

- **'나는 관심이 있다'** : CEO가 불쑥 공장을 방문하거나 복도를 걷다가 미소를 짓거나 악수를 청하면 매일 업무를 탁월하게 수행할 때도 있고 실수를 할 때도 있고, 따라서 노력하는 태도가 중요하다는 사실을 직원에게 상기시킬 수 있다.

- **'나는 당신들이 제대로 일하고 있다는 것을 안다'** : 회의에 참석해서 직원들의 말을 듣고만 있다. 얼라이드 웨이스트를 매우 성공적으로 이끌었던 존 질머John Zillmer는 기업의 재정 상태를 완전히 호전시켰다. 그런데 경영 회의에 참석해보면 놀랍게도 존은 거의 한마디도 하지 않는다. 중요한 문제를 거론하는 회의에 참석해서 침묵을 지킴으로써 '내가 보유한 적합한 인물들이 회의실에 앉아 적합하게 행동하고 있다'는 메시지를 전달하는 것이다.

- **'우리는 결정하는 것이 아니라 논의하고 있다'** : 애로우 일렉트로닉스의 전직 CEO인 스티브 코프먼은 토의와 논쟁에 자신이 참여하는 것은 방향을 지적하려는 것이 아니라 탐색하려는 것이라고 직원들에게 상기시키고 싶을 때면 'CEO'라고 적힌 모자(야구 모자)를 벗고 '팀 동료'라고 적힌 모자를 쓴다. 그는 이렇게 말했다.

  "그러지 않으면 내가 질문하는 경우에도 직원들은 내가 대답을 주고 있으며 자신들은 그에 따라 움직여야 한다고 생각합니다."

- **'나는 진실을 원한다'** : 스티브 코프먼은 가감 없이 진실을 말하라고 직속 부하직원에게 대놓고 요구하지 않는다. 자신이 듣고 싶어 하는 정보가 아니라도 전달해주는 사람에게 감사하고, 정보를 받을 때마다 차분하고 상냥하게 반응하면 나쁜 소식이 자신에게 빨리 도착하리라

확신한다.

- **'아무리 바쁘더라도 당신에게 할애할 시간은 있다'** : 재학생이 1만 6,000명 이상인 스탠퍼드 대학교의 총장 마크 테시어-라비뉴Marc Tessier-Lavigne는 학생들을 만나는 시간을 정해놓았다. 온라인 신청서를 작성해 제출하면 누구라도 총장과 10분 동안 대화할 수 있다.[5]

- **'나는 인간이다'** : CEO가 개성을 나타내기 위해 테드 홀처럼 하와이 언 셔츠를 입든 다른 방법을 찾든, 직원들은 걸어 다니는 양복이 아니라 온전한 인간을 따르고 싶어 한다. 일부 CEO에게는 자신을 내세우지 않는 유머가 유익하다. 메리 버너는 리더스 다이제스트에서 팀의 절반을 교체하고 난 뒤 외부에서 실시한 리더십 행사에서 참가자들에게 핼러윈 의상을 나눠 주었다. 메리는 어떤 의상을 입었을까? 「오즈의 마법사」에 등장하는 서쪽의 사악한 마녀 의상이었다.

리더의 언어는 단어가 아니라 행동과 관계있어야 한다. 요구가 아니라 신호와 관계있어야 한다. 성공은 더 이상 CEO의 성공이 아니라 팀의 성공이다.

요점

1. 당신은 아마도 팀에 대해 모든 사항을 파악했다고 생각할 것이다. 당신의 생각이 옳을 확률은 4분의 1이다. 첫 CEO가 저지르는 실수 중 75퍼센트는 적합한 팀을 신속하게 구축하지 못한 것이다.

2. 첫인상을 줄 수 있는 기회는 다시 오지 않는다. 강력한 취임 연설로 그 기회를 포착한다.

3. 자신의 인사 계획을 발전시키고 글로 작성한다. 인사 평가를 실시할 때는 최소

한 사업에 대해 다른 결정을 내릴 때와 같은 정도로 객관성과 엄격한 분석을 사용한다.

4. 어느 곳에 스타가 필요한지 판단한다.

5. 인사 문제를 최소화한다.

6. 작은 몸짓을 사용해 팀과 관계를 형성한다.

7. 제프 스마트와 랜디 스트리트가 쓴 『누구를 어떻게 뽑을 것인가?』, 두 사람과 더불어 앨런 포스터도 저자로 참여한 『사장의 질문』을 참조해 팀 구축에 관해 더 많은 도움을 받는다.[6]

제11장

거물인 이사진과 함께 춤을 추어라

그는 짐 실은 황소를 끌며 달걀 껍데기 위를 걷고 있었다.

_스티그 라르손, 『여자를 증오한 남자들』

'조Joe'는 좋은 대학교를 다녔고 업무의 우수성과 미래 CEO의 배출지로 유명한 세계 수준급의 두 기업에서 승진을 거듭하며 경영훈련을 받았다. 부사장을 거쳐 사장 자리에 오른 조는 조직을 밑바닥부터 재건할 수 있는 능력을 갖춘 '호리호리하고 못된 업무 기계'라는 평을 들었다.

22년 동안 경력을 쌓으며 갖춘 자격을 바탕으로 더욱 큰 자리를 노려볼 만한 기회가 조에게 찾아왔다. 사모펀드 기업에서 중서부에 있는 중견 농기구 기업을 맡아 운영해보지 않겠느냐고 제의하자 조는 전화를 끊고 난 후에 호텔 방에서 승리의 환호성을 질렀다. 인생 최고의 기회가 찾아온 것이다!

조는 자기 특유의 강렬한 에너지를 뿜으며 거센 변화를 시도할 마음의 준비를 갖추었다. 농업 분야에서 일한 이력이 없는 CEO였지만 해당 사모펀드 기업은 틀림없이 적임자를 뽑았다고 자신했다. 그러면서 업무를 추진하는 데 필요한 전문 지식을 제공받기 위해 업계 지식을 갖춘 자문들을 이사진에 포함시켰다.

이제 신속하게 실적을 거두기에 완벽한 조건을 갖춘 것 같았다. 하지만 조는 많은 CEO가 평소에 탐내다가 처음 뜻을 이루었을 때 발견하는 사실을 깨달았다. 사업을 운영하는 것은 CEO가 수행하는 임무의 일부일 뿐이라는 것이었다. 이사회와 순조롭게 협력하느냐가 성패를 좌우하는 관건이 될 수 있었다. CEO로 취임하고 6개월이 채 되지 않았을 때 이사회는 조를 해고하려 했다.

일반적으로 첫 CEO는 엄청난 정신적 압박을 느낀다. CEO가 직면한 도전을 듣고, 현명하고 냉철한 자문을 제공하는 임무를 맡은 집단은 곧 CEO가 거둔 성과를 판단하는 사람들이다. CEO가 이사회에 가져오는 모든 난제는, 두렵게도, '이 사람은 일을 망치고 너무 오래 있지 않나?' 하는 질문에 비추어 저울질된다. 이사회에는 CEO 자리에 앉을 사람을 결정하거나 해고할 궁극적인 권한과 책임이 있다. 그러니 이사회와 함께 일하다 보면 사람들 사이에서 화약통을 다루고 있는 것처럼 느낄 수 있다.

이사회는 CEO에게 책임을 부여하고 현명한 자문을 제공해 지원하면서 주주의 이익을 대변하려 한다. 그들은 지혜·경험·새로운 관점을 투입해 CEO의 생각을 밀어붙이고 소중한 조언을 제공한다. 강력한 이사회는 마치 잠망경처럼 작용해서 CEO가 기업에서 혹은 개인적으로 경험했던 범위를 넘어서서 문제를 미리 포착하고 예방할 수 있게 돕는다. 하지만 애석하게도 CEO가 함께 일하는 이사회가 매번 준비를 갖추고 고도로 기능하는 것은 아니다. 사실 우리가 인터뷰한 CEO들 중에서 이사회가 사업에 가치를 추가하느냐는 항목에 대해 57퍼센트만 5점 만점 중

3점 이상이라고 대답했다.[1]

이사회가 강력하든 그렇지 않든 간에 이사회와 협력하는 것은 첫 CEO에게 최대 관심사이다. 여기에는 그럴 만한 이유가 있다. 이사회를 다루는 데 실패하는 것이 새로운 CEO가 저지르는 실수 중에서 가장 흔하게 인용되는 세 가지 중 하나이기 때문이다. 70건 이상의 CEO 해고 사례를 검토해보면 이사회와의 관계가 깨진 경우가 4분의 1을 차지했다. 연애로 시작한 관계가 고통스러운 이별로 끝날 수 있는 것이다. 이사회는 CEO에 대해 우려를 나타내기 시작했으나 문제가 해결되지 않으면 평균 2년을 채우지 못하고 CEO를 내보낸다.[2]

중서부 지역의 농업 기업 CEO인 조의 사례가 거의 그러했다. 조가 계획을 추진하느라 바쁜 동안 이사회 의장인 '키이스Keith'는 조의 모든 행보를 회의적인 시각으로 지켜보았다. 키이스는 그 기업의 전직 CEO로 사주가 바뀔 때까지 사업을 성공적으로 성장시켰다. 새로운 투자자는 키이스의 전문 지식과 경험을 활용하고 싶었지만 키이스는 권한을 넘겨주기 힘들어했다. 그래서 조가 전면적인 변화를 시도하며 이사회의 신경을 건드리기 시작하자 키이스는 너무 반가워서 어떤 변화인지 들을 생각조차 하지 않고 자신의 후계자가 상황을 망치고 있다는 결론을 내렸다. 그러면서 조에게 적극적으로 반기를 들었고 변화에 저항하는 직원들에게 동조하며 CEO를 경질하자고 이사회를 선동했다.

지칠 줄 모르고 일에 매달리는 조는 공격적인 성장을 달성하기 위해 기업의 구조조정에 집중하며 전력을 다했다. 그러면서 CEO에게 중요한 역할인 이사회와의 효과적인 협력 관계를 구축하는 일을 등한시했다. 첫 CEO에게 흔한 덫에 걸려 자신이 훌륭한 결과를 산출하면 이사회가 만족하리라 추측했던 것이다.

우리는 이사회와 갈등을 겪고 있는 CEO에게 이사회와 강력한 협력 관계를 구축하기 위해 얼마나 시간과 관심을 쏟느냐고 묻는다. 치열하게 업무에 몰두하는 많은 CEO는 이사회와 원만한 관계를 형성하는 것을 필요악으로 생각한다. 그들은 이사회와 좋은 관계를 유지하고 싶어 하지만, 그렇다고 강력한 관계를 구축하기 위해 반드시 조치를 취하거나 시간을 투자하지는 않는다. 우리가 인터뷰한 성공적인 CEO들은 일반적으로 업무 시간의 10~20퍼센트를 이사회와의 관계를 유지하는 데 썼다.[3] 이 비율은 새로운 CEO가 취임하거나, 주식을 상장하거나, 주요 인수·합병 거래를 추진하거나, 사업을 매각하는 등 주요 변곡점에서는 30퍼센트를 넘을 수 있다. 자신이 맡은 임무의 다른 양상과 상당히 비슷하게 CEO가 주요 우선 과제와 일치하는 방향으로 시간과 관심을 배분하면 크게 이익을 얻을 수 있다.

CEO로는 드물게 조는 두 번째 기회를 잡았다. 이사회 의장이 조의 일을 투자자들에게 알리자 그들은 어떤 상황이 벌어지고 있는지 파악해 달라고 우리에게 의뢰했다. 관련자 전원을 면밀하게 인터뷰하고 나서 우리는 조가 사업에 적합한 리더이기는 하지만 이사회와 관계를 형성하는 일을 게을리했고 전직 CEO인 키이스가 큰 걸림돌이라는 결론을 내렸다. 투자자들은 이사회에서 핵심 권한을 장악하고 있었고, 조는 자신이 결과를 창출하면 투자자들을 자기편으로 끌어들일 수 있으리라 추측했다. 하지만 결과를 창출할 때까지 시간이 걸리는 것이 문제였다.

조는 프로젝트 계획과 일정을 부지런히 보고했지만 투자자들을 감시자에서 협력자로 전환시킬 정도로 더욱 깊은 신뢰를 구축하기 위해 시간과 에너지를 투입하지 않았고 방식도 적합하지 않았다. 게다가 키이스가 훼방을 놓으면서 사업을 후퇴시키고 팀의 사기를 떨어뜨리고 있다는 사실을 이사회에 강력하게 알리지 않았다. 이처럼 이사회와 더욱 깊은 관계를 구축하지 않은 상태에서 투자자들이 보기에 조는 보조바퀴에 의존하는 신참에 불과했고, 키이스는 예전 사주 편에 서서 홈런을 날렸던 기량이 뛰어난 CEO였다. 이쯤 되면 조가 위험한 위치에 놓였다고 생각하기 쉬웠다. 우리는 더욱 깊은 관계를 형성하도록 돕기 위해 투자자와 조를 코칭했다. 조가 세운 계획 중 일부가 결실을 맺기 시작하면서 투자자들은 회사를 경영할 적임자를 선택했다면서 조를 신뢰하기 시작했다.

조의 힘이 강해질수록 키이스는 힘이 약해지면서 이내 회사에서 밀려났다. 3년 후 조는 회사를 50퍼센트 성장시키고 수익을 두 배로 늘리고 나서 매각을 성사시켰다. 지금은 다른 기업에서 CEO로 활동하고 있으며 처음부터 이사회와 적극적으로 조율하며 신뢰를 쌓고 있다.

새로운 CEO는 대개 이사회를 다루는 임무를 벅차다고 느낄 수 있고 좌절할 때도 있다. 이사회는 신임 CEO에게 중요한 자산이지만 가능한 만큼 움직이고 있지 않을 수도 있다. 이 장에 수록한 조언을 활용해 더욱 잘 준비하고 CEO의 역할을 맡는다면 최고의 시나리오를 전개할 수 있다. 즉 기업을 돕고 CEO의 잠재력을 최대한 발휘하는 방향으로 CEO의 생각을 밀어붙일 수 있는 사려 깊고 경험 많은 개인들의 집단과 능동적으로 협력 관계를 구축할 수 있다.

이사진과 관계를 형성할 때의 금기 사항

이사회와 협력 관계를 형성하는 데 실패하는 CEO는 대개 다음 네 가지 유형 중 하나에 속한다.

- **슈퍼 업무추진자** : '내 일은 사업을 운영하는 거야. 사업 결과가 좋으면 이사회야 별문제가 없겠지.'

슈퍼 업무추진자에게 이사회 경영진은 상호작용을 최소화해야 하는 '잡음'이고 신경을 긁는 관료 체제이다. 신속하고 효율적으로 사업을 추진하겠다는 의욕이 넘치는 슈퍼 업무추진자는 이사회와 보조를 맞추지 않는 행동에 따르는 대가가 엄청나다는 사실을 이내 깨닫는다. 겉보기에 간단하게 결정할 수 있었던 사안이 길고도 지루한 토론으로 이어지면서 궁극적으로 사업 진행을 가로막는다.

- **장악형 지도자** : '이건 내 소관이야.'

장악형 지도자는 책임자여야 하고 그래 보여야 한다는 강력한 욕구를 느낀다. 특히 상황이 순탄치 않을 때 이사회와 거리를 둔다. 한 이사는 최근에 해고된 CEO에 대해 이렇게 회상했다.

"그는 이사진을 버섯처럼 다루었습니다. 어두운 곳에 가두고 형편없는 소리만 해댔어요. 도저히 지속될 수 없는 상황이었습니다."

이사회는 장악형 지도자에 대한 신뢰를 재빨리 거두고 그가 탁월한 실적을 거두는 경우에만 묵인한다. 그러다가 사소한 실수만 발생하더라도 조기 퇴진을 재빠르게 추진한다.

- **지나친 낙천주의자** : '좋아, 정말 훌륭해. 전혀 문제가 되지 않아!'

지나친 낙천주의자는 CEO로서 완벽한 점수를 받고 싶은 열망이 커서 거칠고 어색하고 불편한 토론을 피한다. 이사진도 처음에는 만족해한다. 좋은 소식만 듣기 때문이다. 하지만 문제가 발생하기 시작했는데도 지나치게 낙천적인 CEO가 사실을 은폐하면 점점 초조해하면서 불신을 품는다. 또 이러한 성향의 CEO는 지나치게 높은 성과를 약속하지만 실제로 거두는 실적은 약속에 미치지 못한다. 자신의 능력을 입증해 보이려는 욕구와 낙천주의가 자주 비현실적인 기대를 낳아 자신과 팀의 실패를 유도한다.

- **떠벌이형 지도자** : '말이 나온 김에……'

떠벌이형 지도자는 이사회의 인정을 받으려고 지나치게 의식한 나머지 사소한 문제에까지 이사진을 끌어들여 숲을 보지 못하고 나무를 파고들게 한다. 이사들은 여러 관점으로 CEO를 도울 수 있고 또 도와야 하지만 지배구조와 경영 사이에 그은 선이 흐려지면 혼란이 뒤따른다. CEO는 이사들이 매일의 회사 업무에서 발을 빼고 관리에 집중하는 방향으로 이사회와 협력해야 한다. 그러지 않으면 CEO 아래에서 일하는 팀이 고통을 겪는다.

진짜 책임자는 누구인가?

CEO가 풀어야 하는 첫 퍼즐은 '이 이사회에서 발생하는 힘의 역학 관계는 무엇인가?'이다. 이사회에서 가장 강력한 사람은 누구일까? 그들은 힘을 어떻게 행사할까? 서류상으로는 간단하다. 항상 그렇지는 않지만 일반적으로 이사회에서 가장 강력한 사람은 의장이나 선임 이사이고, 그 밑으로는 지배구조위원회와 보상위원회의 수장이다. 투자자가 사주인 경우에는 보통 협상 파트너의 지위가 운영자보다 높다. 이러한 경험 법칙은 처음 이해하기엔 유용하지만 실제로 힘의 규칙은 독특한 동시에 문서로 기록되어 있지 않을 수 있다.

새로운 CEO는 이사회에 자리를 획득하기 전에 자신의 능력을 입증해 보일 필요가 있다고 종종 느낀다. 그들은 자신의 리더십을 이사회에 일찍 확립하기를 주저한다. 여기에는 다음과 같은 역설이 존재한다. CEO는 이유와 방식이 적합하다면 요구하는 만큼 힘을 얻을 것이다. 이사회가 방향을 설정해주기를 CEO가 바란다면, 이사회는 해당 CEO가 채용 의도에 맞는 임무를 온전히 수행하고 있지 않다고 먼저 지적할 것이다.

우리가 코칭했던 첫 CEO '마크Mark'의 경험을 예로 들어보자. 마크는 소비 제품을 생산하는 중견기업의 수장이었다. 그 기업의 이사회는 제대로 기능하지 못해서 마치 지휘관이 없는 열일곱 명의 발사 부대 같았다. 전임 CEO는 해고되었고 가까스로 절반을 넘는 이사들만 마크가 CEO로 승진하는 계획에 찬성했다. 이사회 의장은 마크를 지지했지만 퇴진하는 길목에 있었으므로 그의 정치적 자산은 이미 고갈되었다. 세 명의 이사가 의장 자리를 차지하려고 적극적으로 로비 활동을 하고 있었다. 그들 중 한 명인 '올리버Oliver'는 마크의 입지를 약화시키려고 작정하고 사사건건 참견했다. 몇몇 유능한 이사는 초연한 태도였고, 일부는 많은 기능장애를 겪으면서 조직에 기여할 수 없었으므로 퇴진을 모색하고 있었다.

마크는 무엇보다 사업에 초점을 맞추고 싶었다. 주요 인수 건을 둘러싸고 이사회의 지지가 필요했고, 복잡한 IT 결정을 고려해야 했다. 이사회가 혼란에 빠져 있었으므로 결정을 진척시킬 수 없었다. 마크는 자신에게 가해지는 방해공작이 한탄스러웠지만 그렇다고 무시할 수도 없었다. 올리버가 의장직을 차지하는 경우에는 지금의 자리를 내려놓을 마음의 준비를 했다. 마크는 불안하고 분노한 상태로 우리에게 도움을 요청했다. 처음에는 이사회가 문제를 해결하도록 인내심을 발휘하는 것이 새로 임명된 CEO의 역할이라고 생각했다. 마크는 정도가 지나치다는 인상을 주고 싶지 않았지만 회사가 성공하려면 이사회가 제대로 기능할 수 있어야 한다고 단호하게 생각했다. 우리가 상황을 주의 깊게 분석해보니 이사회가 스스로 문제를 해결하지 않으리라는 사실이 점차 분명해졌다. 우리의 도움을 받으면서 마크는 이사회에 작용하는 힘의 역학을 파악하고, 자신의 목소리를 찾고, 성공적인 결실을 맺을 수 있는 방향으로 점차 사업을 진척시켰다.

마크의 첫 관심사는 적합한 의장을 앉히고 올리버를 제압하는 것이었다. 우리는 이사회에서 행사하는 올리버의 힘이 어디서 나오는지 조사했다.

첫째, 올리버는 흔히 말하는 '확성기의 힘'을 지니고 있었다. 강력한 의장이나 선임 이사가 없는 상황에서 평범한 이사는 회의에서 자기 의견을 강력하게 주장하는 방식으로 과도한 영향력을 획득할 수 있다. 목소리가 크면 대개 진정한 힘과 영향력을 지녔다고 해석되는 경우가 많기 때문이다.

둘째, 올리버는 '참견하기 좋아하는 사람의 힘'을 지니고 있었다. 그는 주요 계획을 관리하고, 회의를 소집하고, 세부 관리 사항에 신경을 쓰는 데 몰두했다. 모든 대화의 중심에 서서 관계를 구축하고 무대 뒤에서 로비 활동을 벌일 풍부한 기회를 잡았다.

올리버는 비공식적 영향력을 많이 소유했고 의장이 되려는 사명에 불탔다. 따라서 마크가 직면한 도전은 만만치 않았다. 다행히도 마크는 영향력을 확대하기 위해 관계를 형성하는 측면에서 우리가 만나본 CEO들 중에서 가장 유능한 부류에 속했다. 우리는 올리버에게 직접적으로 맞서지 말고 과거에 초연한 태도를 보였던 유능한 이사들과 원만한 관계를 형성하는 데 힘을 쏟으라고 마크에게 조언했다. 마크는 각자의 기술과 관심사에 맞는 사업 계획에 그들을 참여시켰다. 그러면서 그들의 역할을 명쾌하게 규정하고 사업에 기여한 가치를 눈에 띄도록 인정했다.

그러자 이사회의 분위기가 달라지기 시작했다. 이사회는 옥신각신했던 분위기를 바로잡고 사업 우선 과제에 다시 초점을 맞추었고, 마크에게 권한을 부여받은 유능한 기여자들의 목소리가 커지면서 올리버의 목소리는 묻혔다. 하지만 올리버는 포기하지 않고 사업 관련 대화에서 적절성을 잃을수록 무대 뒤에서 더욱더 열성적으로 정치 공작을 펼쳤다. 새로운 회장을 선출할 때가 되자 마크는 사교적인 회장, 지배구조위원회 수장과 손을 잡고 명쾌한 기준을 세워 객관적이고 투명한 선출 과정을 거치기 위해 노력했다. 결국 올리버는 최종 후보자 명단에도 오르지 못했다. 이기심에 쫓겨 상황을 자신에게 유리하게 이끄는 행태가 너무 지나쳤으므로 다른 이사들이 나름대로 결론을 내렸던 것이다. 올리버는 자멸하고 말았고, 우리가 이 장을 쓰고 있을 무렵 이사회에서 물러났다.

마크는 CEO로서 첫 임무가 이사회를 재구성하도록 돕는 것이라고는 생각지도 못했다. 회사의 상황이 그토록 절박하고 위험하지 않았다면 취임 첫해에 이사회에 그렇게 많은 리더십을 행사하려 하지 않았을지 모른다. 마크는 이 경험을 계기로 귀중한 교훈을 얻었다. CEO에게는 이사회를 이끄는 공식적인 권한이 없을지 모르지만 이사회와 갈등을 빚을 위험을 감수하더라도 회사를 성공으로 향하는 길에 올려놓을 책임이 있다.

이사회가 원활하게 작동하는 기계처럼 움직이든, 「왕좌의 게임」에 나올 법한 수준의 음모 속에서 고통을 겪든 CEO는 자신이 투입되는 상황을 이해하고 사업을 성공시키기 위해 이사회와 관계를 형성하는 법을 터득해야 한다.

CEO는 단순히 개인을 모아놓은 집단보다 훨씬 복잡한 이사회의 역학을 파악해야 한다. 우선 이사회가 과거에 어떻게 기능했는지를 알아낸다. 이사회는 얼마나 자주 모였는가? 이사회는 예전 CEO와 다른 경영팀원들과 어떻게 상호 작용했는가? 어느 정도로 상세히 경영에 참여했는가? 정보가 공식 회의의 외부에서 흐르는 다른 수단이 있었는가? 결정은 어떻게 내렸는가? 이사회는 최근의 위기에 어떻게 대처했는가?

이사회와 친숙해지고 나면 이사들 사이에 다음같이 흔한 유형이 있는지 세심하게 살핀다.

- **참여하는 협력자** : 이 사람은 CEO가 원하는 이사이다. 우리가 인터뷰한 CEO들은 자사 이사진의 63퍼센트가 참여하는 협력자라고 대답했다.[4] 그들은 판단이 정확하고, CEO가 추진하는 사업을 이해하려고 시간을 투자하고, 사업을 성공시키기 위해 CEO에게 솔직하고 사려 깊은 관점이나 반대 의견을 제시한다. 자신에게 주어진 역할은 사업을 경영하는 것이 아니라 책임 소재를 가리고 조언을 제공하는 것이라고 생각한다. 그러므로 CEO는 이사회에서 적어도 4분의 3을 차지할 수 있도록 참여하는 협력자를 적극적으로 발굴하고 발달시켜야 한다. 당신의 계획을 추진하고 최고의 CEO가 될 수 있도록 도움을 받는 방향으로 그들을 활용한다.
- **조용한 전문가** : 이 사람은 좋은 아이디어와 적절한 경험을 갖고 있지

만 CEO가 구체적으로 요청하지 않는 한 이사회 토론에 관여하지 않을 것이다. CEO를 지지하기 위해 위험을 감수하지 않을 가능성이 높다. 일반적으로 이들은 영향력보다 능력이 많다. 그러므로 CEO는 조용한 전문가가 가치를 발휘할 수 있는 구조적인 기회를 만들어야 한다. 예를 들어 조용한 전문가가 인수·합병 전문가이고 CEO가 인수·합병으로 승부를 걸 기회를 찾고 있다면, 조용한 전문가에게 당신의 팀을 만나 전략을 알려주고, 인수·합병 분야에서 팀과 접근법에 관해 독립적 관점을 갖게 해달라고 적극적으로 요청할 수 있다.

- **고무도장 같은 사람** : 이 사람은 CEO와 가장 막강한 이사의 지휘를 따른다. 그들의 주요 목표는 다른 이사회에 채용되기에 합당한 평판을 구축하는 것이다. 갈등과 도전거리가 등장할 때 겉으로 무난해 보였던 고무도장 같은 사람은 골칫거리로 부상할 가능성이 있다. 그들은 본능적으로 자신을 보호하기 때문이다. 따라서 신뢰할 만한 협력자가 아니다. 위험을 무릅쓰고 고무도장 같은 사람을 무시하라. 그들이 높이 평가하는 사람이 누구인지 처음부터 파악하라. 중대한 결정을 내릴 때 고무도장 같은 사람은 당신과 다른 영향력 있는 이사진이 누구에게 의존하는지 찾아내려 할 것이다.

- **마이크로매니저** : 사소한 일까지 모조리 관리하려 드는 마이크로매니저는 자신의 가치나 때로 우월성을 열렬히 입증하고 싶어 한다. 그들의 행동은 CEO의 입지를 약화시킬 수 있고 이사회에 작용하는 역학을 해칠 수 있다. 마이크로매니저가 좋은 의도를 품고 유능하지만 자기 역할을 잘못 인식하고 있다면 CEO와 회사에 유익한 활동을 할 수 있도록 적극적으로 유도하라. 분명하게 한계를 설정하고, CEO와 회사에 유익한 행동과 유익하지 않은 활동이 무엇인지 솔직한 피드백을

제공한다. 마이크로매니저가 파괴적인 영향을 미치는 경우에는 의장이나 선임 이사를 개입시켜 코칭하게 한다. 이러한 시도가 모두 실패하면 지배구조위원회와 협력해 그들을 이사회에서 제거한다.

- **차기 CEO 자리를 노리는 사람** : 당신의 자리를 노리는 사람이다. 이사진을 살펴보면 회사를 경영하고 싶어 하는 사람들이 눈에 띌 것이다. 때로 그들은 긴급사태에 대처하기 위한 계획의 일환으로 임명되었다. 어떤 경우에는 그들의 경력에 '미완성 임무'가 있고 그럴 기회를 얻든 못 얻든 그 일을 더욱더 잘할 수 있었다는 걸 입증하고 싶어 한다. 당신이 CEO 자리를 제의받았다고 해보자. 그러면 CEO 자리를 원했던 사람이 있었는지, 그 사람이 파괴적인 행동을 할 경우 의장이나 선임 이사가 얼마나 잘 대처할 수 있는지를 파악하라. 어렵기는 하겠지만 처음에는 차기 CEO 자리를 노리는 사람에게 열린 마음으로 다가가야 한다. 그들의 기여, 이사회에 발휘하는 영향력, 동기를 파악하라. 그들이 가치를 창출하면 그들과 협력할 방법을 찾는다. 하지만 그들이 파괴적이고 당신의 입지를 약화시키려 한다면 회장, 선임 이사와 협력하여 이사회에서 제거한다.

- **행동가** : 헤지펀드나 사모펀드 기업이 구체적인 의제를 추진하기 위해 이사회에 심어놓은 사람이거나 행동주의 투자자이다. 관계 형성 기술을 구사해 행동가를 설득하려 하지 마라. 그들은 주로 당신이 아닌 헤지펀드에 충성하기 때문이다. 오히려 그들이 표방하는 의제가 무엇인지 이해하고 공통되는 기반을 찾는다.

이제 주변 상황을 파악했다면 자신이 걸어 들어갈 상황을 배우는 단계에서 벗어나 이사회와 효과적인 협력 관계를 구축할 준비를 갖춘 것이다.

누구도 이사진에 묻지 않는 최고의 질문

첫 2년 동안 CEO는 외부 영향에 특히 취약하고 자신의 능력을 열렬하게 입증하고 싶어 한다. 결과적으로 이사회에 보고하는 형식을 자주 취해 사업 성과를 충실하게 알리고, 완수한 조치와 중요 단계를 정리하고, 이사진의 제안을 곧이곧대로 따른다. 힘들이지 않고 고객의 마음을 끌 수 있으면서 과거 상사들과 원만한 관계를 구축해온 CEO라도 정작 전능한 이사진을 다룰 때는 마력을 잃는 것 같다. 제3장 '영향력 확대를 위한 관계 형성'과 제8장 '거래를 성사시켜라'에서 습득한 교훈을 떠올려보자. 간단히 요약하자면, '다른 사람을 자기편으로 끌어들이고 싶으면 우선 그들이 누구인지, 무엇을 걱정하는지 이해해야 한다'라고 정리할 수 있다. 단순하게 들리는가? 하지만 CEO가 정상에서 불안에 휩싸여 보내는 첫 2년 동안 자주 잊어버리는 사실이다.

이 책의 공저자인 킴은 사모펀드의 투자를 받는, 가치가 7,500만 달러인 소매 기업의 CEO를 코칭해달라는 의뢰를 받고 시카고로 향했다. 회사에 도착한 킴에게 CEO는 전투적인 태도를 취했다. CEO는 목표 성장률을 달성하는 데 필요한 수준의 실험을 조금도 존중하지 않는 금융계 인물들이 포진한 이사회 때문에 사업 추진이 방해를 받는다고 생각했다. 킴은 한 시간 동안 CEO의 말을 들으면서 그의 사업 계획과 유기적 성장을 향한 기대 등에 관해 기본적인 질문을 던졌다. 그러자 CEO는 몹시 화를 내며 말을 맺었다.

"이사회가 나를 괴롭히지 않게 하려면 어떻게 해야 하는지나 말해줘요!"

이번에는 킴이 다른 질문을 던졌다.

"선임 이사의 입장에서 생각해본 적이 있나요? 이사의 광범위한 포트폴리오가 어떻게 작용하고 이 사업에 어떻게 맞아떨어지는지 알고 있나요?"

CEO는 모른다고 대답했다.

"그렇다면 당신 회사의 선임 이사에 대해 말해드리죠. 그는 당신처럼 젊습니다. 이번 투자는 그 이사가 처음으로 시도하는 대형 투자입니다. 당신과 마찬가지로 자신의 능력을 증명해 보이려 하겠죠. 그는 투자자들이 믿고 자본을 맡길 수 있도록 열심히 일해야 합니다. 그는 당신의 회사 같은 곳에 이러한 방식으로 투자를 하고 있어요. 동업자는 그가 이 회사와 당신을 움직여 결과를 창출하길 바랍니다. 그러니 당신이 무계획적으로 투기를 하지 않는다는 점을 확인받고 싶어 하죠. 그 사실을 확인시켜줄 수 있는 유일한 단서는 숫자입니다. 하지만 나와 대화한 한 시간 동안 당신은 숫자를 전혀 언급하지 않았어요. 선임 이사가 위험한 행보를 마음 편하게 지켜보길 원하나요? 그렇다면 당신이 그의 활동 분야를 이해한다는 사실을 보여주는 방식으로 말을 걸어보세요. 그에게 스프레드시트를 보여주며 말해야 합니다. 그러지 않으면 당신이 대담하게 시도하는 데 필요한 신뢰를 결코 얻지 못합니다."

이사회나 다른 사람과 성공적으로 협력 관계를 형성하려면 우선 그들이 거둔 성과가 어떤 방식으로 측정되는지 이해해야 한다. 그 근거를 바탕으로 수치도 넘어서야 한다. 이사진을 일대일로 알고 그들의 전후 사정, 압박감, 꿈, 두려움 등을 이해해야 한다. CEO와 이사회의 관계가 원활하지 않은 경우, 근본적인 문제는 공통 맥락의 결여인 때가 매우 많다. CEO는 거의 알지 못하는 많은 사람과 이해관계가 크게 얽힌 경력 게임을 하고 있는 것이다. 이사들도 CEO에 대해 똑같은 방식으로 느낀다.

CEO에게는 이사진의 신뢰가 필요하다. 신뢰는 관심·믿음·친숙함을 토대로 구축된다. 하지만 이 세 가지 요소 중 어느 하나라도 소홀히 하면 CEO에게 이사회의 지지가 가장 필요한 시기에 둘의 관계는 틀림없이 깨지고 만다.

레이놀즈 아메리칸의 전직 CEO이자 현직 이사회 의장인 수전 캐머런은 기량이 뛰어난 리더들로 구성된 이사회와 함께 거대 담배회사를 이끌었다. 이사들 중에는 비중 있는 몇 명만 거론하더라도 전직 하원의회 의장 존 베이너John Boehner, 유니바르의 전직 CEO 존 질머, 수전이 일하는 동안 레이놀즈 아메리칸의 지분 42퍼센트를 소유했던 브리티시 아메리칸 타바코의 법무자문위원 제롬 아벨만Jerome Abelman 등이 있었다. 수전은 이사진 전원과 서로 지지하며 생산적인 관계를 형성했지만 우연히 그렇게 된 것은 아니었다. 수전은 시간과 열정을 쏟아 각각의 이사와 일대일 관계를 형성했다. 정기적으로 대화했을 뿐만 아니라 격년으로 이사들을 직접 찾아갔다.

수전은 이렇게 설명했다.

"나는 이사들을 직접 찾아갔습니다. 그들은 자신의 근거지에서 대화할 때 더 편안해하죠. 내가 방문함으로써 그들을 존중한다는 사실을 보여줄 수 있습니다."

수전의 관점에서 볼 때 새로운 CEO라면 누구나 이사진과 개인적으로 직접 대화하는 시간을 내야 한다.

"그래야 이사들이 CEO를 알 수 있고, CEO의 우선순위와 성격을 파악할 수 있습니다. 최소한 먼저 연락해서 상황을 의논하면 이사들에게 어느 정도 편안함을 주기 때문에 지지를 받을 수 있습니다."

달리 표현해서, 친숙한 관계를 형성하면 지지를 다질 수 있으므로

CEO가 다음에 수립하는 전략적 계획에 대해 이사회의 지지를 얻어낼 수 있다.

존중하는 태도를 보이는 편안한 분위기에서 만나지만 이사들을 인터뷰하는 기회라고 생각하라. CEO의 목표는 관계를 구축하고, 이사진과 조화를 이루어 서로 신뢰하는 토대를 형성하는 것이다. CEO 자리에 오르고 6개월 안에 이사들에게 일대일로 물어야 하는 질문을 몇 가지 살펴보자.

- **이 이사회에서 가장 만족스러운 점은 무엇인가?** 이 질문을 던지면 이사들의 주요 동기를 파악할 수 있는 단서를 찾을 수 있다. 이사들을 움직이는 동기는 무엇일까? 적합성일까? 직위일까? 자극일까? 보상일까? 이사들은 대부분 진심으로 가치를 덧붙이고 싶어 하지만 저변에 깔린 이유를 이해하면 이사들과 더욱더 깊은 관계를 형성할 수 있다.
- **이 이사회와 어떻게 연결되었는가?** 대답을 들어보면 이사들이 독립적인 관점으로 생각하는지, 아니면 설립자나 투자자의 관점으로 생각하는지 짐작할 수 있다.
- **이 이사회에서 누구와 가장 자주 대화하는가?** 이처럼 언뜻 단순하게 들리는 질문은 엄청난 사실을 알 수 있는 단서여서 '누가 누구에게 영향을 미치는가?'라는 주요 질문에 대한 대답을 들을 수 있다. 이렇게 질문하면 이면에서 은근하게 벌어지는 연합을 파악할 수 있으므로 그들을 다룰 수 있고 비밀 대화 루트를 밝혀낼 수 있다.
- **과거에 시간과 노력을 어디에 집중적으로 쏟았는가?** 이렇게 질문하면 개인의 역량을 파악할 수 있고, 또한 CEO가 취임하기 전에 이사회가 어떻게 기능해왔는지 이해할 수 있다.

- **앞으로 어떤 일에 어떻게 참여하고 싶은가?** 이렇게 질문하면 자신이 가치를 덧붙일 수 있다고 느끼는 주제에 관해 이사들을 적극적으로 개입시킬 기회를 잡을 수 있다. 또 자신이 회사 일에 어떻게 참여하고 유용한 역할을 담당할 수 있을지에 관해 이사진이 품고 있는 의구심을 완화할 수 있고, CEO가 이사들의 시간과 관심을 어느 정도 사용할 수 있을지 좀 더 명확하게 파악할 수 있다.
- **회사와 CEO에게 1년 후 성공은 어떤 모습일까? 3년 후는 어떤가?** 이 질문은 기대와 전략 등에 관해 많은 대화를 시작할 수 있는 단서이다.

이처럼 적절한 방식으로 시간과 관심을 기울여 이사진과 대화하면 당신이 이사진과 형성한 관계에 대해 조금도 의구심을 느낄 필요가 없다. 정기적인 일대일 대화는 수전 캐머런이 언급했듯 '점과 점을 연결하는' 기회이고, 모두 안전벨트를 매고 미래로 출발하는 롤러코스터에 동승했음을 확인하는 기회이다.

이사진에 과제를 줘라

앞에서 살펴보았듯 취임 초기에 시간과 관심을 쏟아 이사들을 이해하려고 노력하는 것은 강력한 협력 관계를 구축할 수 있는 매우 중요한 씨를 뿌리는 태도이다. 이렇게 뿌린 씨는 계속 물과 비료를 공급받아야 열매를 맺을 수 있으므로 CEO와 이사진은 서로 의도적이고 지속적으로 만나 의사소통해야 한다. 아메리칸 익스프레스의 케빈 콕스는 우리가 다음에 수록한 도표를 CEO들에게 자주 보여준다. 도표를 보자마자 첫

CEO는 이렇게 제동을 걸었다.

"이사회가 중앙에 있으면 안 됩니다. 중요한 존재로 지나치게 부각되니까요."

하지만 콕스는 그에게 이사회의 위치가 정확하게 중앙이라고 강조했다.

"이 도표에 움직임을 넣으면 화살표가 왔다 갔다 하겠죠. 당신은 예를 들어 전략을 세우는 문제로 이사회에 끊임없이 연락할 겁니다. 그러니 전략을 발전시키고 다시 이사회에 가져가서 의논하는 과정을 되풀이하세요. 이사진에 피드백을 받고 현장에 적용하세요."

CEO가 서식하는 생태계

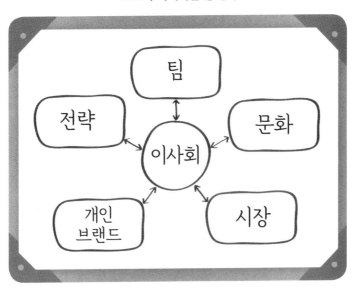

내셔널 비전의 CEO 리드 파스는 9개 이사회에서 활동한다. 리드는 자사 이사진에 밤에 숙면을 취할 수 있게 해주는 것이 CEO가 할 일이라

고 믿는다. 이사진과 관계가 돈독하고 협력 정신을 열렬하게 강조하더라도 여전히 이사들에게 영향을 미치고 그들을 설득해야 할 필요가 있다. 이사진이 회의 시간에 뜻밖의 소식을 불쑥 듣지 않도록 평소에 정보가 활발하게 흐르게 해야 한다. 이사들은 각자 정보를 사전에 검토하고 우려 사항을 말할 기회를 가져야 하고, CEO는 생각을 정리하고 어떤 질문이 나올지 예상하고 토론할 준비를 갖출 시간을 벌어야 한다. 리드의 주장에 따르면 정보가 부족할 때는 공백이 생기고, 침묵이 흐르면 사람들은 최악의 상황을 추측한다. 이때 문제가 수면으로 떠오르면 이사진은 CEO에게 문제를 해결할 시간을 주지 않고 서둘러 사태를 진정시키려할 것이다.

CEO는 자신이 비즈니스 세계에서 살아가고 숨 쉬고 있다는 사실을 명심해야 한다. CEO가 내리는 모든 결정은 많은 데이터베이스가 쌓여 해당 맥락에서 자신에게 분명히 적절해 보이는 사항을 모은 결과이다. 이와 대조적으로 해당 사업에 당신만큼 깊이 개입하지 않은 이사들은 CEO가 제안한 해결책과 문제 사이에 존재하는 빈 공간을 본다. 그 공간을 채우기 위해 깊이 있게 자주 의사소통하는 것은 CEO에게 달려 있다. CEO가 이사진과 효과적인 협력 관계를 구축하는 데 유용한 연습 방법을 간단하게 살펴보자.

성공이 어떤 모습인지에 관해 생각을 조율한다: 당연히 해야 할 말 같지만 CEO는 자세하게 파고들어갈 경우에 발생하는 거친 대화를 피하려하기 때문에 그러지 못할 때가 많다. 그러한 실패는 치명적인 결과를 낳을 수 있다. 이사회 구성원 246명을 대상으로 수행한 연구에 따르면 이사회와 CEO가 전략과 목표에 관해 의견을 조율하는 것은 CEO의 성패

를 좌우하는 가장 중요한 요인이었다.[5]

플렉스 시스템스의 CEO 제이슨 블레싱은 성과를 측정하는 방법을 둘러싸고 임기 초반에 이사진, 재정 후원자들과 충돌했던 이야기를 들려주었다. 이때 블레싱이 찾은 해결책은 가능한 한 신속하게 최대한 구체적인 입장을 취하는 것이었다. 블레싱은 성장세인 서비스형 소프트웨어 SaaS 기업의 CEO로 근무하는 동안 이 교훈을 고통스럽게 배웠다. 누구나 고객 유지가 엄청나게 중요한 기준이라는 사실에는 동의했다. 하지만 이사회 회의를 몇 차례 진행하면서 CEO인 블레싱과 이사회가 고객 유지율을 계산하고 해석하는 방법에 큰 차이가 있다는 사실이 드러나자 불필요한 마찰이 생겼다. 블레싱은 돌파구를 뚫기 위해 이사들과 최고재무책임자를 일대일로 만나 앞으로 고객 유지율을 계산하는 방법과 수용 가능한 결과의 범위에 대해 의견을 조율했다. 과거를 돌아보면 블레싱은 서로 생각이 일치하지 않을 가능성을 감지한 순간 조치를 취해서 문제를 훨씬 빨리 해결하고 싶을 뿐이었다.

개입 규칙을 일찌감치 정한다: CEO의 역할과 이사회의 역할을 일찌감치 분명하게 규정하라. 리드 파스는 자신이 갖고 있는 바람직한 이사회의 여섯 가지 책임 목록을 보여주었다.

(1) CEO를 채용하고 해고하며, CEO에게 책임을 지운다.

(2) 전략적 비전과 계획에 동의한다.

(3) 연간 예산에 동의한다.

(4) 실질적인 위험에 대해 조언한다.

(5) 연간 감사 계획을 승인한다.

(6) 방해하지 않는다.

이사회가 맡는 책임은 이것이 전부다. 그 밖의 상황에 이사회가 개입할지 말지는 CEO가 결정하라. 하지만 CEO는 특히 미숙한 이사회와 일할 때 책임 범위를 명확하게 밝혀야 한다. 이사회가 구체적으로 우려하는 사항이 있는지 미리 파악하라. 이사회가 예상치 못한 상태에서 들어서는 안 되는 정보는 무엇인가? 이사회는 어떤 결정에 어떤 수준으로 개입하고 싶어 하는가?

이사진에 과제를 준다 : 이사진을 생산적으로 사업에 참여시키고 그들의 전문 지식을 최대한 활용하는 가장 좋은 방법은 이사들 각자에게 분명한 우선 과제를 주는 것이다. CEO에게는 이미 위원회 헌장이 있지만 각 이사회 이사들은 CEO가 자신들에게 무엇을 의존하는지 알고 있는가? 엘레나가 자문을 제공했던 한 CEO는 소중한 자산이 될 가능성이 있는 이사회 이사가 사임하려 한다고 말했다. 이에 엘레나는 "그 이사에게 중요한 임무를 맡기세요!"라고 조언했다.

"그 사람이 좋아하고 진정한 가치를 덧붙일 수 있는 일 말이에요."

CEO는 엘레나의 조언이 틀려도 한참 틀렸다고 생각했다. 그 이사는 기여할 시간이 없기 때문에 이사직에서 물러나려 한다고 말했기 때문이다. 하지만 CEO는 일단 엘레나의 조언을 따르기로 하고 이사의 전문 분야인 주요 기업 인수 건을 추진하는 이사회 집행팀을 이끌어달라고 요청했다. 그러자 그 이사는 활기를 띠면서 회사에 기여할 수 있게 되었다고 흥분하며 사무실을 나갔다. CEO는 이렇게 전했다.

"그는 이사회에서 활동하는 동안 이렇게 흥분한 건 처음이라고 말했습니다."

이사회 의장이나 선임 이사와 협력한다 : 이사회 의장이나 선임 이사의 힘이 약하면 CEO 자신이 더욱 큰 힘이 쥘 거라고 착각하는 사람들이 있다. 하지만 진실은 정반대다. 동료들을 확실한 관점을 지닌 상태로 회의실에 집합시키려면 시간과 규율이 있는 강력하고 믿을 만한 리더가 있어야 한다. CEO가 조화를 이뤄 일할 수 있다면, 이사회 의장은 다른 관점을 활용하고 분열을 일으켜 비생산적인 갈등을 빚는 사람이 아니라 사업을 적극적으로 추진시킬 수 있는 최고의 협력자가 될 것이다.

참신한 인재를 끌어들인다 : 이사회가 당신을 채용했지만 이제 CEO로 취임한 당신을 지지하기에 적합한지는 별개의 문제다. 3,500만 달러 가치의 기업이든 5억 달러 가치의 기업이든, CEO의 의제가 예전 경영진의 의제와 상당히 다르든 상관없이 현재의 이사회는 CEO가 사업을 추진하는 데 필요한 형태가 아닐 수 있다. 이사회를 발전시키는 것은 민감한 문제라서 잘 다루지 않으면 쉽게 역풍을 맞을 수 있다. 이상적으로 말하면, 이사회에 적용되는 회사의 규칙과 힘의 역학 덕분에 CEO는 취임하고 첫 2년 동안 자신이 믿을 수 있고 유능한 인재 두 명을 이사회에 심어놓을 수 있다.

비키 에스카라Vicki Escarra는 피딩 아메리카의 CEO 자리에 오르자 이사회를 적극적으로 정비했다. 취임하고 첫 주 동안 우선 P&G의 CEO이자 자사의 이사회 의장인 데이비드 테일러David Taylor와 이사회를 어떻게 구성할지에 관해 대화하기 시작했다.

비생산적인 행동을 물리친다 : 뒤퐁의 전직 회장이자 CEO인 잭 크롤은 두세 명의 목소리가 이사회 회의를 좌지우지한다는 사실을 발견했다고 말했다. 다른 이사들은 관심을 기울이지 않거나 무엇에 기여해야 할지 확신할 수 없기 때문에 침묵을 지킨다. 그래서 잭은 각 구성원을 개인적으로 호명하는 관례를 도입했다. 그러한 방법을 사용하면 참석자 전원을 능동적으로 생각하게 만들 수 있다. 이 과정에서 잭은 침묵하는 사람들이 훌륭한 아이디어의 원천인 경우가 많다는 사실을 자주 깨달았다.

주주의 관점을 취한다 : 한 투자자가 최근에 들려준 이야기에 따르면 자사 CEO가 회사 주주의 이익이 아니라 직원의 이익을 대변하는 사람처럼 행동하기 때문에 해고되었다고 했다. 궁극적으로 CEO의 임무는 주주 편에서 가치를 창출하는 것이다. CEO는 종종 다양한 이해관계를 지닌 인물들 중에서 특이하게 중간에 낀 상태에 놓여 있다. 비현실적인 기대를 내려놓도록 이사회를 설득하는 동시에 더 높은 성과를 달성할 수 있도록 팀을 밀어붙여야 한다. 결과를 산출하기 위해 마치 회사의 주인처럼 생각하고 행동해야 한다.

나쁜 소식을 전하는 방법

최고의 성과를 달성하는 CEO라도 매우 취약한 순간, 즉 나쁜 소식을 전해야 할 때는 비틀거릴 수 있다. 고통스러운 실패를 맛보면 갑자기 존 웨인John Wayne(미국의 영화배우로, 많은 서부극과 전쟁영화에 출연했다 - 옮긴이)처럼 바뀌면서 문제를 해결할 수 있을 때까지 홀로 말을 달리려는 충동에 사로잡힌다. 아니면 자신이 문제를 통제할 수 있다고 진심으로 생각할 수도 있다. 그러면서 문제부터 해결하고 이사회에는 나중에 보고하겠다고 생각한다. 나쁜 소식을 전하기는 결코 쉽지 않다. 게다가 이미 앞에서 설명했듯 실수와, 심지어 큰 실패는 흔하게 일어난다.

크리스타 엔슬리는 경력 전체에서 심리적으로 가장 괴롭고 견디기 힘들었던 시기를 언급하면서 '일찍 대화하고 자주 대화하라'고 조언했다. 비영리 금융관리 소프트웨어 기업인 아빌라에 CEO로 취임한 첫해 9월이었다. 3분기 손익계산서를 검토하던 크리스타는 심장마비를 일으킬 뻔했다. 연말 최종 결산에서 80만 달러가 사라질 판이었기 때문이다. 크리스타는 '극적인 실패'의 기습을 받았다.

지나고 나서 판단해보면 문제는 분명했다. 주위에서 적절한 보좌를 받지 못했기 때문이었다. 크리스타는 최고재무책임자를 채용한 적이 없었고, 금융 담당 부사장은 미숙한데다 크리스타와 마찬가지로 예전에 이사회와 일해본 경험이 없었다. 크리스타는 "나는 이사회와 새로운 관계를 형성하면서 상황에 대해 이사회와 언제 어떻게 대화해야 하는지 몰랐습니다"라고 털어놓았다. 또 사업의 운영과 활동을 고리타분하게 슬라이드 150장으로 자세하게 설명하느라 에너지를 소비했다. 하지만 이사회를 장악하고 있는 재정 투자자들이 관심을 쏟는 것은 가치를 창출하는 것이 무엇이고 얼마나 창출할 수 있느냐는 것뿐이었다. 크리스타는 "비참한 시기였습니다. 솔직히 그들이 나를 해고하더라도 할 말이 없었죠"라고 회상했다.

크리스타는 회의가 끝났을 때 자리를 보전할 수 있을지 확신하지 못한 상태로 텍사스 주 오스틴에서 열린 차기 이사회 회의에 들어갔다. 회의에서 손익계산을 발표하고 비록 좌절하기는 했지만 결과를 인정했다. 그러면서 자신에게 기대를 걸어달라고 이사진에 요청했다. 실적은 부족했지만 이사진의 전략이 막강하다는 믿음이 확고했기 때문이었다.

"나는 이사들에게 단언했습니다. 그리고 계획을 보여주었습니다. 우리가 회사의 미래 성장을 위해 올바른 일을 하고 있다고 믿었거든요."

크리스타는 자신에게 사업을 운영하는 데 필요한 경험이 있다고 마음속 깊이 확신하고 있었다.

그날 회의에서 보여준 크리스타의 행동은 하나부터 열까지 모두 적절했다. 이사진의 눈앞에 해결책 없이 문제를 펼쳐 보이지 않았다. 오히려 실수를 인정하고, 사실을 투명하게 밝히고, 주위 팀을 강화하는 방법을 포함해 명쾌하고 자신만만한 사업 추진 계획을 내놓았다. 예전에 실천했다면 더 좋았을 유일한 행동은 "문제가 발생하고 있습니다"라고 말하기 전에 일찍부터 문제를 포착하고 도움을 요청하는 것이었다. 하지만 어떤 도움을 구해야 할지 알 수 있는 경험이 없는 것이 문제였다.

이사회는 크리스타를 돕기로 결정했다. 몇 달이 지나자 크리스타는 자신에게 필요한 지원 인력을 채용하고, 외부 이사를 추가하고, 판매 분야의 배경이 막강하면서도 기업 운영을 이해해서 두 가지 관점을 중재할 수 있는 동료 CEO를 영입했다. 이사회 회의에서는 상황을 사후에 상세하게 보고하는 방식에서 벗어나, 미래지향적 관점에서 선행지표(고객 이탈이나 진행 중인 잠재적 거래 등)와 가치 추구 방식을 보고했다.

2017년 아빌라의 CEO 자리에서 물러날 때까지 크리스타는 제품 계열 두 개를 추가했고, 기업 인수 세 건을 성사시켰으며, 사업 규모를 세 배 이상 키웠다. 2016년에는 두 자릿수 성장률을 기록했다. 이러한 성과에 대해 크리스타는 "적합한 팀이 있었고, 적합하게 투자를 했으며, 내가 더욱더 나은 CEO가 되었던 덕택에 기업의 실적을 반전시킬 수 있었습니다"라고 겸손하게 말했다.

"사람들이 높은 산에 오르는 것과 같습니다. 한 번에 한 걸음씩 산에 올라갑니다. 어느덧 정상에 올라 아래를 내려다보면 '우와, 여기까지 어떻게 올라왔지?'라고 감탄하죠."

당시에 나쁜 소식은 도저히 넘지 못할 장애물 같았지만 장기적인 관점에서는 실제로 성공에 도달하도록 길을 마련해주는 디딤돌이었다. 무엇보다도 크리스타가 초기 경험을 통해 나쁜 소식을 뛰어넘는 법을 신속하게 배웠기 때문에 그러한 결과가 가능했다. 성공적인 CEO가 남보다 특출한 것은 실패를 하지 않기 때문이 아니라 실패를 다루는 방법을 알기 때문이다. 우리가 자문을 제공하고 인터뷰한 CEO에게서 배운 주요 교훈을 살펴보자.

- 일찌감치 대화해서 뜻밖의 소식을 불쑥 전하지 않도록 해야 한다.
- 문제를 인정하고, 사업에서 균형을 맞추고 경로를 수정하는 데 집중하는 말투를 사용한다. 과도하게 사과하거나 방어하지 않는다.
- 방어적인 태도를 취하지 않는다. 근본 요인을 분명하고 간결하게 분석해 스스로 문제를 인정한다는 사실을 보여준다. 변명처럼 들리고 책임을 회피하는 과도한 설명은 자신을 궁지에 빠뜨리고 신뢰를 훼손한다.
- 사과할 이유가 있으면 사과하고 전진한다. 에너지를 고갈시키지 말고, 아부하는 말투를 사용하지 않는다.
- 지난달의 수입과 이익을 검토하는 데 그치지 않고 미래지향적인 관점에서 조기 경고에 관해 논의한다. 영업이익 목표를 달성하지 못하는 시점에 이르면 경로를 수정하기엔 이미 늦은 것이다.
- 발생 중인 현상, 사업에 미치는 궁극적인 영향, 근본 요인, 그에 대처하는 지침을 고려해서 계획을 설계한다. 아직 계획을 분명하게 세울 수 없다면 어떤 사항을 알아야 하고 어떤 도움이 필요한지 논의한다.
- 이따금씩 '잘 모르겠습니다. 검토해보고 다시 말씀드리겠습니다'라고 말하는 태도를 보이면 그 자리에서 곧바로 대답할 때보다 더욱 큰 신뢰를 쌓을 수 있다.

매순간을 소중히 여겨라

때로 최고의 CEO라도 이사회와 효과적인 협력 관계를 구축하는 데 시간과 에너지가 많이 든다고 탄식한다. CEO가 이사회와 일하는 방식은 이사회가 CEO를 강력하게 지지할지, 아니면 밀어낼지를 결정하는 주요 요인이다. 상황이 순조로울 때 기업과 CEO에게 돌아가는 이익을 생각하면 시간과 에너지를 투자할 만하다.

우리는 아트 콜린스에게 이사회와 생산적인 협력 관계를 탁월하게 구축한 CEO의 예를 들어달라고 요청했다. 아트는 메드트로닉에서 회장과 CEO 자리에 올랐고 보잉, US뱅코프, 알코아, 카길 등 광범위한 영리·비영리 기업의 이사회에서 활동하는 등 경력을 추구하는 동안 10여 개의 이사회에서 수많은 CEO와 함께 일했다. 아트는 미니애폴리스에 본사가 있는 US뱅코프의 전직 회장이자 CEO인 리처드 데이비스Richard Davis를 훌륭한 본보기로 즉시 꼽았다.

로스앤젤레스에서 맞벌이 부모 밑에서 성장한 리처드는 은행 직원으로 경력을 시작해 CEO 자리까지 올랐다. 그는 지역 은행 통합체였던 US뱅코프를 미국 5위의 상업은행으로 성장시켰다. 아트는 US뱅코프 이사회에서 20년 이상 일했는데, 지배구조위원회·금융위원회·보상위원회 회장과 선임 이사로 활동하면서 리처드와 긴밀하게 협력했다. 아트가 보아온 세계 일류 CEO들 중에서도 리처드는 이사회와 깊은 관계를 형성하며 우선 과제에 대한 주장을 조율하고, 자신의 의견과 우려 사항을 표현하고, 이사회의 솔직한 피드백을 지속적으로 구해 행동으로 옮기는 경이로운 의사소통가로 두드러졌다. 리처드는 CEO가 되자마자 이사들을 모두 만나 상황을 파악하고 무엇을 바꿔야 하느냐고 물었다. 아트는 이렇게 회상했다.

"리처드의 의사소통은 언제나 투명하고, 적극적이고, 시기적절하고, 완전했습니다. 자신이 알고 있는 대로 솔직하고 담백하게 사실을 전달했죠. 어떤 문제에 대해 추천할 사항이 있으면 이사회에 일찍 알렸습니다. 방법에 관해 아직 확신이 서지 않으면 언제나 해결책을 강구할 계획을 설명하고 우리에게 언제 해결책을 들려줄지 말했습니다. 매우 중요한 점이 있습니다. 우리는 리처드가 자신의 관점을 밀어붙이기 위해 의견을 강요하거나 사실들을 빙빙 돌려 이야기한다고 느낀 적이 단 한 번도 없습니다. 결과적으로 이사회는 리처드를 신뢰했습니다."

이렇게 이사회의 신뢰를 받고 의견을 조율하는 리처드의 경영 방식은 2008년 금융 위기 동안 빛을 발했다. 미국이 소용돌이처럼 경제 대침체로 빨려 들어가고 은행이 특히 심각한 타격을 입은 시기는 리처드가 CEO가 된 지 겨우 1년이 지났을 때였다. 많은 기업 이사회가 위험 완화에 집중해 방어 전략을 쓰기에 급급했던 반면 리처드는 US뱅코프를 성장시키려면 인프라와 고객 지원에 계속 투자해야 한다고 주장했다. 당시가 은행으로서는 매우 힘든 시기였다고 아트는 회상했다.

"국제 금융 시스템이 위태로웠습니다. 경쟁사들은 대부분 규모가 축소되었죠. 업계에서 우리가 처한 상황은 다른 기업보다 훨씬 좋았지만 여전히 비용을 줄여야 한다는 압박을 엄청나게 받았습니다. 하지만 리처드는 기회를 포착했고, 고객의 이익을 늘리고 경쟁사의 시장점유율을 차지하려면 투자해야 한다고 생각했습니다. 우리는 막상 비용을 늘렸는데 수익이 증가하지 않는 경우에는 주주의 이익과 주가가 타격을 받으리라는 사실을 인식하고 이사회를 열어 리처드의 제안에 대해 논쟁을 벌였습니다. 게다가 당시에는 특히나 큰 도박이었습니다. 경제가 회복하기 시작하려면 시간이 얼마나 걸릴지 알 수 없었기 때문입니다. 이처럼 리처드는 시기적으로 압박이 엄청난 기회와 위험에 대해 이사회에 완전히 솔직한 태도를 취했습니다. 이사회는 리처드가 정직하고 그의 판단이 옳다고 믿었기 때문에 궁극적으로 투자 계획을 상당 부분 지지했죠."

금융 위기가 진행되는 동안 실시한 성장 전략은 US뱅코프에 전환점을 안기면서 직원 5만 8,000명, 수익 210억 달러를 기록하며 미국에서 최대 수익과 규모를 자랑하는 은행 중 하나로 성장하는 계기가 되었다.[6] 금융기업 모틀리 풀은 최근 이렇게 보고했다.

'위기가 진행되는 동안과 그 후에 은행 수백 곳이 파산했고, 그보다 더 많은 은행이 헐값에 팔리거나 최악의 위기를 겪으며 자본증권을 발행해 주가를 터무니없이 희석시켰지만, US뱅코프는 분기별 순손실을 단 한 번도 기록하지 않았다.'[7]

앤디 시세레Andy Cecere에게 CEO직을 성공적으로 넘겨준 뒤 리처드는 자기 경력의 다음 장을 구상하고 있다. 그는 CEO로서 성숙하고 성공할 수 있도록 US뱅코프 이사회가 자신을 어떻게 도왔는지 돌아보았다.

"아트를 포함해 기량이 뛰어난 리더들이 외부로부터의 관점을 제공해주고, 건설적으로 도전했으며, 사고를 이끌어주었기 때문에 내가 더욱 효과적인 리더이자 더욱 나은 CEO로 성장할 수 있었습니다. 내가 CEO 자리에 올랐을 때 아트는 이사회를 위협적인 존재가 아니라 귀중한 자원으로 늘 생각해야 한다고 말해주었습니다. 나는 아트의 조언을 마음속에 새겼고, 이사회의 집단 지식과 조언 덕택에 더욱더 바람직한 결정을 내릴 수 있었으며, 결과적으로 직원·고객·주주에게 이익을 안길 수 있었습니다. 이 점을 단 한 번도 의심해본 적이 없습니다."

이 장에 소개한 통찰로 무장한 CEO는 이사회와의 관계를 불안의 원천이 아니라 사업의 경쟁 우위이자 성장과 지지의 원천으로 전환하는데 있어 대부분의 첫 CEO보다 훨씬 더 승산이 높다.

요점

1. CEO로 일하는 기간에 일찍 시작해 매우 효과적인 이사회를 적극적으로 구축한다.

2. 각 이사회 이사들과 '긴밀하고 개인적인' 관계를 형성한다. 그들의 개인적인 필요·의제·관심을 파악한다. 이사회에 작용하는 집단 상호작용과 힘의 역학을 판단한다.

3. 사업을 뒷받침하기 위해 이사회와 적극적으로 관계를 맺고, 분명한 역할과 개입 규칙에 관해 조율한다.

4. 이사회가 뜻밖의 소식을 불쑥 듣지 않도록 한다.

평범한 존재에서
특별한 존재로!

자기 능력에 미치지 못하게 행동하는 태도에서는
열정을 찾아볼 수 없다.

_넬슨 만델라

우리는 '완벽한' CEO가 누구인지 말해달라는 요청을 자주 받는다. 300명이 넘는 CEO에게 자문을 제공하거나 평가하고 나니 유일하게 완벽한 CEO는 우리가 잘 모르는 CEO라는 결론을 내렸다. 성공적인 CEO의 출신 배경은 정말 다양하다. 그들 중에는 오늘날 특별한 존재로 생각되지만 시작이 매우 평범했던 사람이 많았다. 그러나 당신도 경력을 추구하며 이미 경험했겠지만 그들도 하나같이 괴롭게 씨름하고 엄청난 패배를 겪으며 살았다.

이 책에서 우리는 1만 7,000명 이상의 리더에 관한 기록을 바탕으로 10년 동안 연구하며 얻은 통찰을 보여주고 그것을 강화하기 위해 많은 CEO를 소개했다. 그들의 이야기, 승리, 실수를 담은 드라마에서 우리가 발견한 사실을 당신도 발견하기를 바란다. CEO들이 깨달은 교훈은 자신뿐 아니라 누구에게나 유익하다. 조직을 이끌고 싶은 욕구가 강렬하든 단

순히 경력을 향상시키고 조직에 기여하고 싶든, 이 책은 사업에서 크게 성공한 사람들의 지혜와 경험에서 직접 배울 수 있는 기회를 제공한다.

책을 쓰는 여정을 마치고 나니 '완벽한' CEO가 누구냐는 질문으로 돌아와 있었다. 완벽한 CEO는 존재하지 않지만 우리가 매우 높이 평가하는 리더의 특정 유형은 있다.

바로 '높은 목표를 향해 전진하는 고성과' 리더이다. 네 가지의 CEO 게놈 행동을 습득하는 것 외에도 그들은 두 가지의 특출한 행동을 보이며 주주를 위해 특별한 가치를 창출한다. 다시 말해 그들은 명쾌한 목표 의식을 앞세우고 전진해서 강력한 가치에 뿌리를 내린 문화를 창출한다.

우리는 높은 목표를 향해 전진하는 고성과 리더를 만나는 행운을 누려왔다. 제10장에서 소개한 라지 굽타도 그러한 리더이다. 라지는 인도에서 토목공학자인 아버지와 전업주부인 어머니 밑에서 태어나 다섯 남매 틈에서 성장했다.[1] 그렇게나 평범했던 라지가 어느 날 포춘지 선정 500대 기업 중 하나를 이끌 거라고 누가 짐작했겠는가! 게다가 롬앤하스를 이끌어 임기 10년 동안 포춘지 선정 500대 주식 중에서 최대 실적을 올린 주식 2위를 기록하며 대부분의 CEO가 꿈만 꾸는 신뢰와 성과를 달성한 본보기가 될 거라고 누가 알 수 있었겠는가! 라지는 중견급 화학 전문 기업인 롬앤하스를 잘 이끌어 업계를 선도하는 기업으로 성장시켰다. 그는 임기 초반에 과단성을 발휘해 한 분기 동안 세 건의 기업 인수를 성사시켰다. 다우존스의 산업평균지수가 27퍼센트나 하락했던 1999~2009년 동안에도 라지가 지휘한 롬앤하스의 주가는 117퍼센트 상승했다.[2] 라지는 많은 CEO를 쓰러뜨렸던 위험들에 똑같이 직면해서 승리를 이끌어냈다. 롬앤하스를 다우에 성공적으로 매각한 뒤에는 봉사 활동에 뛰어들어 자선사업을 벌이는 동시에 뱅가드, HP, 델파이 오토모

티브 등에서 이사로 활동하고 있다.

자신이 이룩한 성과 중에서 가장 자랑스러운 것이 무엇이었느냐는 질문을 받은 라지는 아침 7시에 우리와 스카이프로 통화했던 것이라고 대답했다.

"지금도 매일 새벽 4시에 눈을 뜹니다. 롬앤하스에서 일할 때는 아침이 가장 생산적인 시간이었어요. 오랜 습관은 사라지기가 힘든 법입니다."

우리가 대화를 할 때 라지는 자신의 삶이 남긴 유산에 관련된 질문을 새롭게 받아들였다. '인권과 민권 연합회의'의 CEO인 둘째딸 바니타 굽타Vanita Gupta가 주최한 자선 행사에 참석했다고 했다. 많은 옛 동료가 라지와 라지의 딸, 자신들이 믿는 명분을 후원하기 위해 각지에서 필라델피아로 날아왔다. 라지는 말했다.

"나는 미국이 모든 국민을 위한 평등한 기회와 법칙이라는 두 가지의 근본 원칙을 토대로 존재한다고 굳게 믿습니다. 이민자인 나는 두 가지의 원칙에서 직접적인 혜택을 받았습니다. 이러한 가치를 강력하게 유지시키는 것은 나를 포함해 리더라면 누구나 감당해야 하는 임무입니다. 내가 정상까지 오를 수 있었던 것도 이러한 가치 덕택이었고, CEO로 일하면서 롬앤하스의 문화에 주입했던 것도 이 가치였습니다."

라틴계·아프리카계·아시아계·유럽계 미국인으로 구성된 라지의 팀만 보더라도 그곳에 반영된 가치를 알 수 있다. 라지가 이끄는 리더팀은 당시 포춘지 선정 500대 기업 중에서 출신이 가장 다양했다. 몇 년이 지나 직속 부하직원 중 열세 명이 기업 CEO가 되었으므로 라지는 비즈니스 세계에 강력한 유산을 남겼다.

라지는 이렇게 말했다.

"출신은 중요하지 않았습니다. 롬앤하스에서는 성과를 달성하는 한 아무런 제약 없이 능력을 펼칠 수 있었어요. 그래서 우리는 사업 분야에서 모든 기대를 초과 달성할 수 있었죠. 그 덕택에 롬앤하스가 'CEO 공장'으로 알려질 수 있었던 것이고요. 장기 주주 수익은 CEO의 능력을 대변하는 궁극적인 기준입니다. 하지만 수익은 투입이 아니라 결과예요. 우리는 위대한 팀을 구축하고 우리의 고객과 가족의 생계를 롬앤하스에 의지하는 전 세계의 직원 2만 3,000명을 위해 옳은 일을 하는 데 집중했습니다."

라지에게 이러한 사명은 과거에도 지금도 개인적이다. CEO가 되면 힘·특전·보상·명예가 따른다고들 누구나 알고 있다. 하지만 라지는 CEO직에서 내려온 뒤 유일하게 그리운 것은 사람들이라고 말했다. 예전에 그는 전 세계의 1,000명에 가까운 직원의 이름을 외우고 있었다.

"CEO로 활동하면서 좋았던 점은 개인의 삶을 바꾸고, 그들을 격려하고, 스스로 가능하다고 생각하는 정도 이상의 잠재력을 일깨워주는 것이었습니다. 그래서 퇴직한 뒤에도 이사회 활동, 책 저술, 자문, 강의, 멘토링 등을 통해 그러한 일을 해오고 있습니다."

라지의 이야기는 특별하지만 예외적인 건 아니다. 높은 목표를 향해 전진하는 고성과 리더는 다른 사람을 위해 더 나은 결과를 달성하겠다고 생각하며 하루를 시작한다. CEO를 포함한 리더들은 수백, 수천, 때로 수백만 명에게 막강한 영향을 미칠 수 있다.

이 책을 마무리하면서 우리는 출간 목적을 달성할 수 있도록 당신에게 당부하고 싶다. 우리는 각각 어린 자녀 둘을 키우는 엄마다. 세상 어느 곳 어느 부모와 마찬가지로 우리가 마음속에 품고 있는 가장 큰 바람은 아이들이 자신의 잠재력을 실현할 수 있는 안전하고 공정하고 번창하

는 세상에서 성장하는 것이다. 리더들은 그러한 세상을 만들 수 있는 엄청나게 강력한 힘을 가지고 있다. 리더들은 베를린 장벽을 허무는 데 기여했다. 유전질환의 치료법을 개발하기 위해 연쇄상구균의 비밀도 밝혀냈다. 반면에 리더들은 벽도 쌓을 수 있고, 발전을 방해할 수 있고, 직원의 능력과 사기를 꺾을 수도 있다.

우리는 훌륭한 리더들이 승리하도록 돕고 싶다. 출발점이 어디든 궁극적인 종착점이 어디든, 당신이 세상을 더욱더 살기 좋은 곳으로 만드는 리더가 되도록 이 책을 통해 당신을 격려하고 당신의 잠재력을 온전히 발휘하도록 돕고 싶다.

의심과 결점을 내려놓고 이 책에 실린 교훈을 활용해 극복하기를 바란다. 당신과 함께해온 이 모험을 마치면서 우리가 확실하다고 믿는 진리를 당신도 깨달으면 좋겠다.

'당신도 CEO다. 적어도 CEO가 될 수 있다.'

그리고 당신이 성공하는 데 유용했던 조언과 지지를 다른 사람에게 전해주어야 한다는 점도 항상 명심하라.

| 감사의 말 |

자신의 리더십 자문으로 활동할 특권을 우리에게 허락해준 지에이치스마트 고객들에게 감사합니다.

우리 회사의 리더로서 두려움을 모르는 제프 스마트와 랜디 스트리트에게 감사합니다. 두 사람이 없었다면 이 책을 쓸 수 없었습니다.

자신의 관점과 이야기를 공유해준 리더들에게 감사합니다. 빌 아멜리오, 앤드류 에이펠, 클레어 아놀드, 샨티 앳킨스, 크레이그 바니스, 돔 바튼, 톰 벨, 매들린 벨, 메리 버너, 제이슨 블레싱, 제리 보우, 수전 캐머런, 캐런 캐리스, 밥 카, 사이먼 카스테야노스, 스티븐 세론, 지아 치쉬티, 에이미 처긴, 스코트 클로슨, 데이비드 콜먼, 아트 콜린스, 스코트 쿡, 케빈 콕스, 리처드 데이비스, 윌 딘, 짐 도널드, 앤 드레이크, 크리스타 엔슬리, 톰 에릭슨, 비키 에스카라, 리드 파스, 마이크 파이너, 닐 피스케, 리처드 포스터, 빌 프라이, 아툴 가완드, 벤 가이여핸, 시카르 고시, 매튜 골드

슈타인, 리사 고든, 스티브 고먼, 패트릭 그로스, 라지 굽타, 테드 홀, 로버트 핸슨, 짐 해리슨, 프레드 핫산, 프랭크 헤르만스, 척 힐, 진 호프만, 알리 자밀, 비요메시 조시, 스티브 코프먼, 로버트 킨, 짐 킬츠, 나탈리 코건, 웬디 콥, 매트 크레이머, 존 크롤, 시달리아 루이스-액바, 다미엔 맥도널드, 톰 모나한, 에바 모스코위츠, 레오 뮬린, 우드로 마이어스, 엘리자베스 내블, 크리스티안 나하스, 라라 오코너 호지슨, 수전 팩커드, 더그 피터슨, 메리 페트로비치, 낸시 필립스, 윌 파월, 래리 프라이어, 이안 리드, 론 로스, 세스 세걸, 글렌 센크, 더그 시프먼, 앤디 실버네일, 매튜 시몬치니, 돈 슬레이거, 브래드 스미스, 짐 스미스, 로버트 스파노, 린다 스필레인, 커트 스트로빈크, 샐리 서스먼, 아슈 서야시, 댄 팅커, 바이라브 트리베디, 엘리사 빌라누에바 비어드, 진 웨이드, 메이너드 웹, 크리스토프 웨버, 롭 웽거, 애슐리 휘터, 앤 윌리엄스-이솜, 데이비드 워크스, 돈 지어, 존 질머에게 감사합니다.

스티브 캐플런, 모튼 소렌센, 아서 스펄링, 앤드류 피터슨, 레슬리 리스-나자리안, 키미 오노, 리사 헥트, 피오나 맥닐, 비벌리 브라운을 포함한 연구팀과 SAS에서 근무하는 팀원에게 감사합니다.

저술 에이전트인 로린 리즈에게 감사합니다.

편집자인 로저 숄과 커런시에 있는 팀에 감사합니다.

홍보 담당자인 마크 포티어와 그가 이끄는 팀에 감사합니다.

예리한 통찰과 엄격한 탁월함의 기준을 제시해 우리에게 아이디어를 갈고닦으라고 채찍질해준 에이미 번슈타인, 수전 도노반, 새라 그린 카마이클, 에이미 포프택에게 감사합니다.

새라 그레이스와 탈 라즈에게 감사합니다. 두 사람이 없었다면 이 책은 여전히 우리의 희미한 아이디어로만 남아 있었을 것입니다. 그들

덕택에 이 책은 우리가 처음에 상상했던 것보다 훨씬 더 좋아졌습니다.

조지 앤더스, 캐런 딜런, 메리 앤 나하스, 하워드 민즈, 네이선 민즈, 스테파니 피츠, 페이지 로스, 무쿨 판디야, 글렌 로젠쾌터, 재키 리제스, 앤드류 파일러처럼 원고를 검토하고 다른 통찰력 있는 방식으로 도와준 현명한 파트너들에게 감사합니다. 그들은 너그럽게 시간을 내주고 관심을 기울여서 놀랍도록 유익한 피드백을 주었습니다.

지넷 메시나와 베스 올렌스키에게 감사합니다. 두 사람이 없었다면 우리는 길을 잃었을 것입니다.

동료들에게 감사합니다. 많은 동료가 이 책의 초고를 읽고 세상의 리더들에게 미치는 영향력을 증폭시키고 이 책을 탄생시키기 위해 다양한 방식으로 도와주었습니다. 아무런 대가 없이 많은 시간을 할애해준 니콜 웡, 스티브 킨케이드, 밤시 테탈리, 제이슨 피프탈, 클라우디오 윌러, 산자 코스, 킴 레몬즈 헨리에게 특히 감사합니다.

빌 게이츠는 유복한 가정환경에서 성장하면서 열 살이 되기 전에 백과사전을 독파하고, 서너 장만 쓰면 되는 숙제도 스무 장 넘게 쓸 만큼 학습 의욕이 넘쳤다고 합니다. 고등학교에 다닐 때 이미 교통량 데이터 분석 프로그램을 만들어 창업자의 싹을 보였고, 열아홉 살 때 하버드 대학교를 중퇴하고 자본금 1,500달러로 마이크로소프트를 창업했습니다.

스코틀랜드에서 태어난 피트 캐시모어는 열여덟 살 때부터 하루 열여덟 시간씩 일해 1억 달러를 모았습니다. 어렸을 때 급성 맹장염 수술을 받으면서 학교를 장기 결석하게 되자 집 지하실에서 하루 종일 컴퓨터 앞에 앉아 원 없이 인터넷 서핑을 하던 소년은 수많은 블로그를 구독하고 하루에 수백 개의 글을 쓰다가 열여덟 살에 직접 콘텐츠를 작성하기 시작했습니다. 하지만 기자가 취재하러 찾아올 때까지도 부모는 아들이 지하실에서 컴퓨터로 무엇을 하고 있는지 몰랐다고 합니다.

이쯤 되면 CEO는 특출한 능력의 소유자여서 어린 시절부터 남달랐으리라는 편견을 더욱 강화할 만합니다. 이 밖에도 우리는 여러 편견에 가려 대부분 '사장은 아무나 하나,' '나는 CEO 감이 아니야'라고 속단하고 CEO가 되고 싶다는 꿈을 일찌감치 포기합니다.

하지만 CEO가 되더라도 모두 탁월한 자질을 발휘하며 승승장구하지는 못합니다. 뛰어난 업적을 남기고 사회에 기여해서 사람들로부터 존경을 받는 CEO가 있는가 하면, 자기 주머니를 채우기에 급급한 나머지 사기 행각을 벌여 많은 개인과 금융회사에 피해를 입히고 교도소로 직행하는 CEO도 있습니다. 대부분의 사람들은 너무 높아 꿈도 꾸지 않는 자리에 오르더라도 취임하고 첫 2년을 채우지 못하고 자리에서 내려오거나 강제 퇴출당하는 CEO도 많습니다.

이처럼 CEO를 둘러싼 편견들을 조목조목 반박해서 걷어내고 CEO의 성패를 둘러싼 여러 의문에 대한 대답을 찾아서 진실을 밝히고 누구나 CEO를 꿈꾸고 성공할 수 있도록 도와주려는 것이 이 책의 출발점입니다.

CEO와 고위 중역에게 자문을 제공하고 CEO를 채용하는 과정에 참여해온 저자들은 2,000명이 넘는 CEO와 CEO 후보자를 포함해 고위 중역 1만 7,000명을 대상으로 수집한 데이터베이스를 기본으로 대학교 연구팀과 협력해 데이터를 심층 분석해서 CEO 자리에 오를 가능성과 그 자리에서 성공할 가능성을 높이는 'CEO 게놈 행동'을 밝혀냈습니다.

저자들은 과단성, 영향력 확대를 위한 관계 형성, 엄격한 신뢰성, 주도적 적응 등 CEO 게놈 행동은 타고나는 것이 아니라 훈련과 경험으로 습득할 수 있는 특성이라고 강조합니다. 그래서 CEO 자리에 오르고 싶은 사람, 성공 비결과 잠재력을 꽃피우고 싶은 사람, CEO 역할을 성공적

으로 수행할 뿐 아니라 성공을 가속화하고 싶은 사람에게 길잡이가 되어주고, 자칫 딱딱하게 느끼기 쉬운 내용을 생생한 사례를 엮어 넣어 흥미롭고 다채롭게 만든 것도 이 책의 장점입니다.

번역하면서 인상 깊은 교훈을 많이 만날 수 있어서 감사했습니다.

- 어떤 직위에 있건 위대한 리더는 지속적으로 '되어가는' 사람들이다.
- 햇살이 더욱 눈부시게 내리쬐는 해안으로 조직을 끌고 나아가기 위해 배를 흔드는 것은 유익하다.
- 우주선에서 자기 경력을 내려다본다고 생각하라. 서로 다른 장소에 자그마한 불 100만 개를 피우지 말고 우주에서 눈에 띄는 정말 거대한 불을 피워라. 그래야 노력에 대해 보상받는다.
- CEO는 한밤중에 깨어나 자신에게 생계가 달려 있는 수많은 직원과 그 가족들을 생각할 때 어떤 기분에 빠지는지 이해하는 사람들이다.

이뿐만 아니라 'CEO는 의도하지 않게 이성을 잃기에는 지나치게 높은 자리이므로, 어려운 대화를 하는 동안 화가 날 것 같은 상황이 다가오면 흥분하지 않으려고 주머니에 손을 넣고 살을 꼬집는다'라는 한 CEO의 고백도 인상 깊었습니다.

생생한 사례와 보물 같은 실용적 교훈을 가득 담은 이 책이 어떤 분야에서든 햇살이 환하고 따사롭게 내리쬐는 미래를 향해 나아가고 싶은 사람들에게 희망을 제시하고 지도를 건네주고 등대가 되어 앞길을 비춰주기를 소망합니다.

제1장 CEO 게놈의 비밀

1   "Highest-rated CEOs 2017: Employees Choice," Glassdoor, 2017, https://www. glassdoor.com/Award/Highest-Rated-CEOs-LST_KQ0,18.htm.

2   Geoff Smart, Randy Street, and Alan Foster. *Power Score: Your Formula for Leadership Success* (New York: Ballantine Books, 2015), 56.

3   "2014 Study of CEOs, Governance, and Success," Strategy&, 2014, https://www. strategyand.pwc.com/media/file/2014-Study-of-CEOs-Governance-and-Success.pdf.

4   Nelson D. Schwartz, "The Decline of the Baronial C.E.O.," *New York Times*, June 17, 2017.

5   "Statistics of U.S. Businesses: 2008," U.S. Census Bureau, 2008, https://www. census.gov/epcd/susb/latest/us/US--.HTM.

6   Katheryn Kobe, "Small Business GDP: Update 2002~2010," Small Business Administration, January 2012, https://www.sba.gov/content/small-business-gdp-update-2002-2010.

7   "Statistics of U.S. Businesses: 2008," U.S. Census Bureau, 2008.

8   George Anders, "Tough CEOs Often Most Successful, A Study Finds," *Wall Street Journal*, November 19, 2007.

9   Steven N. Kaplan and Morten Sørensen, "Are CEOs Different? Characteristics of Top Managers," Columbia Business School Research Paper Series, presented at Paris Finance Meeting, December 2016, https://ssrn.com/abstract=2747691.

10 Brett Collins, "Projections of Federal Tax Return Filings: Calendar Years 2011~2018," Internal Revenue Service, 2012, https://www.irs.gov/pub/irs-soi/12rswinbulreturnfilings.pdf.

11 "CEO Genome Project," ghSMART, 1995~2017, http://ceogenome.com/about/.

12 Kaplan and Sørensen, "Are CEOs Different? Characteristics of Top Managers," Columbia Business School Research Paper Series, presented at the Paris Finance Meeting, December 2016, http://ssrn.com/abstract=2747691.

13 "Women CEOs of the S&P 500," Catalyst, August 4, 2017, http://www.catalyst. org/knowledge/women-ceos-sp-500.

14 F. L. Schmidt and J. E. Hunter, "The Validity and Utility of Selection Methods in Personnel Psychology: Practical and Theoretical Implications of 85 Years of Research Findings," *Psychological Bulletin*, 124 (1998): 262~74.

15 "CEO Genome Project," ghSMART, SAS, 1995~2017, http://ceogenome.com/ about/.

16 "2014 Study of CEOs, Governance, and Success," Strategy&, 2014.

17 "CEO Genome Project," ghSMART, SAS, 1995~2017.

18 Richard Boyatzis, *Competent Manager: A Model for Effective Performance* (Hoboken, NJ: John Wiley & Sons, 1982), 4.

19 Benedetto De Martino, Dharshan Kumaran, Ben Seymour, and Raymond J. Dolan, "Frames, Biases, and Rational Decision-Making in the Human Brain," *Science* 313.57 (2009): 684~87.

20 Geoff Smart and Randy Street, *Who: The A Method for Hiring* (New York: Ballantine Books, 2008).

제2장 과단성 : 정확성보다 속도다

1 "CEO Genome Project," ghSMART, SAS, 1995~2017, http://ceogenome.com/ about/.

2 John Antonakis, Robert J. House, and Dean Keith Simonton, "Can Super Smart Leaders Suffer from Too Much of a Good Thing? The Curvilinear Effect of Intelligence on Perceived Leadership Behavior," *Journal of Applied Psychology* 102.7 (2017): 1003~21.

3 "CEO Genome Project," ghSMART, 1995~2017, http://ceogenome.com/about/.

4 Noel Tichy and Ram Charan, "Speed, Simplicity, Self-Confidence: An Interview with Jack Welch," *Harvard Business Review*, September/October 1989.

5 Bob Evans, "How Google and Amazon Are Torpedoing the Retail Industry with Data, AI, and Advertising," Forbes.com, June 20, 2017.

6 Purva Mathur, "Hand Hygiene: Back to the Basics of Infection Control," *Indian Journal of Medical Research* 134.5 (2011): 611~20.

7 Brad Smith, "Three Things I Wish I'd Known Before Becoming a CEO," LinkedIn, 2016, https://www.linkedin.com/pulse/three-things-i-wish-id-known-before-becoming-ceo-brad-smith?trk=v-feed.

8   Ben Casnocha, "Reid Hoffman's Two Rules for Strategy Decisions," *Harvard Business Review*, March 2015.

9   "CEO Genome Project," ghSMART, SAS, 1995~2017.

10 Daniel Kahneman, *Thinking, Fast and Slow* (New York: Farrar, Straus and Giroux, 2011), 13.

11 George S. Patton, Paul D. Harkins, and Beatrice Banning Ayer Patton, *War as I Knew It* (Boston: Houghton Mifflin Co., 1947), 402.

12 Chip Heath and Dan Heath, *Decisive: How to Make Better Choices in Life and Work* (New York: Crown Business, 2013).

13 Michael Norton, Daniel Mochon, and Dan Ariely, "The IKEA Effect: When Labor Leads to Love." *Journal of Consumer Psychology* 22.3 (2012): 453~60.

14 Ben Horowitz, *The Hard Thing About Hard Things: Building a Business When There Are No Easy Answers* (New York: HarperBusiness, 2014), 183.

제3장 영향력 확대를 위한 관계 형성 : 이해관계자를 움직여 결과를 끌어내라

1   "CEO Genome Project," ghSMART, SAS, 1995~2017, http://ceogenome.com/about/.

2   Steven Kaplan, Mark Klebanov, and Morten Sørensen, "Which CEO Characteristics and Abilities Matter?" Working paper, University of Chicago, 2007.

3   Sucheta Nadkarni and Pol Herrmann, "CEO Personality, Strategic Flexibility, and Firm Performance: The Case of the Indian Business Process Outsourcing Industry," *Academy of Management Journal* 53.5 (2010): 1050~73.

4   Matthew J. Belvedere, "Warren Buffett Wants to End Wall Street's Broken Earnings Game." CNBC.com, August 15, 2016.

5   "Orchestra," Wikipedia, https://en.wikipedia.org/wiki/Orchestra.

6   Lucinda Shen, "United Airlines Stock Drops $1.4 Billion After Passenger-Removal Controversy," Fortune.com, April 11, 2017.

7   Jon Ostrower, "The 10 Things United Is Doing to Avoid Another Dust-up, Drag-out Passenger Fiasco," Money.CNN.com, April 27, 2017.

8   "CEO Genome Project," ghSMART, 1995~2017, http://ceogenome.com/about/.

9   Nicholas Epley, *Mindwise: How We Understand What Others Think, Believe, Feel, and Want* (New York: Alfred A. Knopf, 2014).

10 Susan Cain, *Quiet: The Power of Introverts in a World that Can't Stop Talking* (New York: Crown Publishing, 2012), 11, 264.

11 "CEO Genome Project," ghSMART, SAS, 1995~2017.

12 Ibid.

제4장 엄격한 신뢰성 : 일관성 있게 성과를 달성하라

1 "CEO Genome Project," ghSMART, SAS, 1995~2017, http://ceogenome.com/about/.

2 Ibid.

3 "CEO Genome Project," ghSMART, 1995~2017, http://ceogenome.com/about/.

4 Thomas W. H. Ng and Lillian Eby, "Predictors of Objective and Subjective Career Success: A Meta-Analysis," *Personnel Psychology* 58 (2005): 367~408.

5 Teresa Amabile and Steven Kramer, *The Progress Principle: Using Small Wins to Ignite Joy, Engagement, and Creativity at Work* (Boston: Harvard Business Press, 2011), 3.

6 Adam Bryant and Jeffrey Swartz, "What Makes You Roar? He Wants to Know," *New York Times*, December 19, 2009.

7 Warren Bennis, *On Becoming a Leader* (New York: Basic Books, 2009), 152.

8 Karl E. Weick and Kathleen M. Sutcliffe, *Managing the Unexpected: Resilient Performance in an Age of Uncertainty* (Hoboken, NJ: Jossey-Bass, 2007).

9 John T. James, "A New, Evidence-Based Estimate of Patient Harms Associated with Hospital Care," *Journal of Patient Safety* 9.3 (2013): 122~28.

10 Edgar H. Schein, "On Dialogue, Culture, and Organizational Learning," *Reflections: The Society of Organizational Learning Journal* 4.4 (2003): 27~38.

11 "CEO Genome Project," ghSMART, 1995~2017.

12 Ibid.

13 Atul Gawande, *The Checklist Manifesto: How to Get Things Right* (New York: Metropolitan Books, 2010), 177 (emphasis added).

제5장 주도적 적응 : 미지의 세계에서 느끼는 불편함에 올라타라

1 Richard Foster, e-mail message to authors, July 23, 2017.

2 "CEO Genome Project," ghSMART, 1995~2017, http://ceogenome.com/about/.

3 "CEO Genome Project," ghSMART, SAS, 1995~2017, http://ceogenome.com/about/.

4 Richard S. Tedlow, "Fortune Classic: The Education of Andy Grove," Fortune.com, March 21, 2016.

5 Andrew S. Grove, *Only the Paranoid Survive: How to Exploit the Crisis Points That Challenge Every Company and Career* (New York: Currency Doubleday, 1996), 89.

6 "CEO Genome Project," ghSMART, 1995~2017.

7 Jianhong Chen and Sucheta Nadkarni, "It's About Time! CEOs' Temporal Dispositions, Temporal Leadership, and Corporate Entrepreneurship,"

Administrative Science Quarterly 62,1 (2017): 31~66.

8   Brad Smith, "Three Things I Wish I'd Known Before Becoming a CEO," LinkedIn, 2016, https://www.linkedin.com/pulse/three-things-i-wish-id-known-before-becoming-ceo-brad-smith?trk=v-feed.

9   "CEO Genome Project," ghSMART, 1995~2017.

10   Hal Gregersen, "Bursting the CEO Bubble," *Harvard Business Review*, March/April 2017.

11   Herbert A. Simon, "Designing Organizations for an Information-Rich World," chapter published in *Computers, Communication, and the Public Interest* (Baltimore: The Johns Hopkins Press, 1971), 40~41.

12   "CEO Genome Project," ghSMART, 1995~2017.

제1부를 정리하며

1   Jeff Bezos, "2016 Letter to Shareholders," Amazon, April 12, 2017, https://www.amazon.com/p/feature/z6o9g6sysxur57t.

2   "CEO Genome Project," ghSMART, 1995~2017, http://ceogenome.com/about/.

제6장 경력을 추진하라 : 미래에 성공하기 위한 빠른 길이다

1   "CEO Genome Project," ghSMART, 1995~2017, http://ceogenome.com/about/.

2   "Korn Ferry Survey: 87 Percent of Executives Want to Be CEO, Yet, Only 15 Percent of Execs Are 'Learning Agile,' a Key to Effective Leadership," Korn Ferry, October 2, 2014, https://www.kornferry.com/press/korn-ferry-survey-87-percent-of-executives-want-to-be-ceo-yet-only-15-percent-of-execs-are-learning-agile-a-key-to-effective-leadership/.

3   Christian Stadler, "How to Become a CEO: These Are the Steps You Should Take," Forbes.com, March 12, 2015.

4   "CEO Genome Project," ghSMART, 1995~2017.

5   "Best Business Schools," *U.S. News & World Report*, https://www.usnews.com/best-graduate-schools/top-business-schools/mba-rankings?int=9dc208.

6   "CEO Genome Project," ghSMART, 1995~2017.

7   Ibid.

8   Ibid.

9   Justin Fox, "What Makes Danaher Corp. Such a Star?" Bloomberg.com, May 19, 2015.

10   "CEO Genome Project," ghSMART, 1995~2017.

11   "CEO Genome Project," ghSMART, SAS, 1995~2017, http://ceogenome.com/

about/.
12 "CEO Genome Project," ghSMART, 1995~2017.

제7장 두각을 나타내라 : 자신을 알리는 방법

1 "CEO Genome Project," ghSMART, 1995~2017, http://ceogenome.com/about/.
2 Ibid.
3 Polina Marinova, "Read Benchmark's Letter to Uber Employees Explaining Why It's Suing Former CEO Travis Kalanick," Fortune.com, August 14, 2017.

제8장 거래를 성사시켜라

1 Steven N. Kaplan and Morten Sørensen, "Are CEOs Different? Characteristics of Top Managers," Columbia Business School Research Paper Series, presented at the Paris Finance Meeting, December 2016, https://ssrn.com/abstract=2747691.
2 "CEO Genome Project," ghSMART, SAS, 1995~2017, http://ceogenome.com/about/.
3 Ibid.
4 "CEO Genome Project," ghSMART, Arthur Spirling, 1995~2017, http://ceogenome.com/about/.
5 "CEO Genome Project," ghSMART, SAS, 1995~2017.
6 "CEO Genome Project," ghSMART, 1995~2017, http://ceogenome.com/about/.
7 Ibid.
8 Justin Fox, "What Makes Danaher Corp. Such a Star?" Bloomberg.com, May 19, 2015.
9 Keith L. Alex, "Chief Executive of US Airways Resigns," *Washington Post*, April 20, 2004.

제9장 정상에 오르는 것을 방해하는 5가지의 위험

1 "CEO Genome Project," ghSMART, 1995~2017, http://ceogenome.com/about/.
2 Ibid.
3 Ibid.
4 Matthew J. Belvedere, "Larry Summers: Brexit Worst Shock Since WWII and Central Banks Are Out of Ammo," CNBC.com, June 28, 2016.
5 "CEO Genome Project," ghSMART, 1995~2017.

제10장 그냥 아무 팀이 아니라 자기 팀을 구축하라

1   "CEO Genome Project," ghSMART, 1995~2017, http://ceogenome.com/about/.
2   Ibid.
3   James C. Collins, *Good to Great: Why Some Companies Make the Leap ⋯ and Others Don't* (New York: HarperBusiness, 2001), 13.
4   President John F. Kennedy, delivered in person before a joint session of Congress, May 25, 1961.
5   "Office Hours with the President," https://president.stanford.edu/office-hours/.
6   Geoff Smart, Randy Street, and Alan Foster, *Power Score: Your Formula for Leadership Success* (New York: Ballantine Books, 2015); Geoff Smart and Randy Street, *Who: The A Method for Hiring* (New York: Ballantine Books, 2008).

제11장 거물인 이사진과 함께 춤을 추어라

1   "CEO Genome Project," ghSMART, 1995~2017, http://ceogenome.com/about/.
2   Ibid.
3   Ibid.
4   Ibid.
5   "Transitions in Leadership: A 2011 Corporate Board Member/RHR International Study on Managing Successful CEO Transitions," RHR International, 2011, http://www.rhrinternational.com/sites/default/files/pdf_files/Transitions%20in%20Leadership%20A%202011%20Corporate%20Board%20Member%20RHR%20International%20Study.pdf.
6   "U.S. Bancorp," Wikipedia, https://en.wikipedia.org/wiki/U.S._Bancorp.
7   John Maxfield, "Is U.S. Bancorp Stock Safe?," fool.com, July 8, 2017.

에필로그 · 평범한 존재에서 특별한 존재로!

1   Raj Gupta, *Eight Dollars and a Dream: My American Journey* (Lulu Publishing Services, 2016).
2   Bloomberg database, accessed August 16, 2017.

이웃집 CEO

초판 1쇄 인쇄 | 2018년 10월 10일
초판 1쇄 발행 | 2018년 10월 16일

지은이 | 엘레나 보텔로 · 킴 파월 · 탈 라즈
옮긴이 | 안기순
펴낸이 | 박남숙

펴낸곳 | 소소의책
출판등록 | 2017년 5월 10일 제2017-000117호
주소 | 03961 서울특별시 마포구 방울내로9길 24 301호(망원동)
전화 | 02-324-7488
팩스 | 02-324-7489
이메일 | sosopub@sosokorea.com

ISBN 979-11-88941-09-4 03320
책값은 뒤표지에 있습니다.

이 도서의 국립중앙도서관 출판예정도서목록(CIP)은 서지정보유통지원시스템 홈페이지(http://seoji.nl.go.kr)와
국가자료공동목록시스템(http://www.nl.go.kr/kolisnet)에서 이용하실 수 있습니다. (CIP제어번호 : CIP2018031007)